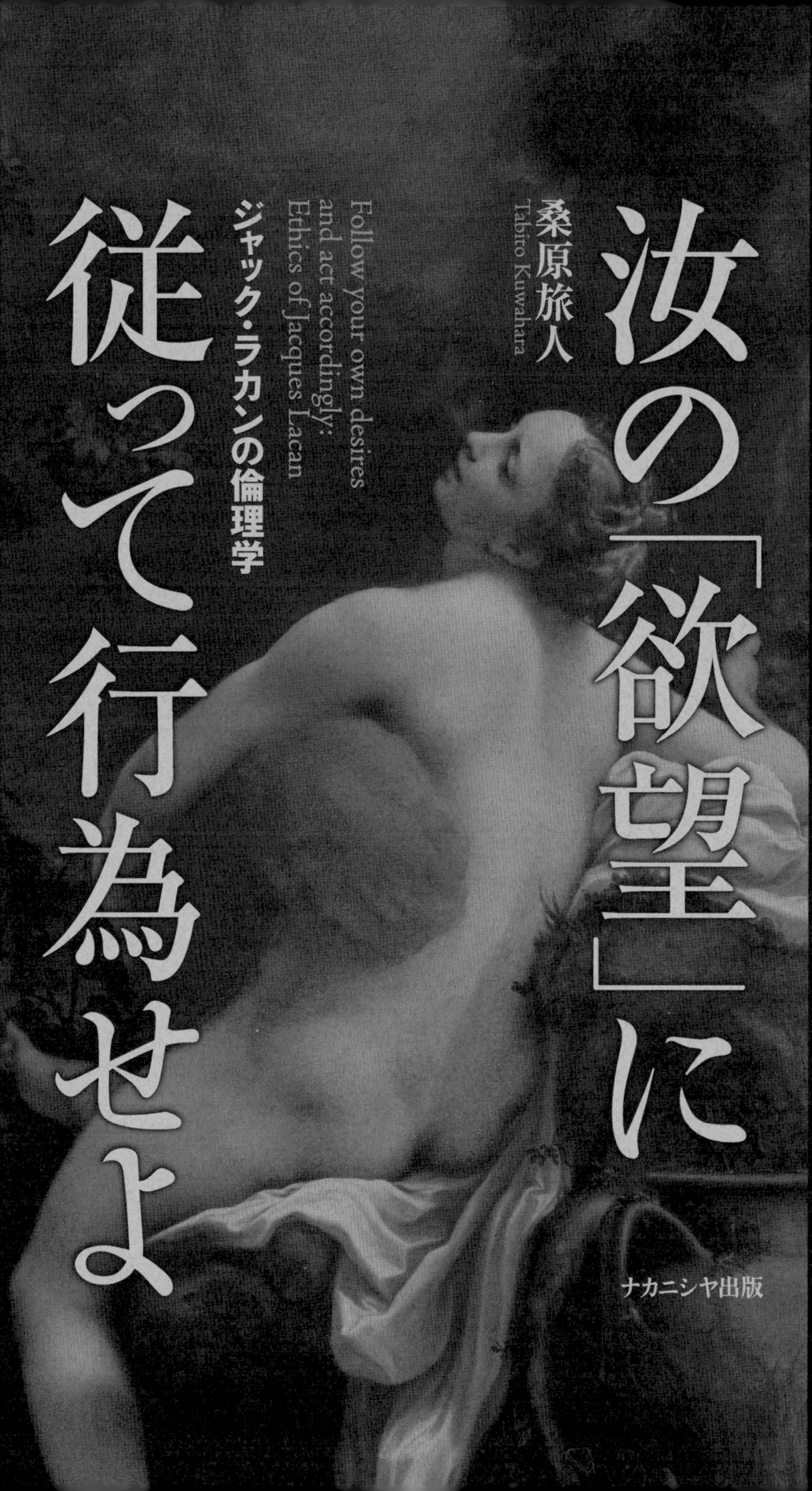

汝の「欲望」に従って行為せよ

ジャック・ラカンの倫理学

Follow your own desires and act accordingly: Ethics of Jacques Lacan

桑原旅人
Tabito Kuwahara

ナカニシヤ出版

目次

目　次

凡例

一、ラカンの講義録からの引用は、公刊されたものに関してはジャック＝アラン・ミレール編集版を、本書執筆時に未公刊のものは国際ラカン協会版を参照することとし、本文中に翻訳の頁数と共に（ ）で括り記載する。
二、引用文は基本的に拙訳によるが、既訳を使用ないし参照した場合には該当頁数を併記した。
三、中略を［…］で示す。
四、引用文中の著者による補足は〔 〕で示す。
五、引用文中における強調は、原文による（特記のある場合を除く）。
六、講義録の略号としてローマ数字を用いる。

【ジャック・ラカンの講義録】

Le Séminaire livre I : Les Écrits techniques de Freud 1953-1954, Paris, Seuil, 1975.（『フロイトの技法論（上、下）』小出浩之ほか訳、岩波書店、一九九一年）

Le Séminaire livre II : Le Moi dans la théorie de Freud et dans la technique de la psychanalyse 1954-1955, Paris, Seuil, 1997.（『フロイト理論と精神分析技法における自我（上、下）』小出浩之ほか訳、岩波書店、一九九八年）

Le Séminaire III : Les psychoses 1955-1956, Paris, Seuil, 1981.（『精神病（上、下）』小出浩之ほか訳、岩波書店、一九八七

年）
Le Séminaire livre IV : La relation d'objet 1956-1957, Paris, Seuil, 1977.（『対象関係（上）』小出浩之ほか訳、岩波書店、二〇〇六年）
Le Séminaire livre V : Les formations de l'inconscient 1957-1958, Paris, Seuil, 1998.（『無意識の形成物（上、下）』小出浩之ほか訳、岩波書店、二〇〇六年）
Le Séminaire livre VI : Le désir et son interprétation 1958-1959, Paris, La Martinière, 2013.
Le Séminaire livre VII : L'éthique de la psychanalyse 1959-1960, Paris, Seuil, 1986.（『精神分析の倫理（上、下）』小出浩之ほか訳、岩波書店、二〇〇二年）
Le Séminaire livre VIII : Le Transfert 1960-1961, Paris, Seuil, 2001.
Le Séminaire livre IX : L'identification 1961-62, inédit, texte établi par l'Association lacanienne internationale.
Le Séminaire livre X : L'angoisse 1962-1963, Paris, Seuil, 2002.（『不安（上、下）』小出浩之ほか訳、岩波書店、二〇一七年）
Le Séminaire livre XI, Les quatre concepts fondamentaux de la psychanalyse, Seuil, Paris, 1973.（『精神分析の四基本概念（上、下）』小出浩之ほか訳、岩波書店、二〇二〇年）
Le Séminaire livre XII : Problèmes cruciaux de la psychanalyse, inédit, texte établi par l'Association lacanienne internationale.
Le Séminaire livre XIII : L'objet de la psychanalyse 1965-1966, inédit, texte établi par l'Association lacanienne internationale.
Le Séminaire livre XIV : Logique du fantasme 1966-1967, inédit, texte établi par l'Association lacanienne internationale.
Le Séminaire livre XVI : D'un Autre à l'autre, 1968-1969, Paris, Seuil, 2006.
Le Séminaire livre XIX : ... ou pire 1971-1972, Paris, Seuil, 2011.
Le Séminaire livre XX : Encore 1972-1973, Paris, Seuil, 1975.
Le Séminaire livre XXI : Les non-dupes errent 1973-1974, inédit, texte établi par l'Association lacanienne internationale.
Le Séminaire livre XXII : R. S. I. 1974-1975, inédit, texte établi par l'Association lacanienne internationale.
Le Séminaire livre XVIII : D'un discours qui ne serait pas du semblant 1971, Paris, Seuil, 2006.

Le Séminaire livre XXIII : Le Sinthome 1975-1976, Paris, Seuil, 2005.

Le Séminaire livre XXIV : L'insu que sait de l'une bevue s'aile a mourre 1976-1977, inédit, texte établi par l'Association lacanienne internationale.

序論

ジャック・ラカンの精神分析理論の核心は、欲望への執着を悪とするような倫理の様態に抗うことにある。ラカンが提起した「汝は汝の欲望に従って行為したのか」という問いかけは、その理論全体を貫いている。彼においては自己自身の欲望に対して譲歩しないという姿勢だけが、唯一倫理的と呼びうる行為であった。精神分析の倫理は、個人が欲望成就にむけて突き進むこと自体に後ろめたさを抱かせ、普遍的立法の義務を内面化し、それをひたすらに守り抜くことのみを賞賛する立場からは隔てられている。カントやフィヒテ以降の道徳は、個人的な欲望を傍に追いやることによって、誰しもが理想的であると疑わない行為規則の遵守を義務づける普遍主義的かつ合理主義的なものだった。それはヘーゲルの絶対知という神話によって完成することになる。だがそれを根拠づけるのは、あくまで超越的なものにすぎない。結局のところそうした類の倫理は、人間に罪の意識を植えつけるだけで、ただただ権威者たちを利するものに堕ちていく。他方、ラカンにおける欲望の倫理は、各個人が抱く欲望の個別性と自由とを最大限に尊重する。この欲望の倫理学はラカン研究の文脈においてさえ、いまだその内実が十分に伝わっていないか、なかば意図的に素通りされがちである。しかしそれではラカンが精神分析経験において必須としたものの一つを、無視することになってしまうのではないだろうか。というのも、ラカンにおいて他者への奉仕を中心におく倫理のあり方は、自分自身が真に欲望しているものを覆う隠れみのにしかならないとされるからだ。こうした批判は、まさしく彼の精神分析が狙うところを明らかにしている。

ラカンは「献身性 oblativité」（*VII*, 244／六三（下））という概念を批判しているが、それはかつてフロイトが「文化の中の居心地の悪さ」において「有徳の人であればあるほど、良心はいよいよ厳格で疑い深くなり、挙句の果てには聖徳の極みに達した人に限って、自分のことを全く下劣な罪深い人間と責めさいなむことになる」[1]と書き記していたことを思い出させる。つまるところ、他者へと献身すればするほどに自分を罰するようになるというメカニズムゆえに、ラカンは献身的な愛という他者への奉仕に疑いの目をむけるのだ。同様の趣旨のことを上記の著作でフロイトも主張している。結局のところこの種の倫理が我々に与えてくれるものは、せいぜい自分が他の人よりも善人であると思い込むことによるちょっとした優越感、ナルシズム的な満足という域をでない。しかも有徳さが自分自身を苛むことに留まるのであればまだ被害は小さいが、「モラル・ライセンシング」という概念があるように、政治的に正しい発言をすることが一種の許可証として働き、善行が抑制されるどころか、むしろ悪事が助長されてしまうことも珍しくない。「リベラルなのは口だけ」という我々が頻繁に目撃する事象の裏には、他者への奉仕という有徳さの孕む危険な矛盾が潜んでいるのだ。

ところで勘のよい読者のなかには「献身」とはキリスト教的倫理そのものであり、しかもキリスト教神学は近代以降の倫理学を基礎づけてさえいるのだから、まずはそれを名指しすべきではないかと訝しがる向きもあるかもしれない。だがこの問題はそう単純にはいかない。やや長くなるが、この点についてはじめに説明しておこう。欲望の倫理学が愛をあまりにも気前よく、無境に大盤振る舞いすることで、いわば愛のインフレーションによってその価値の低減を招く「隣人愛」のようなキリスト教倫理を批判の対象にすることは確かであるが、この問題を複雑にするのは、ラカンの精神分析がアウグスティヌスの影響下にあるからにほかならない。主著『エクリ』を締めくくる「科学と真理」においてラカン自身が語った「私の聴衆がまず、アウグスティヌスで武装してくだされば……[2]」という祈願は、真面目に受け取る必要性がある。ラカンは「原因としての真理」を謳いあげたこの論稿において、創造者ですら原因とはなりえないということを明在化するためであろうか、ハイデガー、スピノザ、デカルトらと共にアウグスティヌスの『三位一体』の序文に目を向けるように命じている。[3] そこでアウグスティヌスは次のように書き記していた。「[…]神は自分自身を生む力を持っていると思う人は、いっそう誤っている。神はけっしてそんなものではなく、霊的被造物も物体的被造物もそうである。なぜなら、自分が自分を生むことで存在するものは全くないからである[4]」。

このように原因としての真理というラカン理論の一つの核となる部分にもアウグスティヌスは影響を及ぼしている。さらに言えば、『精神分析の対象』と題されたセミネール（セミナー）においてラカンは「この『三位一体論』は、理論的な作品としての特徴をおしなべて備えており、おそらく私たちが一つのモデルとして取り上げることができるものである」（*XIII*, 1 décebre 1965）とその著書を称賛してもいる。すなわち、ラカンの理論形成が、まずもってフロイトを土台としていたことは言うまでもないことだとしても、そのモデル化に際してアウグスティヌスを大いに参照していた可能性が高いのだ。現に一九六三年に一度だけ開催された『父の諸名』と題されたセミネールにおいて、ラカンは思春期よりアウグスティヌスを読んでいたということを公言していた。[5] たしかに見ようによっては、『キリスト教の教え』に享楽の問題を読みとれるし、性的な放蕩と身分の異なる女性との同棲、マニ教や占星術への傾倒、あるいは母との死別、そして回心などといった個人史を縷々と書き綴った『告白』は、フロイトの『フリースへの手紙』に先立つような自己分析の書でもあったと言えなくもない。[6] 西洋思想史におけるアウグスティヌスの威光を鑑みれば、性や心の病などの問題がけっして精神分析のなかでのみ特権化されているわけではないということもわかる。いずれにしても、上記のようなラカンの発言を考慮するならば、「フロイトに還れ」と主張するラカンの理論があまりにもフロイトからは遠くへと進んでいるように思えるその遠因に、アウグスティヌスの存在があったという我々の主張に対して異論は少ないのではないだろうか。

ラカンにとってアウグスティヌスが理論的にも特別な存在であったことは、これから論じていくように初期の講義録において、彼がアウグスティヌスとフロイトを比較していることからも根拠づけられる。そればかりか想像界・象徴界・現実界という三つ組にアウグスティヌスの『三位一体』の残響を聴きとることさえ難しくない。実のところ、ラカンは上記の『父の諸名』において、一〇年ほど前――この講義は一九六三年一一月二〇日に開催されている――、すなわち講義を開始したまもなくの時期にはじめてアウグスティヌスの『三位一体』を読んだと語っている。そして先述のようにその後も、主著『エクリ』所収の「科学と真理」に対応する『精神分析の対象』（一九六五 - 六六）と題されたセミネールにおいてこの著作に言及している。ラカンとキリスト教の関係を詳論しているジャン＝ダニエル・コースが的確に引用しているように[7]、ラカンは『欺かれない者は彷徨う』と題された講義においてアリストテレスが愛と享楽をうまく区別しながらも、それが三ではなく二であることを批判して「それは二でしかなく、まったく三位一体ではない」（*XXI*, 18 février 1974）と無念がっている。この「三位一体 Trinité」がキリスト教的三位一体を指していることは、直後にサン・ヴィクトールのリカルドゥスの『三位一体について』における愛と聖霊の問題に関する言及が続くことから確証される。しかも別の回に、ラカンは「もし三位一体の真実についてきちんと問わないのであれば、あなた方は鼠のように、「鼠男」のようになってしまう」（*XXI*, 9 avril 1974）――すなわち、迷信にすがるような強迫神経症者のようになってしまう――と分析家たちに警告している。このことをしつこく裏書きするのであれば、一九七四年から七五年にかけて行われた晩年のセミネール『R.S.I.』において「象徴界、想像界、そして現実界という地獄の三位一体」（*XXII*, 21 janvier 1975）といった表現が出てくることからも根拠づけられるだろう。我々は本論において既存の研究からは少々、奇異に映るほどアウグスティヌスを参照していくが、それは上記のようなラカン自身の言葉に従ってのことなのだ。

そうは言っても、まず大前提として精神分析にはそれ固有の問題があり、誰よりもフロイトを〈原父〉に持つということを忘却してはならない、とするのも正論ではある。実際にラカンは「分析家たちはフロイトという主人のシニフィアンから抜け出すことができない」(XVII, 150–151) と明言しているのだけれども、同時に彼が「[…] 父は真理を何も知らない者である」(XVII, 151) とも言い添えていることを忘れてはならない。分析に関わる者すべてがフロイトの権勢下にあるとしても、彼がすべてを知っていたわけではない。我々がはっきりと言えるのは、ラカンの議論がフロイトを基底に据えながらも、必ずしもそれと等価ではないというある意味では当然な事実である。本論もまたフロイトの理論を根本に据えて議論を進めていくのだが、先行研究においてその影響が喧伝されてきた哲学にくわえて、先述したようにラカンが神学にも通暁していたことは、彼の独自性とフロイトとの距離を考える際に必須の項目となる。それゆえ我々は、精神分析の固有性の探究と思想史的な立ち返りが、ラカンを熟知する上で欠かすことのできない左右の両輪になると考える。

フロイトにはないキリスト教の余波に目を凝らしておくことが不可欠なのは、それへの配慮が不十分であると、ラカンが次々と繰り出すキリスト教に関連する人物、概念への言及を精神分析とは無関係のものとして切り捨ててしまうことになりかねないからである。ざっと思いつくままに羅列するだけでも聖パウロ、聖ジェローム（ヒエロニムス）、アンセルムス、サン・ヴィクトールのリカルドゥス、ダンテ、トマス・アクィナス、マルティン・ルター、アンゲルス・シレジウス、アヴィラの聖テレジア、十字架のヨハネ、バルタザール・グラシアン、エティエンヌ・ジルソンなど、他の多くの分析家たちがほとんど口にしないであろう人物たちの名前がそのセミネールのなかでは頻出している。したがってキリスト教の教父や聖者たちがラカンに与えたインパクトに対して見ないふりをして、ラカンの理論を語るというのは無理筋であると言うほかない。また彼の個人的な生育史において、たとえば母エミリー・ボドリーが熱心なカトリック信者であったとか、良好な関係にあった弟マルクがベネディクト会の聖職者（オートコンブ修道院）であったとか、そういったことも忘れてはならないであろう。

しかしとりわけ、カトリック系のコレージュ・スタニスラス在学時代にラカンが宗教史家で哲学史家の——聖パウロ、十字架のヨハネ、アンゲルス・シレジウス、ライプニッツを専門とする――ジャン・バリュジ（一八八一－一九五三）による薫陶を受けたことは、彼の思想形成において極めて重大な痕跡を残しているように推察できる。後にコレージュ・ド・フランスの教授に就任するバリュジは、おそらく小売り商人の長男であるラカンが、はじめて出会った知的に洗練された人物の一人であったのではなかろうか。[8] エティエンヌ・ジルソンが頻繁に言及されるのとは裏腹に、ラカンのセミネールにバリュジの名前は一切出てこないが、彼が専門とした聖パウロ、十字架のヨハネ、アンゲルス・シレジウス、ライプニッツらがそこでときおり顔を覗かせることにバリュジからの感化を認めるのは、あながち的外れではないだろう。たとえばラカンは、『精神分析の知』（一九七一－七二）と題されたセミネールにおいて二度ほど、無ないし空と訳しうるスペイン語の「nada」――国際協会版もStaferla版もnadeと書きあやまっているが――（*XIX Bis*, avril 19 1972 et 4 mai 1972）という語彙を唐突に用いている。なぜわざわざそうした些細な言辞を我々が持ち出してくるのかというと、バリュジが名高いその十字架のヨハネ研究において、この「nada 無（空）／何も～ない」という語の有するイマージュに特別な価値づけをしていたからだ。[9] それは以下のような、『カルメル山登攀』の有名な第一部一三章一一節の解釈として提示されてもいた。[10]

そのすべてを味わうに到るためには
何ものにも味わいを得ようとしてはならない。
そのすべてを知るに到るためには
何ものも知ろうとしてはならない。
そのすべてを所有するに到るためには
何ものも所有しようとしてはならない。
そのすべてであるに到るためには

何ものかであろうとしてはならない[11]。

「すべて todo」を実現するのが「無」であるという十字架のヨハネにおける思索の動向は、イコールではないとしてもラカンのそれと呼応している。後に我々が見ていくように、ラカンは無（空）としての穴というものに徹底的に固執するのであるが、そうした問いの源泉にはバリュジが居たのではないかということである。何にしても、フロイトの精神分析とはおよそ縁遠いこれらのキリスト教者たちが登場する背景には、バリュジの教えも余韻を残しているにちがいない。

しかし、長々と述べた上記の主張をいきなりひっくり返しているように聞こえるかもしれないが、精神分析とキリスト教は本当を言うと、多くの側面でまったく反対の立場を取っていることもまた事実である。なぜなら精神分析はどこまでいっても無神論だからである。これは「宗教的世界観に対する批判の最後の後押しをしたのが精神分析である[12]」とするフロイト以来の一貫した精神分析の立場を構成しており、ラカンが宗教的倫理にいかなる同意も与える必要はないと明言することによってフロイトに追随していたこともたしかである（*VII*, 201／八－九（下））。しかし、フロイトがモーセを主題にユダヤ教の問題へと執心していたのに似て[13]、カトリックとラカンの結びつきもやはり一筋縄ではいかない。だからこそ、ラカンの精神分析の特異性を明らかにしていくためにも、精神分析と神学との近さと隔たりについて論究することが欠かせない[14]。何よりもフロイトからラカンを分かつ根本的な差異の一つは、このようなキリスト教との距離感でもあるのだから、その重要性に疑いをさしはさむ余地はないように思われる。

だがそうはいってもやはり、キリスト教的道徳への批判は、フロイトとラカンが共有する大前提ではある。ラカンは隣人愛のような利他主義を振りかざすことによって、道徳的な優位性を誇示するような態度への警戒を隠すことがなかった。その理由には二つある。第一に、それはときに凄惨な暴力的破局を招くからである。興味深いことにラカンは、享楽へと進む者と隣人愛へと向かう者に類似性を見ているが、それはどちらも「破壊性 destrudo」（*VII*, 228／

四三（下））を内包しているという点において共通しているからだ。享楽も隣人愛もその核に恐ろしい残酷さを保持しており、だからこそ「私は私の隣人を愛することに尻込みする」（VII, 229／四四（下））。利他主義は「平等という法の画一的な力、全体の意志という形で表現される力」によって、基本的人権と呼ばれる権利を主張するが、ラカンはそれが「自らの領分に統合できないすべてのものをその範囲から排斥し、保護しない形をとることは十分ありうる」と言う（VII, 230／四六（下））。完璧に制御されたすべてを包含する基本的人権なるものは存在しない。そこで保護されるのは、何らかの類似性に基づく自己の分身だけである。

「隣人愛」が孕む矛盾、苛烈な暴力への邁進はここに起点がある。隣人愛はあくまで自らが同意できる範囲のものに対してだけ発揮され、同胞ではない外部に対しては、まったく逆の効果を生む。ゆえに「隣人を愛すること、私自身のように愛すること、それは同時に何らかの残酷さへと不可避的に進むことなのである」（VII, 233／五〇－五一（下））。第二に利他的な振る舞いは自己自身の欲望に背をむけるための口実として利用されているにすぎない、ということがある。じじつラカンははっきりと「善の名の下に、しかも他者の善の名の下に物事を行うことは、罪責感のみならず、あらゆる種類の内的な破局から（主体を）守ってくれるわけではけっしてない」（VII, 368／二三一－二三二（下））と言い切っている。他者のためにどれだけ尽くしたとしても、心の奥底で抱えるトラウマや罪の意識から解放されるわけではなく、それどころか反対に他者へと奉仕すればするほどに超自我の苛烈な命令は要求を拡大していく一方なのだから、むしろ精神は蝕ばれていく。しかも他者中心主義は欲望からの離反のその反動として良心の疾しさを醸成し、その虚飾は口をひらく度に膨れ上がり、欲望していたものが本当のところ何であったのかを忘れさせてしまう。

もっともソクラテスが個人の生を「都市国家（ポリス）」と結びつけていたように、あるいは人間は「社会的動物」であるとするアリストテレスの言葉にあるように、市民的道徳を重んじる姿勢は、共同体を円滑に機能させるために当然必要となる防衛本能なのかもしれない。個人の欲望を貫く行為が集団を脅かす危険性を孕んでいるという事実は、たしかに自明なことだ。だからこそ我々は個人ではなく仲間たちの平安に軸足をおいていると周囲にアピールするために、他愛という仮面を被り、欲望を追放しようとする。しかしながら、たとえ欲望を表面的な意識から消したとしても、それは無意識のなかに潜り込んで生き延びる。そして、排斥された欲望は「抑圧されたものの回帰」というかたちをとって我々を再び襲う。自分自身が所有していないものへの意志である欲望が苦いものであることはたしかで、だからこそひとは欲望から目を背けるようになるのだが、それは反復強迫――「快のいかなる可能性も含まない過去の体験」、「わたしにはなにも成し遂げることができない、わたしには何事もうまく行かない」という情動を賦活させるような記憶[15]――というかたちで執拗に戻ってくる。

欲望に正面から向き合い、それに従って行為することは主体にとって快楽であるどころか、これ以上ない苦痛である。それゆえ、自己固有の欲望とは耐えがたい症状のことなのだと言い換えてもよいだろう。じじつ、ラカンは「何にもまして分析経験が教えていること、それは人間が症状と呼ばれるものすべてによって刻印され、悩まされているということです――症状、それが人間をその欲望に結びつけるものである限りにおいて」（*VIII*, 317／一〇六（下））と述べている。精神生活における症状とは、各々の主体にとって個別的な特定の対象への欲望、ないしそれとの関係のうまくいかなさのことを指す。ある人物が固執する何らかの対象は、別のひとにとってはどうでもいいものであるということが往々にしてあるように、対象選択はつねに個別的であるがゆえに精神分析における症状は根本的なところで普遍化を拒む。したがって、あるひとから見れば他のひとの欲望は馬鹿馬鹿しく映るが、いかなる類の欲望であれ精神分析がそれを否定し切ってしまうことはない。それどころか、ラカンの倫理は症状に直面するよう我々を挑発する。

ただし以下のことについては注意しなければならない。精神分析は欲望がさまざまな交流のなかで操作されるものであって、静態的な実体論が個を措定するようなかたちで、つまり関係の項から完全に独立したものとして主体に内在していると見なすわけではなく、それが非デカルト的なモデルを採用しており、不安定でうつろいやすく、つねに変容のポテンシャルを有していることを少しも否定しない。欲望は主体において一貫性を保ちながらも、あらゆる諸物の介入によってたえず存在論的な生成の途上にある。欲望する主体は時間的にも空間的にも、世界における連関として思考しなければならないものであり、その生半可でない変遷は、ひっきりなしに続く欲望の動揺から生まれ出てくる。このとき欲望は、この世界における継起的で象徴的な他者の欲望の連鎖からつくられている。フロイトがゲオルグ・グロデックに宛てた手紙のなかで述べているように「精神分析を孤立した個人としてやることは困難」であり、「それはすぐれて社交的な仕事」である。[16]だが自己自身の欲望の起源がどのようなものであれ、たとえそれが他者の欲望にすぎないのだとしても、主体はその欲望を自分の家のようなものにし、それと共に生きなければならない。欲望とは自然的なものではなく、弛まぬ精製の作業によって鍛え上げていくものなのだ。

そしてもう一つ気をつけておかなければならないことは、欲望とたんなる欲求とを分けておくことである。たとえばフロイトは「精神分析が性欲と呼んだものは、けっして別々の両性の合一や性器の快感を生み出すことを求める圧力と重なり合うわけではなく、むしろプラトンの『饗宴』が描く、一切を包摂しすべてを保持するエロースにはるかに近い」[17]——本書が後に扱うように、ラカンもまた『饗宴』を特権的なテクストとして注釈の対象に選定していた——と述べていた。つまり精神分析は肉体的欲求ではなく、たぶんに心的次元を含んだ欲望の方にこだわりを見せる。また以下のフロイトの発言が明らかにしているように「欲望を譲るな」という命法は、欲求のままに生きろということではけっしてない。「性的に放縦に生きなさいといった助言が、分析療法において何か役割をもつなどとは、的はずれもいいところです。患者においては、リビードの蠢きと性的抑圧のあいだ、官能的方向と禁欲的方向のあいだに執拗な葛藤が存続しつづけている、というのがこれまでの私たち自身の持論だったわけですが、その事実ひとつとりましても、そうした見方が的はずれであるのは明らかなところです。この葛藤は、官能的方向と禁欲的方向のどちらか一方に私たちが加担して、他方を打ち負かしたところで、廃棄されることはありません」[18]。

欲望を譲らないことの実態とは、快楽に身を預けて気ままに生きることではなく、官能と禁欲の内的葛藤から目を背けることなく自己自身に固有な欲望とは何かを問い続け、さらに欲望が成就していない状態に耐え、見定めた欲望の対象に固執することにほかならない。他者という障壁を恐れることなく、さまざまに入り組んだ構成要素からなる自己固有な心的コンプレクス（複合体）を優先事項とし、それをまるごと引き受けることこそが欲望の倫理学なのであって、それは安易な快楽へと野放図に身を任せるような行動を勧める甘言とはまるで正反対のものなのである。フロイトが「戦争と死についての時評」において「生に耐えること、それこそが生きている者すべての第一の義務であり続ける」と言明した箇所のなかで引用したシェイクスピアの「汝が平和を維持しようと欲するなら、戦いの準備を整えよ」[19]という箴言が示すように[20]、欲望を貫くということは生き抜くために戦うことと同義なのだ。

ところでまた、精神分析において欲望の不首尾に起因する心的な症状には「現実界」に対する主体の「防衛」という側面があるということを押さえておかなくてはならない。ラカンのいうところの現実界の基礎的かつ根本的な定義とは、それが「不可能」であるということだった。つまり、我々が知覚するものは真の現実ではなく、現実のように映るさまざまな情報によって媒介された諸次元のほうなのである。この現実界を頭に描くためには、それを「穴」として措定するとよい。そしてこの穴を想像するときには、ラカンがかつて所有していたギュスターヴ・クールベの《世界の起源》を思い浮かべてみるとわかりやすいだろう。現実界とは周囲を囲まれることによって成立する空としての穴なのだ[21]。このことは何を意味するのか。それはラカンの精神分析がファルスや〈父の名〉を中心にするどころか、むしろ女性的なもの、より正しくいうなら母の欲望をその起源に据えている、という事実にほかならない。オイディプスとアンティゴネーがイオカステーの欲望に翻弄されたように、我々は皆、世界の起源としての大他者の欲望、すなわち母の欲望に則って行為するよう仕向けられている。フロイト＝ラカンの精神分析を根本的に支配している幻想は――ラカンと仲がよかったサルバドール・ダリによるミレー《晩鐘》の精神分析的解釈に表現されているような――、「交尾後に雄を喰らい尽くす雌カマキリの狂気」を彷彿とさせる。

それにもかかわらず、これまでラカンはなぜか〈母〉を重要視していたという部分が蔑ろにされ、ファルス中心主義的な理論として、主にいわゆる「現代思想」の文脈で槍玉に上がってきた。ジャック・デリダやリュス・イリガライからジュディス・バトラーに至るまで、この種の批判や思い込みは未だに絶えることがない。それゆえ、ラカンはデリダやバトラーらの「正義の味方」に対する「悪役」として描かれてきた部分があるとすら言えるかもしれない。他方、たとえばピエール・ブリュノ[22]やエリック・ポルジュ[23]など主要なラカン派の分析家においても、あくまでそれをファルスや〈父の名〉の理論として扱おうとする傾向はいまだ根強く蔓延っている。しかし、ラカンが母の欲望を欲望の起源におくがゆえに、彼の精神分析理論をファルスなり〈父の名〉中心のものとして見なすのは明らかな誤謬であろう。シニフィアンの問題だけを過大視し、欲望に対して尻込みするような態度と同じく――もちろん我々は〈父の名〉がラカンの理論において重要な位置を占めているということそれ自体を批判したいわけではないが――〈父の名〉やファルスという側面だけを焦点化する議論は、母の欲望という底なし沼の脅威に怯えるがあまり、それを見なかったことにしているように見えてしまう。欲望を〈母〉を起源とする穴と結びつけることが肝要であるのは――今しがたそう表現したように、穴には欠如というよりも、すべてを引き寄せてしまう無限、汲めども尽きぬ底なし沼のようなものをイメージすべきだろう――、穴を埋めようとする、もしくはそこに引き込まれないように足掻く行為こそが、「欲望に従って行為すること」の内実だからである。大他者の欲望という世界の起源的欲望に対して、特定の対象への固執という自己自身の欲望を対置させることによって生き残ろうとすることが、ラカンの指し示す倫理の方向性なのだ。

ちなみにこのような誤解が広くラカン理解を歪めてしまったその要因としては、一九五八年から六一年にかけてラカンが集中的に取り組み、また本書が中心的テーマとするその悲劇の解釈がラカンの理論生成において外せない要素になっていることをよく知る者が数少なく、とりわけその理論をファルス中心主義として提示してきた著名な哲学者や精神分析家たちによって十分に省みられてこなかったことが大きい。そして悲劇注釈のなかでも、シェイクスピア『ハムレット』とポール・クローデルの戯曲に関する解釈は、講義録の出版が遅かったことやミレール版の編集に問題があったことなど外的な要因も重なって、専門家レベルでもラカンを論じるにあたっての重要項目として扱われてこなかった。悲劇注釈はラカンを語る上で不可欠であるということが、十分に認められてこなかったことの結果として、現在流通しているラカン像は注意深く残された講義録を読む者にとってはかなり歪んだ、はっきりと言えば間違いの多いものになっている。

さてラカンは「欲望に従って行為すること」というスローガンを提出したとき、欲望を譲らないことの模範として、――もちろんそれは直接的な暴力の発露ではなく、昇華されたかたちで象徴的なものに変換されなければならない――憎しみという情念に固執し続ける者を挙げている。憎しみとは自分が所有していた本質的な何かを奪われたり、傷つけられたりしたときに感じる情念であるが、それは突発的な怒りという水準をはるかに越えて心奥に深く刻まれるがゆえに、簡単に浄化されてしまうようなものではない。そして憎む者はたとえ不幸な結末しか予期しえないとしても、失われたものをすべて回収しようとし、奪った者から取り返そうと遮二無二に苦闘する。[24] イギリスの著作家ウィリアム・ヘイズリットの皮肉な物言いを借りるのならば、ラカンは「よく憎む者 *a good hater*」の不屈な執念深さ、その執拗さを肯定するのだと言ってよいだろう。[25] なぜこのようなメカニズムが働くのかといえば、欲望がその根底においては「欲動」の力を借りて駆動するものだからだ。フロイトによれば、欲動とは「[…] かつて存在していながら、外的障害によって失われてしまった状況を復元しようという衝迫」のことを指し示す。それは「欲動がこのようにその本質において保存的な性質をおびていること」を明かしている。[26] だからこそそれは――エロスとタナトスの中間にある――反復強迫として間欠的に苦悩を呼び起こさせる。また欲望とは、この欲動がシニフィアンによって加工されたものである。したがって、欲望もまた失われたものを取り戻そうとする傾向性を持っており、だからこそ憎しみという情動は特権的なものになる。じじつラカンは後期の『アンコール』（一九七二 - 七三）と題された講義録において、「存在への接近、そこに愛の極限、真の愛があるのではないか」（XX, 133）という問いを立てつつ、「真の愛は憎しみに行き着く le vraie amour débouche sur la haine」（*Ibid*）と言い放っている。このような愛と憎しみにおける「感情両価性[27]」という主張は、フロイト＝ラカンの精神分析学において非常に重要な位置づけを付与されているにもかかわらず、これまで主題的なテーマとしては十分に語られてこなかったように思える。こうした閑却がきわめて問題であるのは、フロイトがむしろ愛を活性化するものとして憎しみを捉えていたことを無にしているからである。彼はこう述べている。「［…］自然は、愛と憎しみを対立対で作用させることによって、愛をいつも生き生きと新鮮なまま保ってくれるのであり、その結果、愛の背後に待ち伏せている憎しみに対抗して、愛が確実なものとされるのだ。われわれの愛情生活のもっとも美しい展開は、胸の奥に感じる敵対的衝動に対する反応のおかげなのだと言ってもよいだろう」[28]。

憎しみを無視することは、愛の価値を否定することに等しい。ラカン自身も「憎しみ」という概念に対して人々が無知であるということを論難しているが、それは一般に西洋的な道徳主義が何がしかの合理的な理由づけによって憎しみという情念を不当に貶めてしまう傾向にあったからである（*I*, 305-306／一九〇‐一九一（下））。結局のところ、我々は往々にして面倒事をできるだけ避けたいという保身のために尻込みし、憎しみを抑圧し、欲望すらをも抑えこんでしまう。そしてその末路において次のように嘆くことになる、「まあそんなものだろう、我々はもう駄目だ、どっちもどっちか、いやたぶん私の方が。我々の見通しを諦めて、ありふれたルートに戻ることにしよう」（*VII*, 370／二三四（下））。

このような立場は、ラカンがフロイトから受け継いだものであるということをここで確認しておこう。フロイトは「文化の中の居心地の悪さ」においてこう述べていた。「快原理を成就する技法のひとつとしてわれわれが認めるこの愛については、たびたび宗教との関連が指摘されてきた。両者は、自我と対象との区別も対象相互の区別も念頭から消え去るあの遥か彼方の一連の領域で、互いに繋がりあっているのかもしれない。普遍的な人類愛や世界愛に開かれたこのような心の態勢こそが、人間が極めうる最高の徳性だと考える倫理的な見地もある。［…］われわれが引っかかりを覚える主な点を二つ挙げておきたい。ひとつには、好嫌の区別なき愛というのは、対象に対して不当であるから、愛としての自らの価値の一部を損なうように思われる。そしてもうひとつ、すべての人間が愛に値するということはない」[29]。さらにフロイトは「私の愛は私にとって貴重であり、見境なくばらまくわけにはいかない。愛が課す義務には、犠牲を厭わないだけの覚悟が必要だ。私が誰かを愛する以上、その人は何らかのかたちで私の愛に値しなくてはならない」[30]とつけ加えている。普遍的な他者への愛を不当で不道徳なものと見なすところにフロイト＝ラカンによる欲望の倫理学の面白みがある。じじつラカンは『精神分析の倫理』と題された講義録のなかで、このフロイトの指摘をきわめて正当なものであるとし、それは「愛される者の苦悩」を感動的なまでに強調していると述べることによって共感を示している（*VII*, 219／三二（下））。

しかしながらラカンにおいて欲望は、バラ色の未来を約束するものではない。それどころか、欲望は死の欲望として表現され、悲劇にこそ紐づけられている。欲望は冥界に棲まうのであって、天国からこれ以上ないほどに隔てられている。ラカンが欲望という概念を語る際に、先に少し触れた一九五八年から六一年頃にかけて三つの「悲劇」——シェイクスピア『ハムレット』、ソフォクレス『アンティゴネー』、ポール・クローデル〈クーフォンテーヌ三部作（『人質 *L'Otage*, 1911』、『堅いパン *Le pain dur*, 1918』、『辱められた父 *Le Père humilié*, 1920』）〉——を注釈したのは、このような前提があってのことだった。欲望は我々を解放へと誘うようなユートピア的なものではなく、それと反対な苦悩に似て重たく澱んでいる。欲望の解放的で急進的な像をラカンは共有しない。だからこそ自己自身の欲望に従って行為することは政治的な革命を意志せず、純粋に個体のうちに限定される。このことを証拠立てるように『精神分析の裏面』においてラカンは、「革命への熱望」に対して主人を求め、自らは奴隷に収まろうとする態度に過ぎないとして、あからさまに否定的な見解を示している（*XVII*, 239-240）。要するに、「アンチ・オイディプス」の極限においては、あらゆる逃走のその先に〈父〉が再臨してしまうのだ。革命派が求めているのはつねに強力な〈父〉であり、その心根には〈父〉に従属したいという奴隷根性が染み付いている。〈父〉の普遍的力による独占に対し、安易に身を委ねてしまうことによって、個人の自由な特異性の確立と欲望の自主独立という精神分析が最上位におく価値が、奪われてしまうということを我々は何より警戒しなければならない。

社会の流れとは無関係に自己自身の欲望を貫くその信念の強度、他者への責任ではなくつねに個人の責任においてすべてを引き受けようとする勇猛さ、そういった個人主義の美質をラカンの倫理学は思い出させてくれる。つまるところ、大いなる単一な〈父〉への従属へと帰着することになる全体主義的な組織化は、個々人の自由な活動と欲望の発露をあまねく糾弾していく効果をもたらす。それに対し、各主体の欲望における自由を守ろうとする個体的特異性の尊重にラカンの倫理は位置づけられる。別の観点から捉えれば、ラカンはドゥルーズやフーコー、あるいはデリダといった面々に先駆けて徹底的に脱中心化した分散型の秩序を求めていたのだと言えるかもしれない。いずれにしても、ラカンが自己自身の欲望を生み出したトラウマの経験へと固執することによって、破行しながらでも固有なドラマを織り上げていく個人の方に与したのは明らかだ。どこまでも自己自身の沈鬱なトラウマ的欲望に拘ることで、世界を統一的な場にしようとするあらゆる勢力に反逆すること、それこそがラカンの思い描く倫理の姿なのである。

改めて我々の企図を一言にすれば、それはラカンの精神分析理論から「欲望の倫理学」を構想することである。心の病に対する実践的な処方箋として精神分析の価値がほとんど失われていると言ってよい現状において、それでもラカンを読み解く意味があるのだとすれば、それは欲望への固執という常識的には忌むべきものとされる態度を肯定する彼のポジションが、新たな倫理学となりうるからだ。そもそもなぜ自己自身の欲望に囚われてしまった人間が忌み嫌われるのかといえば、それは精神の振幅が奪われ、生き方の自由を制限された人物として周囲の目に映るからであろう。大切な何かを奪われ、憎悪に心を焼き尽くされた者の愚かさを認めるような主張は、およそ倫理的と呼ばれるものとは正反対の態度だ。しかしながら、それがたとえ憎悪に起因するものであってさえも、ラカンは欲望の道を直進する主体を衒いなく称賛し、あまつさえそれを「倫理」とまで呼んでしまう。極限にまで至る欲望への向き合いのその過剰さが、ラカンの精神分析理論に光彩をもたらしている。他者への奉仕という倫理の無謬性を何一つ疑うことのない幸福な者たちにとっては異質な倫理的次元を切り開くことに、現代においてラカンを読み直すことの意義はある。

さてこの作業に取り掛かる際に我々は、主著『エクリ』ではなく約三〇年近くに渡って開催された講義（セミネール）の記録を解釈の主要な材料として選ぶことにした。というのも、彼の難解でときに不整合を孕む理論は、意図的に理解を拒むような仕方で書かれた『エクリ』に依拠するよりもまず――『エクリ』において押し出される晦渋な文体は、ブルトンに代表されるようなシュルレアリスム、あるいはジョイスやエリオットなどのモダニズム文学の文体模倣という側面にくわえて、『知恵の書』やパスカルにおける箴言調の口真似という部分もあるだろう――、それと比べれば教育的で判明な議論を展開している講義録を解釈していくことの方が、より生産的な議論を喚起しうると考えたからである。ここで基本的なことを説明しておくと、ラカンは一九五一年から毎週、精神分析家を中心に哲学者や作家、神父などを交えてゼミナール形式で行われるフロイト研究会のようなものを継続的に開催していた。一九五三年から、この会はフランスにおける精神医学の中心的な場所だったサンタンヌ病院に場所を移し、精神分析に関心をもつ若手の分析家や医学者の教育の場となった。つまりセミネールの目的は、まずもって精神分析家の教育にあったのだ。ここでの活動は一九六四年にパリ高等師範学校に居を移すまで続けられる。本論が扱うのも、主にサンタンヌ病院で開かれていた時代の講義録である。ラカンの講義はまず彼自身が理論を参加者に語り、その後に質疑応答の時間を設けるというかたちで進められた。そして一年ごとに区切りをつけながら、毎年ラカンはテーマを一つに絞ってセミネールを開催した。

本書が主たる対象とする約一〇年にわたるこの時期の講義録は、ラカンが彼独自の主張を築き上げる基盤となっているがゆえに、その理論に取り組むためにはまずここから始めなくてはならない。要するに、この期間に集中して多くの基本的概念が、セミネールのなかで明晰かつ判明に提示されているのだ。ところでラカンといえば、難解で悪名高い主著『エクリ』が広く知れ渡っている。したがって、その解釈こそがラカンの精神分析理論を解きほぐす上での本丸なのではないかと、訝しがるむきもあるかもしれない。しかし、そもそもの成り立ちにおいて、『エクリ』はセミネールを濃縮したものという側面が強く、ラカンに入門するという観点から考えれば、前者に取り組む方がむしろ王道である。こうした理由から、我々は『エクリ』に関してはラカンを読む際の添え物、ごくわずかな議論の補強に留め、主要な解釈の材料としてはセミネールを扱うことに決めた。既存のラカンについて書かれた著作物には、ラカンの残されたセミネールを直接参照しているとは思えない二次研究の単なるまとめのようなものが少なからず散見されるため、煩雑であることを厭わず、積極的にラカン自身の言葉を引用ないし参照している。ただし本書の中心的関心は、あくまで先に述べた悲劇注釈であるため、サンタンヌ時代の約一〇年にわたるセミネールのなかでも主軸として扱うのは、ラカンによる悲劇論の嚆矢となった『欲望とその解釈』(一九五八‐五九)――ハムレット論――、「欲望の倫理学」を構築し、ラカン自身が生前に出版を計画した唯一のセミネール『精神分析の倫理』(一九五九‐六〇)――アンティゴネー論――、そして悲劇註釈の最後を飾るポール・クローデル論が収められた『転移』(一九六〇‐六一)という三つのセミネールである。「対象 a」、〈もの〉、「現実界」といったラカンに関心のある読者なら耳馴染みのあるにちがいない諸概念も、この時期から本格的に語られるようになる。

またセミネールの内容を収めた講義録の内在的読解に取り組むにあたって我々は、彼の参照した文献に遡ってその思想史的な背景を明在化しながらその理論的変遷を追っていく。なぜラカン研究においてはそうした手段が必要であるのか。まず前提として、精神分析の理論を大きなまとまりとして提示しようとすることは、実のところ根本的なアポリアを抱えているということに気づかなければならない。なぜなら、精神分析は体系を基幹とする哲学のような方法論をあらかじめ拒むような要素を多分に内包しているからである。たしかにそれは非体系性を理由に学問性への疑念をもたれ、非難されてきたという歴史を払拭できていない。しかしこうした点に関して精神分析の〈父〉たるフロイトは、「自我とエス」のなかで次のように反論していた。「精神分析研究は、哲学体系のようには完璧な出来上がった体系的学説をもって登場することができず、心のもつれを理解するために、正常ならびに異常現象の分析的検討を通して、一歩一歩道を切り開いてこざるをえなかったわけであり、世間はこの事実をきちんと見ようとしなかっただけのことである」[31]。さらにフロイトは、「続・精神分析入門講義」において、「精神分析には独自の世界観を作り出す力はない」し、その必要もないとした上で、「科学的世界観を受け継げばいい」と明言してもいる。[32] 精神分析とは何らかの理論的な予見がまず先にあって、それを適用していく方法を原理的に採用することができない。精神分析における理論は、プラトンのイデアのように思弁によって胚胎されるものではなく、日々の分析経験の蓄積とその反省という知的処理のプロセスによって徐々に推論を形づくっていくものだからである。

それゆえフロイトであれラカンであれ、精神分析の理論を学問的に体系化して再構成しようとするとき、ある程度の方向性は必要とされるにしても、何らかの見通しを強く押し出すのではなく、すなわち単線的な脈絡によって織りあげるのではなく、微妙な理論的変遷に注意深く気を配りながら議論を構成していくことが求められる。講義録を読み解くことが、『エクリ』を読むことよりも優先度が高いのは、精神分析の理論がその本質からして変遷していくものであり、非体系的なものだからなのだ。[33] もっとも我々は一定の体系的な理論化の実現を目的に、ラカンのセミネールを大枠として時代順に読み解いていくことに加え、彼が言及した数々の文献に適宜、立ち返っていくつもりである。しかし思想史的背景への着眼は、その文脈のなかにラカンを位置づけるというのではなく、あくまで彼自身が参照項とした哲学、文学、そして神学といったものがその理論形成にどのような影響を与えているのか、といった観点から行う。こうした作業によって我々は、ラカンが思想史から何を汲み出し、その理論の栄養としたのかを判明にすると共に、そこからどう精神分析の類例なき特徴を抽出しようとしたのかを浮き彫りにすることができる。

より具体的な議論の流れとしては、まず第一章では『フロイトの技法論』（一九五三－五四）、および『フロイト理論と精神分析技法における自我』（一九五四－五五）を典拠としながら、ラカンがそもそも精神分析をどのような営みとして捉えていたのかを再考する。次の第二章においては、主に『対象関係』（一九五六－五七）および『無意識の形成物』（一九五七－五八）を読解しながら、「ファルス」や〈父の名〉、そして「欲望」などといったラカンの精神分析理論における最も基本的な概念について説明する。第三章では『欲望とその解釈』（一九五八－五九）におけるラカンの『ハムレット』注釈を、『精神病』（一九五五－五六）を補足的な参照項として用いながら論じる。そこではS（Ⱥ）や対象

aといった概念の内実を分析することによって、ラカンの理論が象徴界から現実界へとどのように軸足を移していったかが明らかにされる。第四章・五章では『アンティゴネー』注釈を中心に『精神分析の倫理』（一九五九 - 六〇）を全体的に読み込んでいく。そこではまさしく「汝は汝の欲望に従って行為したか」という精神分析の倫理が、実際のセミネールにおいてはどのように語られていたのかが問題となる。そして第六章では『転移』におけるプラトン『饗宴』注釈を、そして第七章では同じセミネールにおいて行われたポール・クローデル「クーフォンテーヌ三部作」に関するラカンの註釈を読みとく。前者においては、「愛される者」から「愛する者」への移行というかたちで転移というものの本性が明かされる。後者では、「死に結びつけられた愛」を行動規範とする〈女〉たちの享楽によって、〈父〉というものの専制がこれでもかというほどに嘲笑され、その権威性が粉々に砕け散っていく様が論じられる。また一般読者層への導入という意味合いにくわえ、ラカンが倫理のあり方を提示した以上、彼自身が自らの主張と齟齬しないように生きていたのかを精査しておくべきだという考えから、彼の人生について、本論の前にやや詳しく述べておいた。参考になれば幸いである。

なお本論は博士論文の一部を切り取って、加筆修正したものである。出版にあたってできるだけ一般読者層にも届けたいという配慮から、先行研究や周辺的な文献への参照を、部分的に削除している点にはご留意願いたい。

その生涯と人物

何らかの耳障りのよい政治的に正しい理想を声高に叫ぶ者たちが本当の意味での信頼を得られないのは、その理念自体に間違いがあるからというよりも、たんにそうした者たちの言動と行為が一致しないからである。彼ら／彼女らは自身の矛盾が明らかになると、途端に口を閉じ、愚かにも逃げ惑う。そうした姿に呆れてしまうからこそ、他者への奉仕と配慮を語る言述をひとは間に受けることができなくなるのだ。ならば欲望への邁進を称揚したラカン本人は、その道を完遂したと言えるのだろうか。そこに言行の著しい不一致はないのだろうか。それを検証するために我々は、冗長になることを厭わず、彼の人生全体を可能な範囲で振り返っておく必要がある。

ジャック＝マリー＝エミール・ラカンは、一九〇一年四月一三日にパリで生まれた。彼はどういう家族的来歴をもっていたのだろうか。旅行代理店のセールスマンだった祖父のエミールは、働き者で倹約家であったが、独善的で個性的な人物であった。[1] 父のアルフレッドは食品産業における卸売業者であり、無力感に苛まれたまま父の権勢につきしたがう小売商人の特徴をそなえていた。母エミリーは厳格なカトリックの教育を受けた——後に地主に転じることになる——金細工職人の娘で、いつも黒い衣服に身を包み、理想的なキリスト教徒という印象を周囲に与えていたようだ。典型的なパリの中産階級であったこの家庭での暮らしは、長男ジャックにとって陰鬱なもので、彼は軽蔑していた祖父と絶えまなく口論を繰り広げていた。その一方で、後にベネディクト会の修道士となる末の弟マルクとの関係は良好で、彼に対しては優しさを見せていたようである。ジャックはカトリックの資本家階級と中産階級のなかでも出来のよい子供たちが通うにはうってつけだった私立学校コレージュ・スタニスラスに入学することになる。彼は教師をすら威圧するほどに優秀ではあったが、気まぐれで自惚れ屋の面倒な学生であった。早熟なこの少年は一四歳になるころスピノザを発見し、色つきの矢印を部屋の壁にさして『エチカ』の構成を表した図面を部屋にぶら下げていた。これは小売商人であった実の父へのあからさまな反逆行為だった。

一〇代後半になったラカンにとって、きわめて大きな契機となったと思われるのは、先に言及したジャン・バリュジ（一八八一－一九五三）による薫陶を受けたことであろう。ただしラカンがすっかりキリスト教に染まってしまったかといえば当然そうではない。一九二二年ごろ彼はアンドレ・ジッド、ロマン・ロラン、ポール・クローデルら有名作家たちがそこで落ちあっていたことで有名なアドリエンヌ・モニエの書店に通いはじめ、そこでアンドレ・ブルトンに出会い、ジェイムズ・ジョイス『ユリシーズ』の講読会に参加し、極右の思想家シャルル・モーラスと交流した——ちなみに、この時期にラカンは極度の抑うつ状態にあったらしい——。一九二三年にフロイトを知るが、そのときにはあまり関心を寄せなかった。そうした環境のなかで、ラカンは家族とキリスト教をさらにはげしく突っぱねるようになる。決定的だったのはニーチェの著作をドイツ語で読んだことであろう。一九二五年にラカンはその哲学への賛辞を書き、コレージュ・スタニスラスの神父たちの前でそれを弟マルクに読み上げさせたという逸話が残されている。

ラカンは一九一九年に医学の道へと進むことを決めた。専攻していたのは神経学であり、一九二六年一一月一四日には眼精麻痺の症例に関するはじめての学会発表を行っている。奇妙な偶然なのだが、この日はパリ精神分析協会の発足日でもあった。彼は課程を修了した上で、精神医学へと研究分野を変更する。そして一九二七年から三一年にかけて「精神病院」の代名詞となるほど有名な「サン・タンヌ病院」で研究を進めた。そのあと緊急の患者が運び込まれるパリ警視庁の特殊医務院に勤め、臨床経験を積んだ後、インターンとしてサン・タンヌ病院に復帰する。当時のラカンは強い特権意識をもち、口が悪く尊大な態度をとっていた一方で、非常に魅力的な人物ではあったらしい。

ラカンは一九三〇年に公刊された――サルトルの哲学論文を指導した――アンリ・ドラクロの著作を通じてフェルディナン・ド・ソシュールの『一般言語学講義』に触れている。さらに彼は一九三二年ごろ、ヒステリーの症例に出くわすことによって、ようやくとフロイトの仕事に意義を見出すようになる。すなわち三〇年代前半においてすでに、五〇年代前半において開花するラカン理論の素地が整えられていたのである。ラカンはパラノイアについて独創的なアイデアを披露したサルバドール・ダリに感化され、シュルレアリスムとの関連でフロイトを読み、「嫉妬、パラノイア、同性愛に見られる若干の神経症的機制について」(一九二二)を翻訳した。そしてラカンは精神医学の知識と臨床経験、フロイトの精神分析、そしてシュルレアリスムの知識のみならずスピノザ、ヤスパース、ニーチェ、フッサール、ベルクソンといった哲学に関する豊富な学殖をも総動員して、――「症例エメ」として知られるマルグリット・パンテーヌという女性のパラノイア症例を扱った――学位論文『人格への関係から見たパラノイア性精神病』(一九三二)を書き上げる。また一九三二年六月からラカンはルドルフ・レーヴェンシュタインのもとで分析を受けはじめ、六年半ほどセッションを続けることになる。そして一九三四年の一一月二〇日にパリ精神分析協会の会員として認められ、ラカンは分析家としての道を歩み出す。

私生活では一九二八年ごろ、一五歳年上の未亡人マリー＝テレーズ・ベルジェロの愛人となり、翌年には友人の作家ドリュ・ラ・ロシェルの後妻であったオレジア・シェンキェヴィチと付き合い――ドリュはすでにオレジアに関心を失っており、むしろその交際を喜んだという――、一九三三年まで関係を続けた。こうした秘密の二重生活を、ラカンは弟マルクにしか明かさなかった。ラカンの不誠実さを象徴するエピソードとして、博士論文の執筆にあたって、マリー＝テレーズが印刷の資金を援助し、オレジアが手書き原稿をタイプしたという話が伝わっている。ラカンは生来の自由人であるばかりか、ちょっとしたものでも自分が欲したものには執着するような性格で、世界の正しさに対して背を向けるように常軌を逸した発言を繰り返す反体制的な人物であった。そうした性格も災いしたのだろうか、結局、二人の恋人との関係は破局を迎えることになる。しかしこのようななかにあっても折れないラカンは新しい女性、画家でイラストレーターのマリー＝ルイーズ・ブロンダン（愛称マルー）と恋に落ち、一九三四年一月二九日に式を挙げる。

さて一九三三年の一〇・一一月ごろに、ラカンにとって大きな思想的転換が生じる。彼はフロイトの著作の研究を続けながら、アレクサンドル・コイレの著作に触れることによってヘーゲルの「主人と奴隷の弁証法」を知ったのだ。ラカンはコイレにくわえて、ハイデガー『存在と時間』の最初の仏訳者でもあるイスラーム研究で著名なアンリ・コルバン、フランスのヘーゲル研究に強いインパクトを与えたロシア出身の哲学者アレキサンドル・コジェーヴ、そしてジョルジュ・バタイユらと親しくすることによってヘーゲルを中心に哲学へとさらに接近していった。ラカンにとって当時最先端の知的階級との交際は、カトリックの因習じみた家族の伝統から完全に抜け出す上でも得難い交流だった。そして一九三六年、ラカンは精神科医アンリ・ワロンの知見を基盤にコジェーヴ、コイレらの助力を仰ぎながら国際精神分析学会において「鏡像段階論」を公表する。しかしこの発表は、制限時間内に収まらなかったこともあり、座長であったアーネスト・ジョーンズの介入によって中断させられてしまう。ラカンはこの一件を後年まで恨みがましく思っていたようだ。またラカンの難解さによって知られる独特な文体が形成されはじめるのもこうした交流以後のことである。一九三八年には歴史家リュシアン・フェーヴルが主導したフランスの百科事典にワロンの仲介で、「家族」の項目を執筆する。そこでは家父長的権威の衰退に伴う「父のイマーゴ（集合的無意識における父の元型）の社会的失墜[2]」が語られている。

こうしたなかで、一九三七年一月八日に妻マルーは第一子カロリーヌを出産する。しかし子供の誕生後もラカンの女性関係は変わらずだらしない一方で、自分を天才だと思い込む誇大妄想的な欲望から、自身の仕事にとらわれてもいた。そして一九三八年の一一月ごろからバタイユの妻であるユダヤ人女性、シルヴィア・バタイユ――彼女とジョルジュ・バタイユの関係はすでに破綻していた――と関係をもつようになる。ラカンは彼女との交際を妻マルーには告げず、そのあいだに長男ティボーが誕生しているにもかかわらず、ヴィシー政権下の一九四〇年ごろには彼女から離れ、シルヴィアとの生活を開始していた。そのころラカンはフランス南西部ポーの病院に軍医として配属されていた。除隊後の夏、マルーはシルヴィアとの関係を断つようラカンに懇願する。しかし期待したような返答は得られず、それどころか、こともあろうにラカンは、一〇月になってシルヴィアの出産を嬉々としてマルーに伝えてしまう。このときマルーも妊娠中だったのだが。

マルーはひどいうつ状態のなか一一月に第三子となるシビルを産む。ラカンの方ではけっしてマルーとの関係を終わらせようとせず、あやふやな態度を取り続けた。結局マルーの方が要求し、一九四一年一二月一五日に離婚が成立する。だが、こうした事実は子供たちには伝えられず――二度目の結婚と新しい家族の存在も隠した――、週に一度ラカンは子どもたちのもとに通うという二重生活が続いた。他方、同年七月三日にはラカンとシルヴィアの子、ジュディット・ソフィが誕生するが、姓はバタイユのままであった。すでに社会的にはバタイユとの離婚は成立していたが、法的には婚姻関係が継続したままだった。しかもこの時点ではラカン側もマルーとの婚戚が残存していたため、シルヴィアとの子供の認知も禁じられていた。こうした経緯から、生活を共にしているはずの子の姓がバタイユであるという矛盾が生じ、「象徴的な父」と「現実的な父」が分裂状態にあった。

戦時中にラカンは何も書かず、教えることもなかったが、精神分析の活動は継続していた。一九四〇年ごろから彼は熱心に英語を学び、英語で書かれた書物を貪るように読み、――これは学生時代、ドイツ語版の全集に携わるほどジョン・スチュアート・ミルの思想に親しんでいたフロイトのイギリスびいきにも重なるのだが――イギリスの功利主義や民主主義にも馴染んでいた。その経験がラカンをイギリスの精神医学に近づけることになる。当時のイギリス精神医学にはフロイトの学説が行きわたっており、彼はそれを高く評価していた。なかでもインド生まれの精神分析家ウィルフレッド・ビオンに感化され、彼を通じてフロイトの理解を修正することになる。イギリス精神医学は、ビオンによる「指導者なき集団技法 leaderless group technique」という技法を積極的に実験し、しかも成功していた。こうした試みは、フロイトが「集団心理学と自我の分析」において提唱した垂直的な同一化、すなわち父や指導者、理想的な観念などへの同一化とは相入れない水平方向への同一化のもつ有意性を明らかにした。ラカンは「父のイマーゴの失墜」という自身のテーゼの正しさに改めて確信を抱き、フロイト的な父への同一化よりもビオン的な「指導者なき集団技法」の方が優勢であるということを悟る。じじつ「イギリス医学と戦争」（一九四七）と題された論稿において、ラカンはフロイトに「水平的同一化 identification horizontale」が示唆されているとしつつも、「垂直的同一化 identification verticale」と比べて無視されていることを問題視している[3]。

ラカンがフランス的家族主義よりも功利主義的なイギリス的民主主義を擁護し、封建的な因習よりも自由主義と個人主義を好んでいたことも、そうした支持の一因となっていたのであろう。他方でラカンは、ビオンもさることながらメラニー・クラインにも親近性を感じていた。じじつ、一九四八年にブリュッセルで開かれた国際会議における攻撃性を論じた報告において、ラカンは自身の理論のなかにクラインの主張の多くを組み入れている。とりわけ自我のパラノイア的な構造という考え方を彼女から借りることで、ラカンが「私」の機能を自我から引き離そうとした点が重要であろう。これはデカルト的コギトへの批判であるという以上に、フロイトの娘アンナの主導するエスに対して自我を優位におく、いわゆる「自我心理学」への攻撃を狙いとしていた。

一九五三年、パリ精神分析協会は内紛状態に陥っていた。ラカンはそれを調停しようとしたがうまくいかず、それどころか若い精神分析家たちに担がれ、サシャ・ナシュトやマリー・ボナパルトといった保守派から非難されることとなり、脱会せざるをえない状況に追い込まれる。そこでラカンはダニエル・ラガーシュらが設立したフランス精神分析協会に合流する。また当時、ラカンはフランス精神分析協会所属の約一五人の教育分析（＝分析家になるための分析）を引き受け、さらに個人の患者も抱えていた。それゆえ、実際問題として長時間の分析は不可能であったため、ラカンはその時間を短縮し――晩年の分析セッションでは数分にまで短縮されるようになる――、可変的なものにしていた。フランス精神分析協会の国際精神分析協会への加入を目論んでいたラカンは、この事実をけっして表沙汰にはしなかった。しかもラカンはアンナ・フロイトのように明確なルールに従って分析をしていたわけではなく、「転移」や「逆転移」による介入を厳しく制限しようともしなかった。その一方で、ラカンは病者たちの声を聴く能力に優れ、欺瞞なり良心なり悪意なりといった心の動きを明敏に洞察する高い能力を発揮し、臨床家としても優れていた。しかしながら、彼は自分の愛人たちの分析もためらいなく行い――さすがに寝椅子を性愛に利用したり、個人的な利益供与を行ったりまではしなかったようだが――、女性の患者を誘惑していたらしい。私生活では依然として子供じみたわがままさを見せつけており、その分析技法も規範からは逸脱したものであったが、あえて擁護すれば、権力を振りかざして患者を抑圧するような人間でなかったとはいえるだろう。

さて五〇年代ラカンの理論形成にとって重要な出来事は、一九四九年に公刊されたクロード・レヴィ＝ストロースの『親族の基本構造』との出会いであった。この年、ラカンはアレクサンドル・コイレの主催した夜会でレヴィ＝ストロースと面会し、友人関係を結んでいる。ラカンが彼から受けた恩恵は大きい。ラカンはソシュール言語学におけるシニフィアンの理論をレヴィ＝ストロースと突き合わせることによって、ようやく咀嚼することができた。つまり、この二つの理論を巧みに用いることによって、ラカンはフロイトのオイディプス・コンプレクスを無意識の象徴的機能として捉え返すことができるようになったのだ。ラカンの議論に〈父の名〉という語がはじめて登場するのは、「神経症者の個人的神話――あるいは、神経症における詩と真実」と題された一九五三年の講演においてだが、この概念はレヴィ＝ストロース的な「構造」の助力なしには確立しえなかった。その後、ラカンはさらにロシア人言語学者のロマン・ヤコブソンの隠喩と換喩の議論を採用し、フロイトの精神分析の構造主義化を加速させていく。

しかし、彼らにくわえてラカンの理論形成への貢献という観点から忘れてならないのがハイデガーだ。その受容を考える際に興味深いのは、フランスにおけるハイデガー哲学の代弁者となっていたジャン・ボーフレが、一九五一年四月からラカンとの分析を開始していたことであろう。ラカンはその理論において避けがたく異性愛主義的な部分が散見されるが、その実践上において数多くの同性愛者の分析を行っており、そうした者たちに対して差別的な態度をとらず、親和的な分析家であったことは指摘しておくべきことであろう。その例に漏れず、同性愛者であったボーフレをラカンは快く受け入れた。ところで、分析が進むにつれてボーフレは、ラカンがハイデガーの哲学に魅力を感じていることを悟る。ボーフレはラカンの関心をうまく利用しようと考え、分析のなかでハイデガーについて喋り続けた。一方、ラカンもボーフレの説明によって首尾よくハイデガー哲学への理解を深めることができた。ラカンはイギリスの思想への接近によってヘーゲル哲学への没入以来、疎遠になっていたドイツ哲学へと舞い戻ってきたのである。

そして一九五五年、ボーフレを伴ってフライブルクを訪れたラカンは、ハイデガーとの面会するというたっての願いを叶える。ラカンはそこでハイデガーの「ロゴス」を翻訳するための許可を求め、快諾をえる。同年八月二七日から九月四日にかけて、フランス北西部スリジー・ラ・サールにおいてハイデガーに関するイベントが開催された。ラカンはそこには参加しなかったものの、ハイデガー夫妻を別荘に招待した。このときラカンは夫妻とシャルトル大聖堂を訪問したのだが、猛スピードで車を運転したため、エルフリーデ夫人は彼に終始抗議したものの、ラカンはそれを無視したというエピソードがよく語られる。この時代においてもわがままで子供のような彼の性格は、変わっていなかったのである。それはともかく、ラカンのハイデガーへの理論的関心はかなり複雑な構造を内包している。後述するように、ラカンがその「存在論」をまるごと受け入れていたわけではないことは確かであり、あくまでも彼自身の身の丈に合わせて、その哲学を流用したにすぎない。だがハイデガーの名は、六〇年代のセミネールにおいても度々言及され、その磁場からラカンが完全に抜け出せたわけではないということも、同時に認識しておく必要があるだろう。

さて前述したようにラカンは一九五一年からフロイトに関するセミネールを開くようになる。そこには分析家だけではなく、多くの哲学者や文学者、あるいは神父なども参加し、実り豊かな対話が繰り広げられた。ラカンは「フロイトに還れ」という周知のスローガンを掲げながらも、ヘーゲルやハイデガーだけではなくプラトンやアリストテレス、そしてアウグスティヌスなどを恒常的に参照し、分析家に限らない聴衆たちを惹きつけた。もっとも、正規の哲学教育を受けなかったラカンは――プラトン『饗宴』を除けば――哲学研究者のような方法で文献を仔細に論じているわけではない。一九六三年、こうした独特な思想や精神分析技法は国際精神分析学会の不興を買い、ラカンは教育分析者のリストから除名されるという憂き目にあう。ラカンは自身をユダヤ人共同体から追放されたスピノザに重ねながら、この一件を「破門」と呼んだ。一九六四年、ラカンはパリ・フロイト学派を創設する。それからアルチュセールの口添えによって、中断していたセミネールはパリ高等師範学校に場所を移して継続することになる。ただしアルチュセールのラカン理論への賞賛とすれ違うかのように、ラカンは彼の仕事に対して冷淡だった。ラカンの狙いは、あくまでアルチュセールが率いていた師範学校の優秀な学生の方であったからだ。この機会に乗じて、目論見どおりにラカンは彼の後継者となり、娘ジュディットの婿となるジャック゠アラン・ミレールに出会っている。一九六六年には代表作『エクリ』を刊行し、かねてからの構造主義の隆盛にも後押しされ、大きな成功を収める。結果的にパリ・フロイト学派には多数の若者が集まることになる。一九六七年、ラカンは「パス」という資格制度を提唱し、六九年に正式に導入される。その最中、六八年、パリ第八大学に精神分析学部が開設されることとなる。

このころラカンは若い学生たちに広がった「マオイズム（毛沢東主義）」に調子をあわせようとしたのか、かねてから関心を抱いていた中国語と中国哲学を熱心に学んでいる。一九六九年から七三年ごろにかけてラカンは、中国生まれのフランスで活躍する東洋学者、作家のフランソワ・チェンに教えを請い、彼と荘子や老子などの中国哲学に関する議論を重ねた。[4] ラカンは一九七七年四月一九日のセミネールにおいて彼の名前を口にし、この年に刊行されたチェンによる『漢詩のエクリチュール』を分析家たちが参考にすべき著作として推奨している。[5] なおラカンは日本にも魅力を感じていたようで、一九六三年には京都と奈良の寺院を訪れている。じじつこの時期のセミネールで彼は、天皇の権威を実践する場所であった奈良、東大寺の金剛力士立像を話の枕にしながら、仏教について長広舌を振るっている。さらに一九七一年にも、ラカンは日本を再訪している。その詳細についての言及は別稿に譲るが、かつてのシニフィアンの理論家ラカンは「日本的なもの」を彼なりに思索することをきっかけに、ジャック・デリダへの応答として「エクリチュール」と「沿岸的なもの littorale」たる「文字 lettre」を自身の思索のなかに組み入れることになる。[6]

またラカンは一九七一年に開かれた『精神分析家の知』と題されたセミネールにおいて、はじめて「マテーム Matheme」という語を使用する。それはレヴィ＝ストロースの「ミテーム（神話素）」とギリシャ語の「マテマ（学）」を組みあわせた造語であり、語りえないが伝達可能な真理を数学的なエクリチュールを用いて伝えようとする技法のことを指す。ラカンは一九六九年から七〇年にかけて行われたセミネール『精神分析の裏面』においてウィトゲンシュタインについて多くを語っているが、彼とは結論を違えていたようだ。ところで、悪名高いラカンのこのマテームはある日、青天の霹靂のように彼の口から発せられたわけではない。そこには入念な準備があった。ラカンは五〇年代初頭から数学者のジョルジュ・Th・ギルボーと親交を結び、数学的図式化の理論を少しずつ進展させていた。だがそれはまだギルボーとの個人的な共同研究の域を出ていなかった。長期にわたる潜伏期間を経て、それが大手を振るって表面化したのが、七〇年代のラカンなのである。決定的だったのは、一九七二年二月九日のセミネールのなかで「ボロメオの結び目」について発言したことであろう。ラカンはイタリアのボロメオ家の紋章をヴァレリー・マルシャンという数学者から教えてもらう。三つの円が重なったボロメオの輪は、ひとつを取り外すとすべての絡み合いがほどけてしまう。ラカンはそれを現実界・象徴界・想像界という自らの理論の説明に用いた。またいわゆる「性別化の式」としてよく知られるようになる論理式を導入したのもこの時期である。ラカンはここで〈女〉をファルスの支配力ではけっして制御しえない「すべてではない」ものとして定義し——もちろんファルス的な享楽を全面的に棄却して女性性を優位においたというわけではなく、別の力として双方を規定したにすぎないが——、女性を男性に抑圧された存在として描くフェミニズムに抗って、女性性が有する力の法外さに主眼をおいた。

一九七五年から七六年に行われたセミネール『サントーム』において、最後の理論的転機が晩年のラカンに訪れる。彼は青年期に刺激を受けたジェイムズ・ジョイスの文学に回帰したのだ。語りえないエクリチュールの伝達可能性という問いへと向かっていたラカンが、そこに導かれたのは自然な流れだった。そしてその後押しをしたのは、ジャック・オーベールという若いジョイス研究者であった。結局、二人で進めた作業は不首尾に終わったものの、ラカンは『フィネガンズ・ウェイク』や『ユリシーズ』といった主著以外の、伝記も含めたジョイスのテクスト群に関する膨大な知識をオーベールから得ることによって、戯曲『エグザイルズ』やジョイスとその妻ノーラの伝記的事実に依拠しながら、「サントーム（＝症状への同一化）」や「可能な性関係」といった重要な概念を創案することとなる。

しかしながら一九七七年以降、ラカンとその学派も共に急激な衰退期に差し込む。一九七八年ごろになると、セミネールのなかでも沈黙の時間が長くなり、彼の衰えは聴衆にも次第に露わとなり、それが学派にも動揺を与えることになる。実のところラカンは、この時期に大腸がんを患っていた。衰えを隠せなくなったラカンは、一九八〇年一月五日に自身が設立したパリ・フロイト学派の解散を宣言する。そして「わたしは強情だった……消えるよ *Je suis obstiné ... Je disparais*」と言い残し、ラカンは腫瘍摘出後の腎不全が原因で一九八一年九月九日に没する。

以上からわかるように、ラカンという人物が、世間的な意味で道徳的であるとは到底いえないような人生を送ったということは誰も否定しないだろう。しかし「欲望を譲らない」という彼の倫理を物差しとして使うのであれば、彼の生存の仕方は十分に倫理的であったということになるだろう。

第一章　精神分析とはどのような仕事なのか

第一節　退歩と特異性

精神分析とは本来どのようなものであるのか。困惑するほど論じられることが少ないようにも思えるが、サンタンヌ病院に場を借りて本格的に始動した最初のセミネール『フロイトの技法論』（一九五三–五四）において、ラカンはこの問いに正面から向き合っており、そのことに触れないわけにはいかない。ラカンのセミネールはその最初期において、フロイトの読み直しを通じて精神分析とは何かを問うものであったということに、我々はつねに立ち返らなければならないのである。では具体的に精神分析の仕事の根幹には何があるのか。一体、分析家とは何をその職務としているのか。まず分析において目標とされることは、現在という時間から過去を救い出し、それに新たな意味を与えることである。そしてこの行為は、必ず現在の地点から過去を語り直すことによって実行されなければならない。実際にラカンは次のように述べている。すなわち「主体の歴史復元の道は、過去の復元を追求するというかたちを取ります。この復元こそが技法という手段によって目指される標的と考えるべきです」（*I*, 19／一九（上））。精神分析とは主体の歴史を過去に遡り、元いた位置や状態に一度戻すことからはじまる徹底的に退歩していく後ろ向きの戦術にほかならない。しかしながら、このリトリート（退却）が一つの戦術的な技法である以上、何らかの戦果が求められる。かつてフロイトは、ここでラカンも言及している論稿において分析家の仕事を考古学者に擬えていたが、フロイトの技法論において過去の復元から導き出される利得とはその「再構築」であった。考古学者の仕事が発見のみならず、その修復や保全に対しても責務があるのと同様に、分析家の解釈は隠された無意識の真理を言い当ててしまえば、それで手じまいするような類の仕事ではない。秘密の暴露はスタートでしかなく、そこから忍耐強く主体の過去を残骸から建て直し、復元すると共に再構築していかなければならないからだ。分析はしたがって、その本質からして退歩することによる前進であり精神の復興であり、その保全と補修なのだ。

このとき分析家による患者たちの歴史の発掘とその心的な生の補完と修復はどのように行われるのか。必要なのは読み替えであり、再び作り上げること、すなわち「歴史（＝物語）の書き直し *réécrire l'histoire*」（*L*, 20／二二（上））である。ここでは事後性の論理、現在から過去へと立ち返ることによって現在地を書き換えようとするまさしく精神分析の本質的な思索の動向が語られている。分析は定性的な科学とはまったく別の方法を用いて真理探究を行うのだ。精神分析が過去へと逆行するのは、すなわちリトリートを徹底するのは、過去に生じた出来事が普遍的な絶対的真実などではなく、まるでプログラムを更新するかのように、あるいはむしろアップデートを前提としているかのように、その意味を変奏してしまうということを知っているからである。「私はフロイトが他の科学的な研究とは異なったスタイルの研究へと進んだ、という事実を強調しているのです。彼の領野は主体の真理という領野です。真理の探求は一般の科学的手法に見られるような客観的な探究や、あるいは客観化することにさえ、すっかり還元されるものではありません。現実性の概念そのものに関連して、そのオリジナリティを際立たせるべき固有の次元として、主体の真理を現実化することが問題なのです［…］」（*L*, 29／三四（上））」。

主体の真理は、分析家がそれを引き出すことによって実現する。分析家の役割とは主体に対して客観的なデータから導き出される合理的な解を与えることではなく、めいめいの主体に固有な真理を、一般的なものからむしろ切り離すことによって目立つようにすることにある。真理はあくまでも主体にとって特異なものであり、かつ個別的なものなのだ。なぜなら、分析の基盤となるのは、「特異性＝単独性 *singularité* において捉えること」（*I*, 18／一九（上））であり、「分析は個別性をもった経験である」（*I*, 29／三四（上））という主張だからだ。精神分析とは何よりも主体の個別的経験を優越させるものであり、デリダがラカンをそう解釈したような象徴的なものの全体性に仕える従者などではないし、当然、構造主義の文脈にラカンをまるごと押し込めようとしてしまえば無理が生じてくる。むしろデリダが批判した全体性を前提とするような思惟に対して、周到に抗議するのが精神分析なのである。そうしてみると、ラカンを全体性を固く信じるヘーゲル主義者であり、構造主義の内部に安穏としていると断じてしまうような「真理の配達人」におけるデリダなどに代表される論難は、まるで的外れなものであったといって差し支えないだろう。ともかくも、個別的経験を分析の柱とする発想はごく初期のフロイトにも見受けられる。すなわち「［…］ある家族のなかで素質をもった構成員において発展してゆく神経病の選択を司っているのは遺伝ではなく、遺伝ほど理解しやすくはない性質をもつものの、しかじかの神経疾患の特異的病因の名に値するであろうような、他の病因的影響の存在を疑う必要があるということを認めねばならない[1]」。本書の主張するフロイト＝ラカンの精神分析における核心的なテーゼがここに濃縮されている。分析家は主体の心的な症状と向き合うときに、それを一点ものとして扱うのであり、抽出された出来合いのモデルをまるで考慮しないということはないにしても、それを被分析者に不用意に適合させてしまうことを忌避することによって、主体の異状を単独的かつ特異的なものとして丁寧に遇していくこと、それが分析の基本的な態度としてあるべき姿勢なのだ。

　とはいえここでの特異的とはドイツ語の Spezifisch であり、フランス語の spécifique に相当するため、厳密に同じ語を使っているわけではないが、それでもフロイトとラカンが共通して症状の個別性に目を向けているということは明らかであろう。それらを過小評価することはしないとしても、精神分析が「道徳的感情、身体的疲弊、急性の病気、中傷、外傷的事故、知的過労など」といった「月並みな要因」にのみ症状の原因を帰することはない[2]。なぜなら、フロイトにおいて症状は主体の「性生活」、もしくは「過去の人生の重大な出来事」をきっかけとして生じるとされるからだ。[3] 精神分析の取り組む症状とは、日々の生活上の諸問題の積み重ねによって生じてくるちょっとした滞りではなく、取り返しのつかない出来事の一撃によって発症する病の方なのである。

フロイトによれば、そもそも症状とは精神分析において「ある中断された欲動充足の兆候かつ代替であり、抑圧過程の成果」[4] であるとされる。要するに、欲動がうまく処理されないときにその芳しくない結果を忘却し、抑圧に成功した状態が症状と呼ばれるものの内実なのだ。ラカンはとりわけフロイトによる第一の発見としての「抑圧」の価値をここで重く捉えている。なぜなら、抑圧は「あたかも実在しなかったかのようなもの」（*I*, 54／七四（上））に見えながらも、存在すると考えるからである。抑圧とは意識から不快な情動を放逐し、無意識のなかに抑え込むことであり、その結果として「抑圧されたもの」が無意識のなかに沈殿することになる。[5] 抑圧は主体のあらゆる症状の原因となるのだが、それはつねに象徴化を拒む何かであって、またそうであるがゆえに各主体にとっての「抑圧されたもの」とは何かが、主体の歴史性の探求において根本的な問いとなる。というのも、フロイトが言うように「抑圧というものは、高度に個別的に、働く」、つまり「抑圧されたものからの一つ一つの蘖（ひこばえ）が、自分の特別な運命を持つことができる」からである。[6] 抑圧されたものは、主体にとって嫌悪すべきものであるが、しかし同時にそれは最も魅力的なものであり、何かの拍子に誤差が修正されてしまえば価値が一変してしまうようなこともありうる。[7] 個々人にとって固有な「抑圧されたもの」の探究を契機に、歴史の再構築としての精神分析が開始される。

第二節　ラカンが道標とした哲学者たち——ハイデガー、アウグスティヌス、プラトン

ラカンは、主体の歴史の象徴的な統合に言及するときに、ハイデガーの「存在忘却」を引き合いに出している。象徴的な解釈が抑圧されたものを無視して完全に主体を覆い、過不足なく言語によってすべてを了解できると思い込ん

でしまえば、それはまさしく存在を忘却することであり、真理からは遠ざかってしまう。抑圧されたものの存在を忘却してはならないのである。さらにラカンは「存在の語りかけ」という存在とパロールを同一視するハイデガーの論を引き継ぐことで次のように言うことになる。「現実界において、存在自体の裂け目、穴が穿たれます。存在という観念はそれを我々が摑もうとするやいなや、パロールと同じように捉えどころのないものであることが判明します。というのも、存在、言葉そのものは、パロールというレジスター（言語使用域）にしか実在していないからです。パロールは現実界という生地のなかに、存在という空洞を導入するのです。両者は互いに依存し合い、バランスをとっており、まさに相関的なものです。（*L.* 254／一〇九（下））」。裂け目のない現実的なものの充溢、すなわち存在に穴を開ける行為こそがパロール（話し言葉）の役目となる。存在がパロールとしてしか実在しないのは、パロールが生まれると同時に存在は空洞になってしまうからにほかならない。

ここからわかるのは、――後にその影響を否定することにはなるのだが[8]――ラカンの現実界とは、少なくとも最初期においてハイデガーの「存在」概念から借り受けたものであり、また存在を言葉へと紐づけるという発想も、おそらくは「言葉は、存在の家である」[9]という『「ヒューマニズム」について』におけるジャン・ボーフレ宛書簡のフレーズから着想を得ているのだろうということだ。つけ加えるなら、言葉を語る者としての主体が、存在としての現実界と関わろうとするという構図は、次のようなハイデガーにおける「外‐在（脱‐存）Ex-istenz」の概念と深い結びつきがあるように思える。「この住むということにもとづいてのみ、人間は、住まいとしての「言葉」を「得た」のであり、その住まいのおかげで、人間の本質にとっては、存在へと身を開きそこへと没入してゆく面が、守り抜かれるのである。存在の開けた明るみのなかに立つことを、私は、人間のエク‐システンツ（存在へと身を開き‐そこへと出で立つあり方）と、呼ぶ。人間にのみ、こうした存在の仕方が固有なものとしてそなわっているのである」[10]。いみじくもフランソワ・バルメが「ラカンはハイデガーを解釈するつもりはないが、それを横領している」[11]と書いているように、言葉を主知主義的な枠組みから放り出し――なぜなら「［…］論理的な議論は、情動的利益に対して無力であり、理由をあげての争いは、利益の世界では不毛である」[12]から――、存在との絆において思索するハイデガーの主張は、パロールを現実界と相関させるラカンのトポロジーにそのまま流し込まれているといっても過言ではない。言語の「知性化」に対して無意識を抑圧する防衛機制として否定的な評価を下す精神分析と、言語を道具的に扱うことを拒み、それを存在にもたらすハイデガーの哲学はきわめて相性がよい。それゆえ現実界をパロールにおいて受苦するのが、五〇年代ラカンにおける「外‐立 Ex-istenz」する主体なのだと言うことにそれほど無理は生じないであろう。いずれにしても「存在は、みずからを開き明るくしながら、言葉となってくる」とし、「存在は、つねに、言葉へと至る途上にある」[13]と続けるハイデガーの思索が、ラカンに何らかのインスピレーションを与えていたのは疑いえない。

しかしながら、ハイデガーを文献学的に理解しようという気などさらさらなかったであろうラカンは、その哲学を丸ごと横滑りさせるのではなく、彼流にアレンジして使う。したがって、ラカンの思索がすべてハイデガー哲学のなかにすっぽりと収まってしまうわけではない。ラカンにおいて存在はパロールとしてしか実在せず、それゆえ現実界における穴として表象される。穴がパロールによってあくまでくり抜かれるものである以上、主体においてそれは傷痕となる。そしてこの傷痕が症状を形成するのであり、それはハイデガーが十分には見ようとしなかったものである。しかも言葉は根本的に多種多様なものなのだから、傷痕たる穴は何ら単数的な超越性ではなく、各主体にとって個別的で固有なトラウマとして表出する。現実界がパロールと相互的なものと見なされるのは、このような理由を背景にもつ。だからこそ現実界のパロールによる受苦によって、すなわちトラウマの形成によって生じる症状はパロールなしにはない。精神分析が分析を受ける者に対して、思いついたことを余すところなく話すことを求めるのは、トラウマの存在がパロールという仕方においてのみ表現されるということを知っているからなのだ。

では分析におけるパロールの具体的な技法とはいかなるものであるのか。経験のない者にとってはブラックボックスにならざるをえない分析のなかでの実地のやりとりとは、どのような進行を辿るものなのか。その答えは、「可能な限りの独白的な対話」(*I*. 256／一一二(下))という逆説的なものである。不可欠であるのは生の遡及的な再解釈のための材料であり、それはつねにシニフィアンとしてしか与えられないがゆえに、相互的な対話ではなく独白的な対話によって、ありとあらゆる言葉を患者は分析家に対して供与しなければならないということである。ここには話すことと教えることが区別できない、という特性が関与している。ラカンはアウグスティヌスの『教師』における「教えること docere」と「話すこと dicere」の区別に依拠しながら、この点を浮き立たせようとしている（*L*, 275／一四一－一四二（下））。アウグスティヌスは「語ることによって（何かを）教えようと意図していることは明らか」であるとした上で、「語ることによって、我々は教えること以外のことを欲していない」と明言していた[14]。ここでアウグスティヌスはまた、「言葉は記号である」という見解を示すのだが、「もの・事柄 res」と対になるこの「記号 signum」を、一つの記号によって他の記号を説明するものであるとしている[15]。こうした考えは、いわゆるシニフィアン連鎖というラカンの言語論の核になるものを示している。ラカンは自らのシニフィアン理論の淵源が――こうした言い方はヤーコブソン経由のものにも思えるが――、ソシュールではなくストア派の「非物体的なもの ἀσώματον」やアウグスティヌスの「記号 signum」に由来するのだとよく強弁していたが（*XXI*, 21 mai 1974）、一応の根拠は存在しているのだといえよう。ともかくも分析の場面における二人の対話は、いかに独白に近づけるかが勝負であるとしても、分析家が現前する以上、虚しいひとりごとに終始するということにはなりえない、ということをラカンはアウグスティヌスへの言及によって確認している。そうすると、分析における独白的な対話とは、分析される側の方が分析家に対して自分自身に関する何かを教える作業である、ということになる。一言にすれば、分析の対象となる症状を持つ者が分析家を教育することこそ分析なのである。学びも分析実践も、生徒ないし分析を受ける者の強烈な知への欲望に基づいた能動的な参加抜きには立ち上がりえない。精神分析における教育は教師が上に立ち、学生がその教えを黙って受け取るという旧来的かつ、いまだ一般的な上意下達型の教育モデルとはまるで対極のものなのだ[16]。

ラカンはこの講義において、プラトンの『メノン』に触れつつ、分析家に必要な資質を「知ある無知（不知）*ignorantia docta*」（*L*, 306／一九二（下））として規定しているが、その実際は「君がそうだと思ったとおりに答えてくれればいいのだ」[17]というソクラテスの奴隷少年への言葉、すなわち「質問するだけで、教えはしない」[18]というその姿勢に凝縮されている。分析家はまず第一に、分析主体の言葉に耳を傾けることから始める必要がある――もちろん、分析が「ワークスルー」（分析家と手を携えてつぶさに現在から過去を描き直すこと）である以上、それは分析家がただ傾聴していればよい、ということを意味するわけではないのだが。[19]だからこそ分析家は規範としてソクラテスの次のようなセリフを心に留めておく必要がある。「ひとが何かをしらない場合に、それを探究しなければならないと思うほうが、知らないものは発見することもできなければ、探究すべきでもないと思うよりも、われわれはよりすぐれた者になり、より勇気づけられて、なまけごころが少なくなるだろうということ、この点については、もしぼくにできるなら、言葉のうえでも実際のうえでも、大いに強硬に主張したいのだ」[20]。教師がのべつくまなく語る講義ほど精神分析から遠いものはない、そして実のところ哲学からも。我々はすすんで知らないということに甘んじなければ探究の道へと分け入っていくことができないのだから、分析家が過剰な解釈を施し、何かを教えようと無理をしてしまえば、学ぶことへと主体を導びくことからはむしろ後退してしまう。教師が熟慮しておかなければならないのは、アウグスティヌスが言うように「わたしが真理を語り、彼が真理を認識するときでさえ、教えるのはわたしではない」[21]ということである。したがって「[…]学徒と呼ばれる人は、真実が語られているかどうかを、いわば明らかにあの内なる真理に、自己の力に応じて目を向けながら、自分自身の内奥で熟考する」[22]ということになる。こういった主張は「自己分析とともに分析家の将来の活動のための準備は始まる」[23]と考え「どんな分析家も周期的に、たとえば五年経過するごとにくり返し自らの身を分析の対象に置く必要がある」[24]とするフロイトの主張とも呼応する。彼がこのように言うのは、我々が自分自身よりも他人を精神分析しがちだからである。それゆえにフロイトは分析家たちを次のように戒める。「実際、人は誰しも自分のまわりの他人に対して始終、精神分析を行っており、そのため自分ごとより他人のことのほうがよく分かっている。「《汝自身を知れ》」という格言に従う道は、自ら自身が行う一見偶発的に見える行為や不履行の研究という手順を踏んで進むよりほかないのだ」[25]。

我々は他人を精神分析したいという欲求を鎮め、まず自己自身へと立ち返らなければならない。分析において「自我の立て直しの過程は、被分析者である生徒のなかで自然に進行[26]」するものなのだから、自己分析なき学習も分析も不可能であるということになる。したがって、哲学をただ講じる者が必ずしも哲学者ではないように、分析において分析の主体となるべきは被分析者自身なのであって、分析家はけっして分析を受ける者の原因とはなりえない。したがって、メノンがソクラテスに「君は、議論のなかでひとに命令ばかりしている」と咎められているのは、メノンが自己分析を怠り、不知の存在者に過ぎないことを忘却してしまっているからであろう。知に対する傲りは、分析家が抱きがちな被分析者の上位に君臨する権威者という誤った自己像を肥大化させてしまう。分析家が心に打ち込んでおくべき楔は、知に対する徹底した謙虚さなのであり、それは定期的な自己分析によってこそ養われるものなのだ。

ところで、まったく同じというわけではないにしろ、このようなソクラテスの姿勢がアウグスティヌスにも継承されていることは、『三位一体』において彼がプラトンの『メノン』における奴隷少年への問いかけに言及していることから[27]、あるいはそれ以上に『教えの手ほどき』における以下のような論述から明白であろう――またこれはラカンが分析それ自体を問いに付したときに『メノン』とアウグスティヌスの『教師』に共に言及していたことがいかに適切であり、かつ意味深長なものであるのかを示している――。「[…]あわれみの神は、明らかに、教理を教える人の努めを通してたびたび介入され、見せかけの信者になろうと決心していた人を、説教によって動かし、真実の信者になろうと望むようにされます。われわれはかれがこのように望み始めたとき、われわれの所に来たのだと考えましょう。われわれは、かれが肉体的にはすでにわれわれの所に来ているが、精神的にはいつわれわれの所に来たのかということを知りえないのである。しかし、かれがこのような意志を今はもっていなくても、やがて持つようになるようにかれに接しなければなりません。たとえかれがそうした意志をすでに持っていたとしても、その意志はわれわれがそのように行動することによって固められるのですから、われわれはそうした意志を持ち始めたか知らなくてもそうです。もちろん、もしできることなら、かれを知っている人が、前もってかれの精神状態や、かれが宗教を受け入れようとしてやって来た動機についてわれわれに知らせることは、有益なことです。しかし、もしそういうことを教えてくれる人がいなければ、われわれはその人に直接尋ねてみなければなりません。そうすれば、われわれは、かれの答えに従って話を進めていくことができます。ところが、もしかれが人間的な利益を求めたり、ふつごうを避けようとしたりして、偽った心をもって近づくなら、もちろん、かれはわれわれにうそをつくでしょう。しかしわれわれは、かれが偽って述べたこと自体から話を始めなければなりません。それは、かれの偽りの確証を得たかのように、その偽りを非難するためではありません。反対に、もし彼が真に賞賛に値する意向をもって来たというなら、それが真実であれうそであれ、かれがもって来たと答えたその意向を認め、賞賛するようにしなければなりません。そしてかれが、人からそう思われたいと望んでいるような人であることを楽しみにするように導かなければなりません[28]」。

長々と引用したアウグスティヌスによる教えの手ほどきは、分析家の役割を明確化するために資するところが多い。つまり、分析家にはたとえ何らかの悪意を持って分析を受けに来る者に対しても、その善悪を問わずにまずは聞くことから始め、その者たちの答えに抗うことなく教え諭すようなこともせずに分析を進行させていくことが求められるのだ。そしてこのことは、ラカンの精神分析がプラトンからアウグスティヌスへと受け継がれた「知ある無知」によって根拠づけられうるものだということを、如実に示している。ラカンの精神分析は思想史的な系譜を辿らなければその真相には到達しえないものであり、だからこそラカンは、プラトンやアウグスティヌスなどの文献を分析家たちが読むように強く言い聞かせるのである。

ところで、人間のパロールが根本的に他の生物と異なっているのは、それが情報伝達という意味での信号とは異なる水準、すなわち真理の水準において機能しているからこそである。だがこの真理の水準の現出は、一般的に流通しているような常識とは異なる仕方で精神分析においてきわめて独特な現れ方をする。それがパロールの躓きである。認識論的な哲学や定性的な科学などとは別物である精神分析は「論理的整合性」や「正しさ」に真理を見いだそうとはしない。真理はパロールの踏み外しにおいてこそ自らを露わにするからだ。誤謬のなかで分析主体は、現に自分が語っている以上の真実を口の端に掛ける。ラカンがアウグスティヌスを評価するのは、こうしたパロールの機能に彼がよく通じていたように見えるからであろう。ラカンによれば「アウグスティヌスにとって重要なことは、諸シーニュに対する諸物の優位へと我々を導くことではなくて、教えるという本質的に語る機能における諸シーニュの優位性に疑いを持たせることである」（*L.* 284／一五八（下））。つまりこれは教えることにおいて、シーニュを文字通りに受け取ることの危うさをアウグスティヌスが顧慮していたということを意味しているのではないか。だからこそラカンは次のように語る。「したがって教えるにせよ教えられるにせよパロールは誤解、間違い、ごまかし、嘘というレジスタ－に位置づけられます。アウグスティヌスはさらに先へと進みます。というのは、彼は諸シーニュを両義性〔曖昧さ〕という特徴の下に、それもたんに意味論的な両義性のみならず、主観的な両義性という特徴の下に位置づけているからです。我々に何かを語っている主体自身が、たいへんしばしば自分の語っていることを知らず、そのために話したいことよりも言い過ぎたり言い足りなかったりするということを彼は認めています。つまり言い間違いでさえもが、取り入れられているのです」（*L.* 285／一五九（下））。

パロールの躓きというフロイト的発見に先立って、アウグスティヌスがそれを取り上げて指示していたというその先見性を、ラカンは強弁する。ラカンがこう主張した回において、アウグスティヌスに関する発表をしたベルネール神父がこの発言にすぐさま反論しているように、こういったことをアウグスティヌスが明示的に記述しているとふつうは思わないだろう。しかしラカンは批判を意に介さず、一見するとこじつけとも捉えられかねないこの主張を譲らないばかりか、次のようにアウグスティヌスをフロイトへとつないでいく。「一言にすればアウグスティヌスはパロールの間違い、誤解、両義性（曖昧さ）という三極の周りでこそ彼の教育法（教育分析）のすべてを展開しているのです。〔…〕私があなた方に任せておく三脚のなかに、あなた方は意味の発見においてフロイトが前面に押し出した三つの偉大なる症状の働き――「否定」、「圧縮」、「抑圧」――を苦もなく認めることができるでしょう」（*Ibid*／一六〇（下））。しかしラカンの主張は、けっしてアウグスティヌスのテクストから乖離したものではない。というのも、アウグスティヌスは「言葉によってその人の心が開示されないのみならず、むしろ心が隠されるということをきみは容易に理解できるだろう」[29]と洞察していたからだ。知性化によって巧みに心のうちを包帯のように、覆い隠してしまう、言葉というものが有している操作的機能を彼はよく承知していた。その上で、アウグスティヌスは「事柄に適合する言葉を表現しえない」こと、「言葉そのものの誤用から（おこるもので）、ある言葉がわれわれの意志に反して他の言葉の代わりに〔口から〕飛び出してくる場合」のこと、「語る人は確かに自分の考えている事柄を指し示しているつもりなのであるが、〔…〕彼が語っているその人の他のだれにも、同じ事柄を指し示してはいないという場合」など、「言葉は常には語り手の心を語らない」と要約されるような、きわめて分析に近しい言語観を披露している[30]。

精神分析は失敗のなかに症状の真理を認めるが、それはパロールの誤り、誤解、曖昧さというアウグスティヌスが注目した記号に依存するパロールのもつ限界によってこそ基礎づけられている。そして「否定」、「圧縮」、「抑圧」というフロイトの発見に相関するこの無力こそが、症状という真理を暴露するのである。同時にラカンはアウグスティヌスに対し、フロイトがつけ加えたものに関して次のように語っている。「聖アウグスティヌスと比べたときのフロイトの新しさは、現象におけるこれらの生きられた、主観的な橋渡しの啓示であり、そこにはディスクールの主体を超過するパロールが現れます。この新しさは大変驚くべきものなのに、このことがフロイト以前にはまったく気づかれていなかったということは信じられないほどです。おそらくこのパロールがあのような激しさ、あのような現前、あのような切迫性をもって現れるためには、大多数の人間がいつからか非人間的で疎外的なディスクールに、混乱し逸脱したディスクールに巻き込まれてしまっていた、という事情があったに違いありません。このパロールは、存在の病んだ部分にまさに現れるということ、そしてフロイトの発見はまさに異常心理学、精神病理学という形態の下でなされたということ、これを忘れないようにしてください」（*I*, 294／一七四（下））。ラカンがアウグスティヌス的護教論の肩を持つことはない。なぜなら精神分析はキリスト教のように真理が神の内にあると考えるのではなく、それを主体の症状に内在するものと捉えるからだ。異常心理学と精神病理学による狂気の発見に依拠して、聖者たちの言葉ではなく狂人たちのなかに主体を超出するパロールの存在を見いだしたことにこそフロイトの新しさがあった。精神分析とは存在の病んだ部分、すなわち異型のものとしての症状の特殊性にこそ存在の真理が現れるという発見によって確立されたものにほかならない。言いかえれば、それは分析が狂気の徹底的な封じ込めを狙う司牧的権力への抵抗の実践でもあったということである。もちろんそれはたんに宗教的権力に匕首を突きつけ、その権威に深傷を負わせるというところに終始するのではなく、世間に蔓延る常識や良識への応戦をも含んでいる。

何にせよフロイト＝ラカンの精神分析の本領を〈父〉への屈従というところに矮小化してはならない。彼らにおける〈父〉への過剰な意味付与は、その力の強大さを認めているだけであって、それへの全面的な忍従を許容するようなものではないからだ。「フロイト＝超自我」、「ラカン＝〈父の名〉、ファルス」という類のいまだに根強くそう語られがちな等式は、あるいはつねにそうした権威性にすがることによって他者の優位に立つことだけに専心しようと苦心する者たちは、外面的にのみ精神分析を捉えることで一つの曲解を提出しているにすぎない。フロイトとラカンのテクストに正面から取り組み、馴染んだ者にはその膨大な著作群が仕掛けたこと、それが〈父〉への信頼というよりもむしろ〈父〉への反逆であったことがわかるであろう。それを〈父〉に対する裏返しの承認、ないし両義性というところにのみ押さえつけ、わかった気になるのは簡単であるが、少なくとも我々が精神分析から掬い出そうとするのはそういったことではなく、精神の健やかさとはかけ離れた病、その症状に伏流している反逆の力を展開させる技法をそこに見いだすことなのである。

第三節　主体の個別的運命としての症状――現実界の象徴的な切り抜き

自己分析することによって変容しようとする主体のパロールを、根源的に駆動していくものとは何であるのだろうか。我々はそもそも何に急かされて不用意なことまで語ってしまうのだろうか。こうした問題を五四年から五五年にかけて行われた『フロイト理論と精神分析技法における自我』から読み解いていこう。ラカンはここでパロールの動因を、マイナスな事象を繰り返し体験し直そうとしてしまう反復強迫と呼ばれる心的機制に見いだしている。それは快原理とは異質な何かがあるということを彼に示した。すなわち、快原理の彼岸には「反復強迫 compulsion de répétition」(*II*, 34/三六(上))があるのだ。この反復強迫の内実を説明する語彙としてラカンは「ドライブ drive」(*II*, 35/三七(上))という表現を好んで用いている。彼によれば「[…]「ドライブ」としての反復への傾向という考え方は、伝統的楽観主義や進歩主義の視点に反して、生にはどんなものにせよ進歩に向かう何かがあるはずだという考え方に明らかに対立する[…]」(*Ibid*/同前)。過去を振り返ることなく未来へと進むことなど、そう易々と実行に移せるものではないということは、誰もが経験から知ることであろう。精神分析は主体を過去に縛られることなく自由に生きていけるものだとは考えない。主体は自らの来歴へとつねに送り返されることを、反復強迫というかたちにおいて押しつけられているからだ。

ラカンはフロイトの「反復強迫 Wiederholungszwang」の仏語訳として従来、用いられてきた「反復自動症 automatisme de répétition」に代えて、その「執拗さ insistance」をより鮮明なものにするために採用された「反復強迫 compulsion de répétition」という訳語を印象づけようとする、すなわちフロイトが「心理学草案」(一八九五)の時期から重要視してきた「強迫 Zwang」にこそラカンは注目したのである(*II*, 83/一〇五(上))。ラカンはキルケゴールを例に出しながら、執拗に反復しつつ挫折する彼の姿に強迫というものの実態を看取するのだが、この反復強迫がすべて「象徴的な域の侵入」として解釈されるという点を見落とさないでいることが不可欠だ(*II*, 110/一四七(上))。強迫という反復への衝動は、つねに象徴的な事象としてのみ現出するからだ。問題含みであるのは、反復強迫が「生物学的次元の平衡状態、調和、そして和合のあらゆるメカニズム」(*II*, 113/一五〇(上))としての快原理の彼岸に位置づけられるということであろう。ここで発見されるのが「死の本能」にほかならない。「生は象徴的なものにおいては寸断され解体されたものとしてしかとらえられません。人間存在自体、その一部は生の外にあり、死の本能にかかわっています。人間存在が生の領域に接近できるのは、そこからでしかありません」（*Ibid*／同前）。主体が象徴界においてなぜあれほど不合理な反復強迫というメカニズムに苛まれているかといえば、それはこの領域が死の本能という快原理の彼岸によってこそ規定されているからなのである。このように死の領域や過去といった場所から、遡及的な仕方で現在を再構築しようとする精神分析において、分析主体が語る対象とはつねに「再発見」（*II*, 125／同前）されるものでしかない。その帰結として「主体に向かって現れるものが、かつて主体に満足をもたらしたものとは部分的にしか一致しないかぎりにおいて、主体は探索に乗り出し、主体がこの対象を再発見するところまでその探求を無限に繰り返すことになる」、そしてここで切実なものとなるのは、主体が出会う対象は同じものではないということ、すなわち「主体がさまざまな代理の対象を生み出し続ける」ということである（*II*, 125／同前）。

当然、再発見という次元を想定しうるのは、時間という機制のなかに過去があるからだ。分析主体は再構成のために過去を振り返るのであるが、たとえばその技法において、プラトンの想起説とフロイトの理論には決定的な相違点があるとラカンは考えた（*II*, 337／二〇二－二〇三（下））。プラトンは永遠に不変なものとしてイデアの世界の実在を措定したが、それゆえに彼において振り返る対象はどの主体にとっても同じ場所であり、そこは完全な場所として見なされる。一方で精神分析が探求する過去とは、各々によって同一ではなく、しかも多数に枝分かれする対象である。ラカンが重視するのは、破壊があるところにつねに創造があり、未来がつくられるということなのだが、それはまた過去において成し遂げられた数々の象徴的行為が未来を創造してきたということ、つまりかつて為されたことによって現在の出来事が創られるという基本的な事実でもある。想起とはちがい、過去は理想的なものではなく様々なかたちで歪んでいて、そのいびつさが現在を生きる主体に反響し、苦悩へと追い込む。ラカンはフロイトが一般的な原則から出発するのではなく、過去の経験に重きを置いていたことに着眼しているが、それもこのような立場が背景にあるのだろう。なぜなら、「一つの医学的な経験」、「それによってフロイトは人間のある種の苦しみや病気の領域、あるいは根本的な葛藤の領域を位置づけることができた」からである（*II*, 101／一三二（上））。

このようにラカンは精神医学者としてのフロイトが積んだ初期のキャリアを、その後の精神分析発展の礎を築いたものとして評価している。その一方で、「分析的経験とはすべて、意味作用の経験である」（*II*. 374／二六〇（下））とも主張するラカンは次のように言う。「何かしらの努力によって主体に対して死ぬまで隠し通せることができたかもしれない何らかの傾向が、主体に対して暴かれるのだということを認めるにしても、分析において問われることとは、我々が主体に対してその現実を暴くということではありません。抵抗の分析についてのある種の考え方は、実際にこのような領域にありますが、しかし分析の正統な経験はそのような考え方とは絶対的に対立します。つまり、主体は分析を通して自らの真理を、すなわち主体に固有でありかつその運命と呼ぶことのできる与件が、主体の個別的運命においてもつ意味を発見します（*Ibid*／二六一（下））」。精神分析に対する偏見として、無闇やたらに分析主体を各々の抱える現状に直面させ、置かれている状況に半ば無理やり適応させようとするというものがある。一例を挙げるなら、同性愛者に自身の性的傾向を暴露させるようなやり方がその典型といえるだろう。しかしながら、たとえ結果的にそのようなことが起きてしまうのだとしても、精神分析が本来的に目指すものは心的な秘密を吐露することによって主体を解放し、そのことによって現実環境へと順応させることではない。分析の目指すところは、各主体に充てがわれた固有の運命、すなわち症状の本質をそれぞれに見いださせることに尽きる。ゆえに、それが社会的な常識と調和の取れるものであるかどうかは問題にならない。しかもそれは主体に外在するパロールの入力と出力の関係を把握することによって、つまり象徴界において方向づけされる。だからこそラカンは次のように言う。「非在であると同時に存在しようと執拗に続く象徴的次元、まさにこれがより根源的なものとしての死の本能について語るときフロイトが念頭に置いていたものです。生まれでようとしている、到来しつつある、実現されようと執拗に続く象徴的次元です」（*II*. 375／二六二－二六三（下））。

精神分析のパロールを言語学と同じような範疇においてのみ捉えようとしても、何も有意なものは生み出せない。なぜなら、主体の固有性から切り離されることによって無色透明になった言葉を抽出していくら分析しても、死の本能という次元があらゆる象徴界の背後に潜んでいるという事実に気づくことなどできないからである。あらゆるパロールの明滅は、死の本能を背景にもつ反復強迫によって基礎づけられており、その事実こそが象徴界を枠づけている。ラカンが象徴界にアクセントをおくのは、精神分析を人間学的なヒューマニズムの観点から切り取ろうとするサルトル的な実存主義の立場を斥けるためであろう。それを裏付けるようにラカンは「フロイトはヒューマニストではない」（*II*. 92／一二〇（上））と言い放っている。フロイトは万人の善を守ろうとする聖人などではない。このときキーワードとなるのが「機械」という語だ。彼によれば「機械とは人間におけるもっとも根本的な象徴的活動性を具現化したものである」（*II*. 95／一二四（上））。この語は象徴化されている無意識のもつ広がりが、個々人の使用できる記号をも超出してしまっているということを浮き彫りにする。無意識という機械は、人間の道徳的世界観のなかには収まらないほどに自律している。フロイトは何よりも夢の解釈によって、言葉遊びや冗談などがその裏に伏蔵している真実について発見した。それも主体の経験が生命という有限性には縮減されえない象徴界という機械の世界に強く影響されているからこそ可能になった操作であった。精神分析は心的なものがアルゴリズムに支配されているということに対して、必ずしも敵対的ではない。フロイトがヒューマニストではないということの意味は、このように精神を機械的なものとして捉えることへの親和性にこそ見いだすべきであろう。

このとき精神分析が果たす役割とはどのようなものなのか。それは人間の経験が回避することの困難な「本質的な根本的不調和」（*II*. 106／一四三（上））のなかにあることを、患者に突きつけることである。主体が自分自身や世界に描いている想像は、つねに象徴的なものとも現実的なものとも一致していない。思い描く理想が無慈悲に裏切られ、失望を繰り返していくのは、この不調和こそが我々を根源的に限界づけているからにほかならない。分析家はまずこのような認識を主体に対して与える必要がある。なぜなら、そのような残酷さを前提とした上で、主体は反復強迫という「快原理の彼岸」に耐えなくてはならないからである。「快原理の彼岸」とは無意識であると同時に、愛や憎しみといった諸種の感情を変容させていくことで生じる「転移」の場でもあるのだが、それは整合性のとれた感情やわかりやすい一般的な動機というものとは連関しない。上述したように、この反復強迫を特徴づけるのは「執拗さ」であるが、ラカンはまさしくこの執拗さの次元においてこそ精神分析による真の教育が作動すると言う。しかもこれは教えられる者だけではなく、教える側にも求められる。「[…]真の教育とは、たんに聴いている人々だけでなく、教える者の側にも執拗さを呼び覚ます教育にほかなりません。つまり、自分自身の無知の度合いを把握したときにしか現れない――無知はそれ自体として実り豊かなものですから――知ることの欲望を呼び覚ます教育です」（*II*, 242／五六（下））。分析は各主体にとって症状として現出する固有な真理を探究する道へと歩ませることに助力する。それは無意識のランガージュという形式において執拗に回帰し、反復される強迫の意味を問うことによって可能になる。しかしそれは患者だけに課せられる仕事ではなく、分析家自身をも同じように束縛している。分析家もまた、自分自身の知に満足してはならない。知ることの欲望への固執こそが、分析という営為を駆動するにふさわしい。

そして悪名高いテーゼではあるが、それでもここで繰り返し参照しなければならないのは「欲望とは存在の欠如への関係である」（*II*, 261／八四（下））というラカンの前提である。やはり欠如ゆえに存在は実在すると考えるのがラカンの基本的なテーゼなのだ。彼によれば「人間のあらゆる経験にとって中心的な機能である欲望とは、名状しがたい欲望である」（*II*, 261–262／八五（下））。少なくとも、分析主体において欲望を十全に言語化しえないということは、自分が何者であるかを知らないということに結びついてくる。人間の自分はきちんとした仕方で存在している、適切に生きているという了解は、つねに想像的な誤謬を呼び招く。なぜなら人間の意識は、たんに抽象化された幻を見ているにすぎないからである。無力な状態から我々が立ち上がることができるのは、自覚された意識からではない。我々は主体を超えた無意識の欲望から世界を構造化していく。だからこそ分析は無意識へとアクセスしようと試みるのであり、こうした冒険にこそ自己や対象を意識下において認識しようとする知的営為に対して、フロイトの精神分析がもたらした決定的な転回がある。分析家の役割とは、欠如と関係する欲望に言葉を与えようとすることによって、それを実在化することにあるのだ。

だがもちろん、欲望の総体がそこで完全に捕捉できるわけではない。何かが現前するということは、同時にそこに表裏一体のものとして不在を前提にしているからである。分析に許される実体化とは、あくまで欲望を取り囲むところまでにしか達さない。このように何ら欠如のない充溢した現実的なものから切り離された人間は、やはり話すという象徴的次元における現前と不在のなかで生きることを余儀なくされる。それゆえラカンは言う。「人間がこの世に登場して以来、そして人間が話すようになって以来、すべては象徴的次元に結びついています。そして伝達、構成されんとするものは途方もなく膨大なメッセージであり、現実的なもの全体がこのメッセージへと少しずつ植えかえられ、創造し直され、作り直されます。現実的なものの象徴化は、世界と等価であることを目標とし、様々な主体はそこでは中継器、つまり媒体でしかありません。そのなかで我々が行っているのは、そういった現実界と象徴界の結合の一つの水準における切り抜きです」（*II*, 370／二五四‐二五五（下））。歴史というものの総体において、主体が語るという営為は、「現実的なものの象徴化」というかたちで、数え上げることが不可能なほどの膨大な量が日々、形成され変異していく。そこでの主体とは、象徴界と現実界とのあいだの中継地点という以上の役割を与えられてはいない。したがって主体とは現実界に存在する何かが象徴化されるときに、すなわち現実界と象徴界を切り分ける瞬間に湧出する仮初のものだともいえる。言いかえると、それはパロールなしに主体は存在しえないということでもある。無限にその組み合わせがありうる現実界の象徴的な切り抜きのなかで、主体が何をどのように語るのかに精神分析は執拗に拘泥するのであるが、それはこのような理由があってのことなのだ。端的にいえば、それは言葉による現実界のカットの仕方に、症状の特性が表現されるということでもある。このとき分析家の解釈は、分析される者が拘ってしまう思い込みの反復に別の角度から切り込みを入れ、転換を促す。つまり、被分析者を定まり切ったパースペクティブから逸らし、主体を変容させることへと仕向けることにこそ、精神分析的解釈がその力を行使する瞬間があるのだ。

第二章　基本的概念の整理
——〈父の名〉、ファルス、欲望、欲動、アガルマ

第一節　〈父の名〉とファルス

これまでラカンはファルス中心的な男性優位の擁護者としてわかりやすい悪役のように語られることが多かった。そのなかでも現在、とくに影響力をもつ論者のひとりであるジュディス・バトラーは主著『ジェンダー・トラブル』において、ラカンの議論をファルスの不可能性によって〈法〉を打ち立てる象徴界の理論として整理した上で、それを男根主義的でロマンティックな理想主義と断罪している[1]。このようなラカンへの批判的言及は、立場こそ異なるものの、バトラーに先行する世代であり、女性性を複数的なものと捉え、男性的な視点からの単一的なその理解に異議を唱えたリュース・イリガライや[2]真理への志向性をファルス的な男根中心主義とするジャック・デリダの立場に同調し[3]、それへの対抗手段として「エクリチュール・フェミニン」を掲げたエレーヌ・シクスーらから連綿と受け継がれ[4]、常套句化している[5]。もちろん、すべてに同意できるわけではないとしても、彼女らの主張がまったく正当性を欠いている訳ではない。その功績には十分に認めなければならない部分がある。しかし、問題であるのは積極的に取り入れつつも、明示的あるいは黙示的に批判の対象となっているラカンの議論への解釈が、彼の理論を十分に調査、吟味し

ないままその一部を切り出した恣意的なものになっているということである。[6]もちろんラカンの理論においてファルスが切っても切れない役割を果たしていることそれ自体は事実である。ゆえに我々はけっしてファルスや〈父の名〉が無用の長物であると主張したいわけではない。しかし、その重要度は彼の理論が「象徴界から現実界へ」と変遷をしていくにつれて弱まっていくというのも真実である。全体化することによってあらゆる物事を統合的に処理しようとするファルス的な「象徴界」から、「部分的なもの」の多数性によって存在する「現実界」へと、彼の理論的な重心は移っていったというのが我々の主張の基礎を為す。

もっともこうした整理自体は、すでにラカン派において通説となっている。ただかつてのジャック＝アラン・ミレール[7]や彼に従う向井雅明[8]、あるいはポール＝ローラン・アスン[9]などがそう整理しているように、これまでこの移行は、『精神分析の倫理』（一九六〇－六一）を端緒として『精神分析の四基本概念』（一九六三－六四）から具体的な形で主題化されると語られることが多い。しかし、本論ではそれがより早い段階の『無意識の形成物』（一九五七－五八）の時点から生じているという立場をとる。ラカン派において広く共有されているわけではないものの、このような主張それ自体はイギリスのラカン派であり、現代フランス哲学の研究者でもあるロレンゾ・キエーザが指摘している。[10]一方で我々は彼の主張する「大他者の大他者は存在する」から「大他者の大他者は存在しない」への移行、そしてその帰結としての「対象a」に主眼をおくという部分に加えて、大他者への不信によるその「破壊」という主体の能動的な契機を重視し、そうした行為の結果として生じる「大他者の部分化からアガルマへ」という流れにもとりわけ着目した。すなわち、キエーザが対象aの一要素に組み込むことによって――対象aとアガルマはほとんど同一のものであるが、イコールとまでは言い切れない――あまり目立たせなかったその原型たる「アガルマ」をラカンの理論的変遷における外せない要素として取り上げ、さらにそれが大他者の全体性を毀損するものであることを明かすことによって、彼の研究を更新していく。いずれにしても、ここではラカンの基本的な概念を、彼の意図に沿うようなかたちで体系化していくことを目指す。

さて〈父〉なるものにその理論が還元できないのだとしても、「フロイトに還れ」という号令の下で、ラカンが〈原父〉の存在に根本的なところで支配されているオイディプス・コンプレックスの問題に立ち返っていたのは紛れもない事実である。この三つ組の関係は「ファルス」という特権的に想定される概念を巡って布置を形成していくのだが、このファルスは具体的にどのような働きをするものであるのか。ラカンは『対象関係』（一九五六‐五七）においてこの問題を検討している。我々がファルスという概念を思考していくときに、まず顧慮しなければならないのは、それが実在するペニスといかなる関係にあるのかということである。ファルスはペニスそのものとして存在するものではないが、けっして無関係とは言い切れない。じじつラカンは陰嚢を除いた勃起したペニスのイメージが、ファルスにおいて根本的なものであると述べている（*IV*, 49／五七）。ファルスはあくまでペニスに由来するものでしかない。けれどもファルスはペニスから截然と切り離されてもいる。つまり、ファルスは概念の平面で捉えられるべきものなのだ。そしてその内実は縮小と去勢の危機を孕みながら、自己増大を意志する富や名声といった力のイマージュを凝縮した支配的な〈父〉の隠喩である。ただペニスとファルスの差異は、前者が生物学的であり、後者は象徴的であるものとして単純に図式化して済ますだけでは不十分であり、もう少し繊細に見ていかなければならない。というのも、それは所有と非所有という現実的なものの平面において、性差の問題へと直結しているからである。

ペニスは現実的なものであると同時に想像的なものでもある。男児は去勢への不安からペニスを奪われてしまうのではないかと考え、反対に女児はペニスを所有することができないがゆえに、それが将来、誰かから与えられるのではないかと妄想する。つまりペニスを所有しているのか、そうではないのかという問題である。去勢という行為が想像的な次元を対象とするがゆえに、このような着脱可能なものとしてのイメージは、ペニスを想像的な平面に置く。これが「想像的ファルス」と呼ばれるものである。子はファルスを母との関係から学ぶ。なぜなら母にとっての子は、たんに子であるというだけではなく同時に、ファルスとしても機能するからである。ファルスの意義が腑に落ちていない段階の子は、自らがファルスとしての役割を負わされていることには気づいていない。しかし、母は子をファルスとの密接な関係をもつものとして捉え、日々成長していくファルスとしての子に満足を見いだそうとする。母にとってファルスは欠如しているものであるが、それはあくまで剝奪による想像的な損失であり、子がその欠如を補う存在として母に想定されている。子は母との想像的な関係に満足している時期には、自身の身体的な全体性が十全に愛されていると感じている。ところが、子はある時期に愛されているのは自分ではなく、その向こう側にある何か別のものであることに気づきはじめる。つまり、母によって本当に愛されているものは自分自身ではなくファルスであり、十全には徴標できない力のようなものであるということを、悟らなくてはならなくなる瞬間が子に訪れるのだ。

母と子のあいだにはこの根本的な不調和によって亀裂が入れられている。なぜなら、母はけっして無条件に子の存在すべてを愛せるわけではないからである。母にファルスがないことに気づくとき、子は母が自分以外の何かを欲望していることを理解し、彼女が全能の存在ではないと悟る。子はある種の義務として母の向こう側に存在していて、その母によって愛されている何ものかを見つけださなければならない。それは母がファルスを欲望しているという事実である。それを察知することによって子は、無力なままでは母の愛を失うことに気づき、ファルスであることを望み、力を得ようと努力するようになる。子にとってファルスとは、自己自身にとって外在的な対象として獲得が目指されるものなのではなく、自己がそうである自らに内在的なものとして、まさに自己自身として捉えられる。

以上の説明によって、母－子－ファルスという三つ組の理論が整理された。この三つ組は子が象徴的な秩序へと参入する手前の段階である前オイディプス期の親子関係を表象している。ラカンはこれにくわえて、オイディプス・コンプレックスの解決のために、四項目の要素が必要とされると考えていた。子は自身の全体性が母によって完全なかたちでは愛されないことに対して、大きな失望を感じる。実際に、母は自分だけを愛しているのではなく、別の何らかの対象にも強い関心を向けている。そして、子が自分以外の母の欲望の具体的な対象として想像するのが「父」である。このような認識が生じることによって、子は父との敵対関係へと入っていく。父は子にとってライバルであり、子は父と立場を入れ換えようと試みる。この関係のクライマックスにおいて内在的なファルスであることとは異なり、外から戴冠されるのがいわゆる〈父の名〉であり、それを授与されることは、主体がオイディプス・コンプレックスを解決するための唯一の方法として示される。

この〈父の名〉とは「大他者のなかの大他者 Autre dans l'Autre」（*V*, 146／二一四（上））として「法」の役回りを果たすために存在するものなのだが、父が外在的なシニフィアンというかたちにおいて「名」として働くという事実は、それが機能するための絶対条件となる。そのためこの〈父の名〉はけっして自己として生きる現存する父であってはならず、殺された者として死んでいなければならない。フロイトは「トーテムとタブー」において、すべての女を独占する父に対して嫉妬した息子たちが協力して〈父〉を殺すという神話を創り上げた。このような全能の父をラカンは「想像的父」（*IV*, 220／三一（下））と呼んでいる。この種の父はある意味で非常に理想化された厳粛で威厳のある父として、一般的に我々が表象する像に等しい。このような想像的父に対する殺人の罪責感が道徳的審級である超自我を誕生させたのだとフロイトは主張していたが、ラカンは想像的父の殺害によって象徴的父が形成されると考えている。象徴的な去勢によって〈父の名〉を与えるのは、想像的な父ではなく象徴的父であり、また現実的な父である。このとき留意する必要があるのは、最終的に去勢を下すのが象徴的な父であるのだとしても、現実的な父がわずかであっても任務を遂行しなければならないということである。というのも、現実的父は具体的な経験世界において去勢者として振る舞う必要があるからだ。

現実的父の具体的な役割とはどのようなものであるのだろうか。それは「嫉妬深い者／羨望者 jaloux」（*IV*, 402／二七四（下））としての機能である。現実的父は母子の密接な想像的関係に嫉妬し、それを引き裂こうとする。かりに現実的な父がこの仕事を引き受けないとすれば、子は永遠に母へと固着し、〈父の名〉を獲得するという経験から引き離されてしまう。現実的父は母子一体化の関係に亀裂を入れ、近親姦に対する禁止の法を象徴的に与えなければならない。なぜならこの法の確立こそがシニフィアン体系を総合化し、取り仕切る〈父の名〉を子に与え、彼らを象徴的秩序へと導き入れるからである。ラカン理論の想定では、このような発達過程によって自己は主体として全体化される。たとえばジル・ドゥルーズが「何を構造主義と認めるか」において図式化したような、〈父の名〉という象徴界を想像界から峻別し、その理論の最上位に位置づける構造主義者としてのラカンという像は、少なくとも『対象関係』までの議論には十全に当てはまると言わざるをえない。〈父〉のもつ超越的な力に対して批判的である我々にとって、この時期のラカン理論の問題点は〈父の名〉という象徴的なものの大他者としての役割に、あまりにも過大な役割を与えてしまった点にある。しかし、この象徴界の優位は、翌年の『無意識の形成物』（一九五七‐五八）において「欲望」という概念が、〈父の名〉に換わって前景化することによって揺らぎを見せはじめる。

第二節　男女における発達過程の相違と異性愛における不調和の問題

フロイトが「男性の性的発達と女性のそれとのあいだに綺麗な平行関係を見ようなどというのは、もはや我々がおよそ期待するところではない[11]」と断言していることからもわかるように、精神分析は象徴的去勢による「オイディプス・コンプレックスの没落」という事態が、性差によって別のかたちで行われるという立場をとる。女児に比べて男児の場合は比較的明白であるように思える。まず母は男児をファルスとして容易に想像できるという事実が存在する。もちろんそれは男児がファルスの根元的なイメージであるペニスを所有しているからである。また男児自身も実体的なかたちとしてファルスに似たものを与えられているために、去勢という事態に対して恐怖を感じることができる。ところが、ここには一つの困難がある。象徴的に去勢されるということは自らが現実的にもっていると確信しているものを無いものとして受け入れなければならないということであるからだ。視覚的なかたちで明白に存在しているように思えるものを非在にする操作が、象徴的去勢を被るためには避けて通ることができない段階なのである。

ペニスというファルスに似たものを所有しているからといって、男児はけっしてファルスそのものではない。つまり、ペニスの有無はファルスとの関係に対して特権的な位置を占めているわけではないのである。ペニスの存在が性的発達の過程において重要であることに変わりはないが、それを所有するからといって容易にファルスの問題へと到達できるかといえば、そうとも言い切れない。さらに男児の発達においてもう一つ重要な意味を有しているのが父との関係である。一見したところ、オイディプス的関係の終着点は父という場所に対して自分自身をどのように位置づけるか、結局のところいかにして父というポジションに辿りつくのか、いかに父となるのか、という問いであるように思える。そうであれば自身が父となったとき、問題はすべて片づいてしまう。だがラカンはそう考えない。それはむしろ完全なかたちで父であることの不可能性を暗示する問いである。「父とは何か」、あるいは「大他者とは何か」という問題は、永遠に男性主体にとって解決不能なままなのだ。

しかしながら、それでも男児は、とりあえずのところ「父」と呼ばれるものの力を手にしたいと望む。男児に父そのものではないにしても、その力を授受するのが上述した〈父の名〉である。そのためにはまず現実的な父との相克を乗り越えなければならない。現実的な父は「十分なペニス」(*IV*. 363／二二〇（下））の力をもって母を支配し、所有する存在である。したがって子供のペニスは父のペニスと比較されることを宿命づけられており、それがもつ偉大さに追いつかなければならないという使命を背負っている。そしてその成就のために必要とされるのが、男性的力能の一時的な「無化」(*IV*. 365／二二一（下））である。ラカンはこの無化にこそ去勢コンプレックスの本質を見出している。この無化を受容することによって後に完全ではないとしても、ある程度の充足感を得ながら父性的機能の役割を果たしていると感じることができるようになる。だが象徴的去勢を経過しなければ、男性は早漏などのさまざまな性的機能の不全や女性に対する受動的な態度といった現実的な不能に陥ってしまう可能性がある。言うなれば、それは母親への想像的な固着の段階に留まってしまうことであり、象徴的な意味での離乳、大他者への依存からの脱却が果たされなかったことの帰結にほかならない。しかし、このような父性的機能の不全という事態は例外的なことではなく、むしろ本質的な問題である。実際にラカンは合法的に父が母を所有し、享楽するという規範性の根本的な脆弱さを考慮して、それをいつでも破砕してしまう余地のあるものとしている。一言にすれば、ここで主張されているのは、そもそも現実的父によって与えられる象徴的去勢による規範化という事態が、思うほど簡単にはうまくいかない問題だということである。〈父〉はつねに危うい不安定さを内包している。このような事態を明白にしたのが、本稿が後に触れるラカンによる「悲劇」への参照である。しかしここではその問題を一旦棚上げにし、女児の発達に話題を移そう。

　男児と比較した場合における女児の発達を最も特徴づけるものは「ペニス羨望」である。女児にとっては、あるはずのものが無いという事態が決定的なものとなる。女児はオイディプス・コンプレックスにおいて、現実的なかたちでは与えられていないものを発見しなければならず、マイナスからスタートせざるをえない。ただオイディプス・コンプレックスにおいて真に枢要なものは現実的なペニスではなく、あくまでシニフィアンとしてのファルスである。それは経験的な男女関係のなかに実在することのない超越論的なものであり、男性が排他的に独占できるようなものではない。たしかに、現実的な平面で女児はペニスを所有することがないか、あるいはクリトリスというかたちで不十分なごく小さなものしかもたないがゆえに、それに対して嫉妬し、羨望するということが生じる。しかし、象徴的ファルスに性差は存在しない。したがって女児も象徴的な平面においては、ファルスを獲得することの可能性が残される。それは女児がペニスの代替物として、父親から子供を受け取るというかたちで妄想される。カレン・ホーナイが認めているように、はじめ女児のペニス羨望はペニスそのものを得ることを求めるが、それが不可能であるとわかると、ペニスの代替としての子供を与えてくれる父親へと激しく愛着し、母親のポジションに同一化することによってこれを達成しようとする。[12] ラカンも彼女と同様に、現実的なペニスの保有者である限りでの父への「固着」（*IV*, 203／八（下））を認めている。女児は具体的なかたちとしてのペニスをもたないがゆえに、それをもっている父が子という形象によってファルスを与えてくれることを期待するのだ。[13] しかし、男児と同じく女児の場合においても「父」が機能不全を起こす症例がある。それは父の母への依存が度を越すケースに見られる。父が母に過大に寄り添ってしまうときに、娘は父に男性的な役割を期待することができなくなってしまう。なぜなら、そうした状況においては、父ではなく母が大他者としての「法」になってしまうからである。

以上のようにファルス、〈父の名〉、ペニス羨望などの概念を用いながら男女の発達の仕方を論じてきたが、それではオイディプス・コンプレックスの最終的な解決の目的とは、一体どのようなものであるのだろうか。その終結は父の機能を働かせるファルスの象徴性を受け入れることによって異性愛的な他者関係を構築し、その結果として「子」を為すことである。〈父の名〉は将来、ファルスの代理物としての「子」が与えられることを約束するものである。主体はそれが与えられることによってのみ正しい仕方で、合法的であると感じながら性行為へと至ることができる。この時期のラカンにとって性差は、ファルスをめぐる位置によって決定的に刻印される不可避かつ普遍的なものである。ラカンはオイディプス的関係によって異性愛的規範へ統合される過程を切り離せない存在として人間主体を捉えている（*IV*, 203／八（下））。結局のところオイディプス・コンプレックスは、現代的な価値観にそぐわない異性愛規範主義へと収斂してしまう。しかしながら、改めて異性愛の領域は穏やかな調和とは程遠いものである、ということに目配りしておいても悪くはないであろう。それはつねに思うほど簡単にはことが運んで行かない。異性愛の成就は幸福という安寧を約束してくれるものではない。対象関係は親和性に満ちた理想の愛情関係においてすら、何か欠落したものを抱え込んでしまっているからだ（*IV*, 214／一三（下））。主体はファルスに対してその性差に応じて別の態勢を取る。ここに異性愛の根本的な「不調和 discordance」[14]の原因があり、それこそラカンがこの後に悲劇の考察へと赴く大きな理由の一つであると我々は考える[15]。異性愛が悲劇であるということは、オイディプス・コンプレックスが成熟や何らかの安定性の獲得を意味するものではなく、根源的な不調和の経験へと主体が投げ込まれていくその端緒となるものでしかないということを意味している。したがって、ラカンにおけるオイディプス・コンプレックスの再解釈は、その規範化作用の必然的な無能と失敗を明らかにしているといえるだろう。ファルスが男児にとっては自己そのものであり、自己性を規定するものである一方で、女児にとっては剥奪されたものとして獲得を目指す外在的なものである[16]。

我々の情念的な生が苦悩に苛まれるのは、このようにファルスに対するポジションが相違せざるをえないということによって、生が不調和としてつねにすでに開始されているからなのだ。

第三節　なぜ欲望は願ったとおりには叶わないのか——欲求、要求、欲望の区別

異性愛の不調和がなぜ問題になるのかと言えば、それは主体が性的な対象を「欲望 désir」するというメカニズムから逃れられないからである。この欲望を語る上でまず行わなければならないことは、それを「要求 demande」との差異において捉えることである。要求は第一に、フラストレーションの結果として生じる。ラカンによれば、フラストレーションとは想像界において毀損されたものを復権しようとする足掻きのようなものである（*IV*, 36-37／三八－三九（下））。フラストレーションが想像的であるということは、主体は何かの対象が与えられれば満足を得られるわけではないということに等しい。その結果として要求は途方もないものになる。だからこそ、それは前言を翻す「違約」（*V*, 252／五（下））とならざるをえない。限界がないために、要求する主体はつねに応答に対して、本当に私が欲しいものはそれじゃない、と駄々をこねて与えられたものの受け取りを永遠に拒否し続け、対象を次から次へと換えることで満足の可能性を追求することを止めようとしない。しかしこの要求には宛先が存在している。それは「大他者 Autre」である。要求はつねに大他者への要求である。したがって、やはり大他者は要求する者に対して必然的に優位な立場におかれる。

この特権的な大他者とは一体どのようなものであるのだろうか。ラカンはそれを端的に「母」であると形容している（*V*, 90／一二〇（上））。彼の理論においては〈父〉のみならず、〈母〉もまた大他者たりうるのだが、要求がかりに成就するということがあるのだとすれば、それはすなわち母の占有を意味する。主体における大他者と要求の関係は、シニフィアンの介在によって行われるが、それはその代理として大他者に要求をメッセージとして伝える。ここに大

他者が母であるということの重要性の根拠がある。というのも、母である限り実在的な場における大他者は、パロールによって主体をあやし、話しかける存在でなければならないからである。ラカンはこの「話す」という役割が大他者としての母という機能にとって本質的なものであると主張している（Ⅴ. 90／一三〇（上））。主体の要求が大他者としての母にむけられている事実は、その要求が満足のための具体物をもたない「愛の要求 demande d'amour」（Ⅴ. 382／一九七（下））であることに結びつく。要求とは愛の要求であるということが、それを生物学的な意味での身体を満足させることを目的とする「欲求 besoin」から区別する。ここにも要求の想像的な地位が刻印されている。要求の本質はあくまでも愛という想像化された幻想に対する願望を叶えることにあるのだ。

理想的な大他者は、自己にとって完全ではない自我を代補的な役割として支える。要求がつねに大他者として〈母〉との想像的関係において成立するのに対して、欲望はまた別の領域に存在している。要求は欲求を欲望へと橋渡しするための中継地点である。一方、欲望はその「要求の彼方」（Ⅴ. 393／二一三（下））に形成されるものであり、ある彼岸にかかわる。つまり要求と欲望の最も大きな違いは、後者がシニフィアンでありながらも、現実的なものに関与するということにある。ゆえに欲望は象徴界と現実界の橋渡しをする機能をもつと指摘できるかもしれない。実際、ラカンは「欲望がシニフィアンの宝庫、コードの源としての大他者」（Ⅴ. 148／二一七（上））に密接的なかたちで結びつくと強調している。要求における大他者への関係がイマージュの世界に留まるのに対し、欲望のそれへの関係は、けっしてシニフィアンから分離できない。大他者はすべてのシニフィアンの発生源であり、その結果として「シニフィアンによる欲望の屈折」（*Ibid*／同前）という事象が起きる。解釈することを必要とする欲望は、シニフィアンによっていわば歪められているのである。したがって、それは必ずしも主体が願った原初的なものが、そのままのかたちで現実化するとは限らない。欲望によって被られた情念が、苦悩を伴う享受であるのは、「欲望が最初そうであったものとは別のシニフィエとしてやって来る」（*Ibid*／同前）からである。シニフィエはシニフィアンと欲望との単線的ではない複雑な要素が縺れ合う、その帰結として表現される。そうであるがゆえに、欲望は根源的な挫折と予期しない僥倖という齟齬するものによって、二重に規定されているのだ。また欲望が象徴界との関係によって成立するということは、欲望の本質的な自然性を否定することでもあるため、このようなシニフィアンの宝庫としての大他者への依存は、我々が真に何を望んでいるかをわからなくさせてしまう。

第四節　「すべてが言語活動に還元できるわけではない」

精神分析において枢軸となる概念の一つが「無意識」であるということに疑いはないだろう。そして欲望は再現前の表象システムには還元できない無意識のなかに存在している。しかしすべての欲望がその内部に入り込めるわけではない。意識化しうる欲望とは、象徴となることによって無意識に入り込める「破壊できない痕跡」（V. 92-93／一三三（上））だけである。というのも、欲望はシニフィアンというかたちによって象徴化されることでしか無意識にはなりえないからである。その具体的な例が夢や症状にほかならない[17]。夢は無意識の欲望を表しているが、その構成要素の一つ一つはシニフィアンであって、それとしての欲望は多様であり、意識する自我という統合領域からはみでようとする。症状も夢と同じくつねに分節化可能なシニフィアンとして現れる。症状がある一定のところまではその機能によって可視化できるからこそ、分析という営みが可能になる。無意識の構造において中心的な部分を占めるのは、あらゆる抑圧された欲求の貯蔵庫とされる「エス」である。ただ、かつてフロイトが自我をエスの一部分としたように[18]、エスはランガージュの領域に部分的に重なってもいる。したがって、エスはシニフィアンによって構成されるものとしての欲望の彼方に現れるものでもある、ということになる。

しかしそうであっても、我々はエスという領域を言語活動によってしか把握できないという矛盾する限界にやはり直面しなければならない。言語活動の供給源としての大他者という存在の重要性がここにおいて際立つ。「本質的欲望とは、大他者の欲望の欲望、あるいは欲望されることへの欲望である」（V. 271／三四（下））という有名な定式がある。それは現前する小文字の想像的他者に望まれることではなく、不可視の大他者に承認されたいという欲望のことを指す。嫉妬・憎悪・憤怒といった攻撃性や不満・固着といった心的傾向は、すべて「大他者の欲望に対する主体の原初的な依存」（*Ibid*／同前）という観点から説明されるべきであるとラカンは考えていた。そして彼は、「ある一個の大他者をすっかり我がものとする」（V. 133／一九四（上））ことを愛と呼んでいる。つまり、大他者を自身の手中におくことによって不満足の状態を完全に解消しようという無謀な試みが、ラカンが愛とする情念なのである。しかしながら、我々は欲望をこのような極限的な大他者への同一化を企てる想像的な「愛」とは異なるものと捉えたい。なぜなら、自己固有的な欲望は、想像的な愛とは異なり、大他者との結びつきを必要としないものであるように思えるからだ。しかも、こうした解釈はラカン自身の言葉から導き出すことができないものでもない。

欲望はまず要求を基盤とする。多種多様な欲求が、シニフィアンと結びつくことによって（愛の）要求が生成する。しかし、欲求の象徴化はそれが真に求めているものを削ってしまう。欲望は欲求が要求に出会うことによって不可避的に生まれてしまう残余であり、あくまで要求の「彼岸」にこそ存在する。ラカンが欲望を愛の要求から欲求の要請を差し引いたものであると表現しているのは、このような意味においてなのだ。そのうえ彼は愛の要求という観点からみれば、欲望は性的欲求であるとも言う（V. 383／一九九（下））。性的なものの前景化が精神分析を人々が忌避する最大の要因の一つであるのだが、欲望はあくまでもそこから生じてくるということを、主体は回避することができないのである。ただシニフィアンの宝庫の力によって成立するはずの欲望は、最終的に大他者を放棄しようとする。すなわち、主体は大他者の管轄下である象徴界を見限ろうとするのである。こうした事態は、象徴界から現実界への第一歩であると言える。

たとえば、先述したように、これまでのラカン研究において、この「象徴界から現実界への移行」は、六〇年代半ばから本格化するとされてきたが、ラカンは「私の口からどうぞお聞きください」と皮肉めいた前置きをしながら「すべてが言語活動に還元できるわけではない tout n'est pas réductible au langage」（V. 382／一九八（下））（強調著者）とまで言い切っている。つまり、ラカンにおける構造主義的な意味での言語優位の傾向からの離脱は、これまでラカン派が考えていたよりも以前の『無意識の形成物』にその転換点が存在するのである――もちろん、フロイトの「自我とエス」におけるエスの役割を理解できていれば、それは当然の帰結なのだが。なにしろ主体は欲望のすべてを言語によって表現することができない、という制限のなかにいる。欲望の本質は大他者に愛されたいという欲望には還元できなくなってくる。それどころかむしろ、シニフィアンの宝庫としての大他者への同一化から免れようとすることこそが欲望の根底的な性格であり、だからこそ逆説的に「言いくるめる〔口説く〕こと」（V. 383／二〇〇（下））が言語によって最も欲望に接近できる方法になる。つまり、大他者の過剰なシニフィアンをあるがままに無批判に受容してしまうのではなく、それをうまくいなし、大他者との関係を宙吊りにしておくことで距離を取らねばならないのだ。

　ところで、つい先ほど述べたように精神分析における欲望の本質には、性的なものがあるということを忘れてはならない。けれども、ラカンにおける性的なものを考えるときには、注意しなければならないことがある。それは性的な欲望がつねに部分対象を欲望することに留まるということである。すなわち、性的な欲望はけっして大他者の全体性を欲することではないのだ。ピエール・ブリュノらが指摘しているように[19]、この部分対象はけっして全体化を要請するものとしての象徴的ファルスと並列されえない。ラカンにおいて象徴的ファルスは、つねに不在であることによって意味をもつものであった。ファルスの現前よりも、その失墜こそが欲望における去勢の効果にほかならない。すなわち、去勢と同一視されるファルスは存在しないものであり、現実的なものとして主体に外在する部分対象とは別な位相にあるのだ。ラカンは全体対象を欲望するという仕方での性的成熟を強く否定するが、ここにもある困難が存在する。大他者の本質は愛を気まぐれに与えたり、与えなかったりするという主体に対する特権性にある。そしてその愛は無償なものであり、けっして失われることはない。大他者の欲望を欲望するということは、無限の力を所有する全体的対象としての大他者への承認と従属であり、主体は奴隷的立場へと追いやられる。このような袋小路に陥った結果として、ヒステリー者や強迫神経症者に代表される病理的な主体は、大他者それ自体を否定することでその破壊へと向かう（*V*. 383／二〇〇（下））。その過程において主体の大他者への信頼、すなわち象徴界への信頼は、確実に失われていく。そして、我々はここにこそラカン理論における大他者失墜の端緒を読み取る。

それでは彼の理論において、『対象関係』までは信じられていたように思える大他者が『無意識の形成物』ではその絶対性を失っており、破壊されるべき存在へと格下げされているとするなら、欲望はどのように喚起せられるべきであるのか。『転移』（一九六〇－六一）において彼はそれを「アガルマ agalma」に見いだしている。ひとが欲望するには何らかの特権的な対象の存在が必要不可欠である。よく知られるように、ボロメオの環において、そのような対象は三界の中心にあるものとして「対象 *a*」と名づけられる。そしてこの対象 *a* のより原初的で素朴なかたちこそが「アガルマ」にほかならない。『不安』のセミネール（一九六二－六三）のなかで、ラカンはこの語に「艶かしい galant」という意味とともに、「*gal*」という古いフランス語で「輝き」を意味する語が含まれていることに着眼している（*X*. 176／二二一（上））。それは個体の中心にある充溢を表現し、真珠のように妖しく光輝く。アガルマが色気を漂わせながら閃光を放つからこそ、主体は対象を欲望することができる。それはシニフィアンの宝庫として大他者が放つような輝きとは別種のもの、すなわち言語より身体の側に関与していくような何かである。ラカンにおいてこの「アガルマ」が大きな問題となるのは、分析家たちがそれを「部分対象 objet partiel」（*Ibid*／同前）として発見したからである。アガルマはあらゆる物事を統合するようなものとして、ひとの欲望を惹起する存在ではない。輝きは現代のフランス語で「エクラ éclat」と書かれるが、それは同時に破片を意味している。つまり「輝き＝破片 éclat」としてのアガルマは断片であり、砕かれていて「部分対象」（*VIII*. 180／一八〇（上））であるからこそ、大他者が独占していたような全体化の要請を回避することができる。ラカンを〈父の名〉の理論として未だ断じている者たちには意外なように思えるだろうが、ラカンは主体を「全体化の弁証法」へと向かわせるような「全体対象」、「他者の全体性」を明示的に批判しているのである（*VIII*. 177／二二二（上））。

欲望の秘密としてのアガルマが部分対象であることを理由に、それは哲学的な弁証法が無視せざるをえないものとなる（*Ibid*／同前）。じじつ、近代哲学以後のデカルト的コギトやカントにおける超越論的な主体は、部分対象の個別性を考慮に入れることなどなかった。ラカンはアガルマという部分対象がもつ分析における重要性を認めないとすれば、これほどに残念なことはないし、また皮肉まじりにそのようなことはありえないとさえ語っている（*Ibid*／同前）。またアガルマは現実界に存在している愛に関わろうとするときに、主体にとって問題になるものである。何にせよアガルマを対象aの原石に喩えても、それほど食い違いは生じないだろう。この未加工なアガルマを大元として精錬される対象aは、欲望が終局に到達すべき目的や目標として解釈されるべきものではなく原因である。それは主体を何らかの目的へと誘導し、統合的に機能させる効果をもつものではけっしてない。主体は現実的なものとしての真理を目指すのではなく、砕かれた不完全で不調和なものとしてのその破片によってむしろ操作されている。「輝き＝破片」としてのアガルマの分析こそが、全体対象としての大他者の失墜を明かし立てるのだ。

　我々の主張は、このようにラカンの精神分析がけっして大他者への精神的な従属を奨励するような理論ではなかったということである。しかも、先行研究が想定する以上にそこからの脱却は早かった。したがって『精神分析の四基本概念』（一九六三－六四）にラカンの理論的転回の重荷のかなりの部分を背負わせてしまうような見解は、我々にとってとうてい満足のいくものではない。我々が規定しようとしているのは、五〇年代後半から六〇年代初頭にかけて漸進的に、流布している印象以上に駆け足で、ラカンの理論は象徴界の優位という立場から「現実界」に向けて変説していったということなのだ。

第三章　ハムレットによる「対象*a*」としてのオフィーリアの再発見

第一節　「大他者の欠如」と「対象*a*」

本章はラカンにおける大他者の失墜とそこから生起してくる対象*a*という装置を、その起源から順を追って分析していくことに主眼をおく。ラカンは一九五八年に始まる『欲望とその解釈』（一九五八-五九）から一九六一年に終わる『転移』（一九六〇-六一）に至るまで「悲劇」を主題的に取り上げた。はじめに我々は彼が最初に扱ったシェイクスピアの『ハムレット』を論じていくが、そこで本質的なものとして取り上げられるのは「S（A̸）」と「対象*a*」という二つの概念装置であった。大他者における欠如のシニフィアンを記号化したものであるS（A̸）は、ラカンの対象*a*と相関するものとして把握されなければならない。なぜなら、後にラカンは対象*a*を大他者という特権的な地位から失墜した対象として規定し、対象*a*を経由することによって大他者の欲望を洞見するようになるからである（XII, 3 janvier 1965）。

この「S（A̸）」と「対象*a*」という二つの概念は、ラカンの議論のなかで六〇年代以降に本格的に導入された、と語られることが少なくない。一例を挙げると、ローラン・シェママとベルナール・ヴァンデルメルシュが編集したラカン派による『精神分析事典』の「対象a」の項目では、第三版（一九九八）までその初出が「ダニエル・ラガーシュの報告についての短評」（一九六〇）であるなどとされてきた。[1] しかし書誌的な情報として指摘されるだけではあるものの第四版（二〇〇九）で修正されたように、この概念は「S（Ⱥ）」と共にすでに——ちなみにS（Ⱥ）の初出は、前年度に開かれた『無意識の形成物』である——、我々が取り上げる『欲望とその解釈』（一九五八‐五九）における『ハムレット』への注釈においてはじめて本格的に主題化されている。じじつ、「欲望の対象a」は、非存在と主体をつなぐものとして（*VI*, 413）、そして「S（Ⱥ）」は大他者ではなく大他者の亀裂を示すシニフィアンとしてそれぞれ規定されている（*VI*, 59）。にもかかわらず、先行研究でもたとえば立木康介などは「精神分析における原因と対象」[2] において、この二つの概念を語る際に『精神分析の四基本概念』（一九六三‐六四）に依拠するのみで、『欲望とその解釈』への言及を怠ったまま議論を進めてしまっている。それゆえハムレット注釈が理論的な観点から外せないものであるという認識は、ラカン派においても十分に浸透しているとはいえないのが現状であろう。しかし、大他者における欠如のシニフィアンとしての「S（Ⱥ）」と「対象a」は「すべてがランガージュに還元できるわけではない」と明言し、その後に現実界という象徴界を越えた不可能性の領域を讃えることになるラカンにとって不可欠な要素となる。したがって、我々はこの二つの概念の発出の大きな源が『ハムレット』注釈にあり、それが優れた戯曲の批評であるという以前に、理論的な側面から有意であることを示していく。

第二節　母なる大他者における欠如の否認と欲望の消滅

ラカンの議論に踏み込むその手前で、簡単にフロイトによる『ハムレット』の精神分析的解釈を振り返っておこう。それはオイディプスとの連接によって語られる。フロイトは古代悲劇である『オイディプス王』の核心を「最初の性的な蠢きを母に向け、最初の憎悪と暴力的な欲望を父に向ける[3]」こととした。オイディプス王自身は、主体の原初的な欲望を完全なかたちで成就した人物なのだが、幸いにも我々は母と寝たいという性的な蠢きをうまく誤魔化し、父への嫉妬心を意識しないようにすることによって、この願望の現実化をうまく掻い潜っている。しかし具体的なかたちでは達成することが出来なかった近親姦への欲望は「抑圧」というかたちをとって人間の無意識に堆積し続けている。フロイトはここで『オイディプス王』と類似した構造をもつ物語としてシェイクスピアの『ハムレット』をとりあげている。たとえば『フリースへの手紙』のなかでフロイトは「彼（シェイクスピア）のなかの無意識を理解するという仕方で、この劇を書いたのだと思う」[4]と仮定し、その先見性を評価していた。フロイトは「夢解釈」においても、上記二つの作品の差異を強調していたが、それは前者において実現する近親姦が、後者においては抑圧されている点にあった。この抑圧は心的機能の低減を意味する「制止」という心のメカニズムによって明るみに出される。つまりここでは、不都合な事実の抑圧を背景とする意欲低下や行為制限が、復讐を優柔不断に引き延ばす原因とされているのだ。フロイトは彼を「何事もやればできる人間」[5]としているが、叔父クローディアスへの復讐だけはなかなか成し遂げることができない。この制止はハムレットが抑圧している母への性的衝動をこの男が叶えていることによって生じている。そして彼の叔父への敵意は抑圧され、自己非難と良心の呵責へと変えられてしまう。なぜなら無意識のうちにハムレットは、自らとクローディアスを同一視することによって罪責感を抱いてしまっているからである。この制止が何らかの異常行動や発言にまで行き着くと、それは「症状」と呼ばれるものになる。ハムレットはこのような心的メカニズムの進行によって病者となってしまうのだ。

一方でラカンは「欲望の心的エネルギー」（*VI*, 12）が引き起こすその帰結をこの悲劇が書き表していると考える。『ハムレット』を主体が苦悩することによって生じる「欲望の悲劇」（*VI*, 297）として解釈した彼は、ハムレットがあくまでも戯曲世界に生きる者であり、実在の人物ではないと留保をつけたうえでラベルを貼ろうとする。症状は欲望との関係において定義されるが、ラカンの見立てによればハムレットは欲望の不満足によって病むヒステリー者、あるいは欲望追求の不可能性によって病む強迫症者のどちらとも取れる。ヒステリー者において欲望がつねに不満足の状態であるのは、彼ら／彼女らが想像的な他者に同一化することによってしか自分自身の欲望の在処がわからないからである（V, 403／二二八（下））。鏡像としての想像的他者が何を本当に欲望しているのかは、主体にとって不明である。このような曖昧な他者によってしか欲望を支えることができないために、ヒステリー者にとって存在の場は極度に不確実なものになる。その帰結として他者への依存状態へと追い込まれるヒステリー者は、十分な仕方での主体化を果たせないまま停滞する。またヒステリー者は想像的他者だけでなく、大他者へも固執する主体である。ラカンは『無意識の形成物』において、実際にヒステリー者が大他者の欲望に寄りかかっていると指摘していたが（V, 400／二三三（下））、彼らは大他者が何かを欲望することを前提としてしか行動できないのだ。したがって、ヒステリー者において自分自身が真に何を望んでいるかは副次的なものでしかなくなる。なぜなら彼ら／彼女らは、自身の帰属する大他者が何よりも嗜好する欲望を、一義的なものとして選択するからである。

先行研究において、たとえばＪ＝Ｐ・ミュラーはハムレットの復讐の遅れ、引き延ばしの理由をこの大他者への依存に見出だしている。[6] あるいはそれと等価なことでもあるのだが、ダニエル・エレブは彼が去勢されていないことをその要因に挙げている。[7] ただ次のことに気づいておかなければならないだろう。すなわち、この遅延は同一化の対象となる大他者が父王ばかりか、叔父クローディアスでもあるという矛盾を彼が抱えているからこそ生じるということにである。「つねに大他者の時間に合わせてしまう」（VI, 385）ヒステリー者ハムレットは、二人の父のあいだで板挟みになるがゆえに思い悩む。このようなヒステリー者に対して、強迫症者は逆の立場を選ぶ。大他者を破壊し、その彼岸を求める強迫症者は自らの欲望にこそ拠点を定めるからだ。大他者の欲望にすがるヒステリー者とは反対に、強迫症者はそれを乗り越えようとする。彼らは大他者を攻撃することによってさらなる彼岸の欲望を要求するのだが、大他者の欲望を欲望するという機制に囚われたままでいる限りにおいて敗北を運命づけられた強迫症者の欲望は、その実現の不可能性に直面することで次第に衰弱していく。

そうした事態の帰結として、アーネスト・ジョーンズが一九二七年に発案した「アファニシス（性的欲望の消滅）[8]」

という問題が彼らにおいては前景化する。しかしながらジョーンズがアファニシスを去勢に結びつけたのに対し、ラカンはそれを手品のようにファルスを隠蔽する、つまり「消滅する」のではなく「消滅させる」ものだとする（*VI*, 275）。ファルスの在処が隠蔽されているとき、それを見失ってしまったとき、主体は大他者との関係を結ぶことができなくなる。欲望とは大他者の欲望である以上、強迫症者におけるファルスの喪失は欲望の消滅へと直結する。具体的な場面において強迫症者としてのハムレットは、ガートルードとオフィーリアという二人の母としての大他者に直面することによってこの問題に向き合わざるをえなくなる。というのも、ハムレットの根本的な病は「母のファルスを維持しようとすること」によって「大他者の去勢」を拒絶することにあるからだ（*VI*, 280）。すなわち、Ⱥとしての母なる大他者が根本的にファルスの欠如した存在であることを否認し続けるがゆえに、ハムレットは欲望を消退させてしまうのである。

第三節　貪欲な〈母〉からの退却

ハムレットは亡霊となった父から叔父クローディアスによって彼自身が殺されたことを聞き、その復讐を命じられるが、この「知」は彼を古代悲劇としての『オイディプス王』から決定的に分離する機能をもっている。自身が罪人であるということが知られてから人生が急転していくオイディプスに対し、ハムレットは罪を知っている。彼はオイディプスと違って父に対し反逆するのではなく、存在することの罪によって「生きるべきか、死ぬべきか」という疑問に取り憑かれ思い悩む。知が彼をトラウマ的経験へと引き込んでしまう。しかしラカンにおいてもフロイトと同様に、ハムレットは基本的に成熟した大人の男性と見なされている（*VI*, 333）。ハムレットは一見したところ、あくまで通常のオイディプス・コンプレックスの過程をとおり、〈父の名〉によって欠如を埋め合わされたようにみえる主体なのである。しかし、このような象徴的父による解決はクローディアスという猥雑な父によってあっさりと無効化されてしまう。「象徴的ファルス」はクローディアスのもつ「現実的なファルス」（*VI*, 416）に敗北するのだ。したがって、この近代悲劇において普遍的な〈父の名〉の能力はすでに失墜し、主体の生に安定をもたらすその機能は脆弱化しているといえる。猥雑で汚れた叔父に敗北したことによって、〈父〉は息子にたいして「愛の裏切り」（*VI*, 352）という罪を犯したことになる。

　先にも引用したように、ラカンにおいてそれは大他者における欠如のシニフィアンとして「S（Ⱥ）」と定式化される。『ハムレット』注釈を決定的なきっかけに、それまでは主体の欠如を埋める有効な機能としてその力が信じられていたように思える大他者の大他者たる〈父〉は、たとえその正統性がすべて否定されるわけではないとしても、ラカン理論において主体の欠如を補う絶対的な真理の位置からは格下げされる。なぜなら、大他者に欠如が存在するということは、それが絶対的であるものとして主体に提示できるような応答をもっていないということを意味してしまうからである。このことを掘り下げると、精神分析が大他者の絶対的な原真理というものを、受動的に口を開いて待ち受けていれば、それで丸く収まるというような類のものではないということがわかってくる。

　〈母〉にファルスが欠如しているのと同様に、〈父〉にも大他者の欠如を補うだけの余力は残されていない。大他者に斜線が引かれることで、主体は唯一のものとはけっして確信しえない部分的な真理しか発見できなくなる。したがって、ここで真理は「希望のない真理」（*Ibid*）として分裂したものになる。父王が猥雑な父に屈服するその帰結として、ハムレットは〈母〉の欲望へと媒介なしに向き合わなければならなくなる。その結果、女性的なものの力とでも言いうるような何かが彼に襲いかかる。もちろんその女の具体的な事例は母ガートルード、そしてオフィーリアである。ブルース・フィンクがこの劇をそう要約していたように、[9]『ハムレット』の物語を駆動する最大の力は、子の要求が向けられる最も原初的な主体としての母の欲望にほかならない。父の亡霊による命令は、この劇を支配する最大の原動力となるものではない。なぜなら子が最初に依存し、庇護を求めるのは父ではなく乳房を与える母であり、そのことによって子は彼女を先に大他者として認識するからである。『ハムレット』は、大他者の欲望をめぐって展開する「欲望のドラマ」（*VI*, 365）であるのだが、それは主体が母としての大他者によって支配されていることに由来するのであり、だからこそラカンはこの劇の起点を父の亡霊による殺人の命令ではなく、母の欲望においているのである。

母の欲望はなによりもまず「本能的な貪欲」（*Ibid*）として定義される。貪り食うことこそが、ラカンにとっての母のイマージュを形成している。ハムレットの母ガートルードは父王の死後、間もないうちに義弟クローディアスと姦通する。けれども彼女が欲望するものは、けっして一個人である特異な存在者としてのクローディアスなどではない。なぜなら、個別の女性の存在そのものへの幻想を性的満足のために利用する傾向のある男性と比べて、女性は男性の個人性ではなくその機能を求めるからである。それは男性が女性の存在を幻想によって想像的に認識することでしか、器官による快楽を得られないことを意味する。それに対して、女性はそのような対象の想像的な喚起なしに現実的なファルスとしての男性性を求める。したがって、女性にとっての男性は、男性にとっての女性以上に代替可能なものだといえる。

じじつ、ラカンは女性の方が男性よりもカップルの関係において都合の良い位置にいると考えていた（*VI*, 160）。大他者としての貪欲な母は欲望そのものの主体であるが、その母の欲望は具体的に現前する男性を利用することなどではなく、彼女自身が欲望する存在となることに向けられている。ハムレットは直接に母の不貞を問いただすが、結局はその追求を断念してしまう。[10] というのも母に向けられる勧告は、どれほどまでに彼の欲望が大他者へと依存しているのかを、白日の元に晒してしまうものだからだ（*VI*, 366）。欲望の対象は主体にとって最も直接的に自身の欲求を満たしてしまう禁忌であり、けっして十全なかたちではそれを語ることができない。それゆえいくら彼女を詰問してもどうにもならず、もし深追いしてしまえば、むしろ自分自身の方が欲望の主体としての母から生じる欲望に貪り食われてしまいかねない。ハムレットはそれを察知したがゆえに〈母〉から退却する。ラカンはこのような母と子の関係にこそハムレットが翻弄されるドラマの根源を見出す（*Ibid*）。子は欲望の主体である母の核に充足したかたちで接近することはできないのである。

第四節　「対象a」としてのオフィーリア

ラカンはこの母よりもいっそう不可欠な存在としてオフィーリアを取りあげている。彼はオフィーリアというキャラクターを「人間の想像力にこれまで提示されてきた最も魅力的な創造物」（*VI*, 291）とまで言い、手放しでほめ称える。[11] けれどもそれはオフィーリアの可憐な陽性の魅力ではなく、女性が内に抱えている根本的に恐怖を与えるような性質の方にある（*VI*, 292）。彼女はラファエル前派の絵画が描いたような現実離れし、痩せ細らされ、肉の快活さを失ったような女性などではないのである。他方、オフィーリアはまた、自己自身が何を欲望しているのかさえ見失ってしまったハムレットが、その心奥においては手放さずにいる希望にほかならない。それゆえラカン理論におけるオフィーリアの装置としての特殊な役割は、ハムレットの欲望する対象であるということになる。[12] 実際にハムレットがオフィーリアに性的魅力を感じ、欲望していたことを示す場面があるように、「対象a」としてのオフィーリアはハムレットの欲望と幻想の生成に関与している（*VI*, 367）。オフィーリアというこの対象aこそが、ハムレットを父ないし母としての大他者による精神の抑留から救い出す。

ハムレットはオフィーリアと関係することによってはじめてラカンが幻想と呼ぶものを構成するのだが、それは「$\mathcal{S}\Diamond a$」として定式化される（*VI*, 366）。この小文字のaは対象であって、それは去勢された主体が占領することのできない場にその代理的な役割として布置されるものである。そしてこの「対象a」は大他者の欠如から帰結し、そこから零れ落ちる残余物として〈父の名〉に代わって主体を部分的に補填することができる。ハムレットのように父から裏切られることによって主体は〈父の名〉への信頼を失い、大他者に欠如を見出す。しかしながら、その代わりに主体の欲望を維持するものとして、対象aが特別な価値をもつようになる（*VI*, 367）。ハムレットの幻想の式においてこの「対象a」の位置に代入されるのがオフィーリアであり、彼は母への無限の要求の関係としての「$\mathcal{S}\Diamond D$」の式から「$\mathcal{S}\Diamond a$」へ移行することで要求から離れ、欲望による「幻想」を組成する。つまり、ハムレットは〈母〉

から〈女〉へと対象を遷移させたのだ。

　しかしながら、この〈女〉は潜在的には〈母〉でしかない。ならば〈母〉とは息子にとってどのような存在なのであろうか。その機能は、ハムレットがガートルードにしたような罵倒において典型的なかたちで現れる。母はけっして処女ではなく少なくとも一人、性的関係をもった男がいる。そしてその関係が明白になるのが、「父」という存在においてである。息子から見れば、父母の関係の真実は外傷体験となる。なぜなら、そのことによって自分以上に母を享楽した存在がいたということを認識してしまうからである。ハムレットが〈女〉であるオフィーリアを潜在的な〈母〉であると強く想像するときに、そして彼女があらゆる罪を生む子どもの所有者であると想定されるときに、彼女は「生のシニフィアン的象徴としてのファルス」（*VI*. 380）になる。すなわち、ハムレットにとってオフィーリアは、対象であると同時に、現実にはありえない全能の存在としてのファルスでもあるのだ（*VI*. 380）。実際にハムレットがオフィーリアのもつ性的能力を過度に中傷し、恐れる場面があるが[13]、ここでハムレットはオフィーリアへの罵倒によって幼児期へと退行しているといえるのではないだろうか[14]。

　母の不貞と父の亡霊の登場によって心を乱されたハムレットは、オフィーリアへの恋情を捨てようとする。ラカンはこうした愛する対象からの逃亡を「疎隔」（*VI*. 391）と呼ぶ。したがって、ハムレットの愛はオフィーリアから離れてしまっているということになる。「わたしは、かつてあなたを愛していた。*I did love you once, dit Hamlet, Je vous aimais autrefois*」とハムレットは言うが、つまりそれはオフィーリアがもはや彼に女として扱われないということに等しい（*VI*. 380）。愛する対象をかつて愛していたとあえて疎遠にすることによって、ハムレットがオフィーリアに備給していた愛情は、きわめて幼児的な攻撃性へと転換されてしまう[15]。オフィーリアの純潔さを信頼できなくなったハムレットは、彼女へと向けられていた欲望のエネルギーを自己に備給することでナルシシズムに陥る。

　かくして、〈女〉として愛の対象であったはずのオフィーリアが、〈母〉として憎しみの対象へと遷移する。ハムレットが自我を守るために私を傷つけたのはあの女だとオフィーリアにサディズム的な攻撃性を向けるその姿は、子が母に向けるような甘えを含んだ怒りの発露に似通っている。ラカンはそのような関係を「$\$\diamond\varphi$」（*VI*, 381）と定式化する。ハムレットはオフィーリアを母性化することで、想像的ファルス φを希求する前オイディプス的な関係へと退行してしまう。つまりハムレットはここで攻撃の形をとった母への裏返しの依存から、全能感に浸る幼児期へと舞い戻ってしまっているのである。このときハムレットにとってのオフィーリアは、二つの重ね合わせが可能な「生命の腫脹」（*Ibid*）として想定されている。すなわち、彼女は妊娠する主体であるのみならず、ファルスの膨満の隠喩としても象徴化されているのだ。ハムレットは母の形象とオフィーリアを重ね合わせることによって彼女に「多産性」（*Ibid*）を読み取り、その娼婦性を中傷する。しかも膨れ上がるということは、その後の縮小を予期させることであり、それゆえファルス機能の減衰の究極としての「アファニシス（性的欲望の消滅）」へと導くものである。ハムレットは膨張すると共に縮小するファルスのイマージュへの恐怖からオフィーリアを忌避する。生存しているときの彼女はハムレットにとって欲望をそそる者であるという以上に、全体対象としてのファルスでありさえしたのである。

第五節　「ファルス」から「対象 *a*」へ

しかしながら、この関係のすべてが劇的に変わり、憂鬱のなかにいたハムレットが行動を起こす瞬間がやってくる。その引き金となるのがオフィーリアの悲劇的な死である。ラカンはオフィーリアの葬式の場面における「喪の嫉妬がこの劇の最もきわだった点である」（*VI*, 396）と主張する。かつて『精神病』（一九五四－五五）のセミネールにおいてラカンが「すべての人間の認識は、嫉妬の弁証法の中にその源を持っている」（*III*, 49／六二）と指摘していたように「無意識の弁証法は、その可能性の一つとして闘争、すなわち他者との共存不可能性をつねに含んでいる」（*III*, 51-52／六四）。だからこそ、ハムレットは墓穴に飛び込み、喪を独占しようとするオフィーリアの兄レアティーズに詰め寄る。

ハムレット　俺はオフィーリアを愛していた、実の兄がたとえ何万人集まろうと、俺一人の愛の大きさにかなうものか。貴様、オフィーリアのために何をしてやろうというのだ?[16]

唯一、あらゆる悲しみを共有できる「他者との出会いのあいだでこそ、ついにハムレットは宿命的なシニフィアンに同一化する」(*VI*, 392) ことができる。自らの鏡像たるこのレアティーズとの対峙をきっかけに、ハムレットは彼自身が何を真に欲望の対象としていたかを思い出す。想像的な他者との敵対関係に陥ることではじめて、欲望の在処が判明になる。その瞬間から、これまで過剰なほどにハムレットから恥辱の言葉を浴びせられ、価値を引き下げられ、蔑まれた存在であったオフィーリアは、特権的な対象の位置を取り戻す。彼女は亡き者になることによって、欲望の対象という本来あるべき地位へと復帰するのだ (*VI*, 396)。ここで彼女は完全に不可能な対象になるが、同時に全体対象としてのファルスではなく、ハムレットの対象aとして再起する。欲望の原因としての〈女〉は、その存在を失っても対象aとして生き残るのである。だがこの関係 ($\$\diamond a$) は不可能としての彼岸においてしか実現されない。さらに対象aは実在以上に崇高化された存在として機能しもする。死してこのオフィーリアは実際に生きる彼女が持っていた価値とは釣り合わないほどにその存在が肥大化し、ハムレットにとってかけがえのない対象となる。我々が刮目すべきなのは、ラカンの理論においてこのときすでにファルスから対象aへと理論的強調点が移行していることである。デリダがファルス中心主義者としてラカンを糾弾することになるはるか以前の五〇年代後半から、ラカンはオフィーリアという女性キャラクターを利用して、そこから身を引き剝がしていた。すなわち、生前、ハムレットにとってのファルスであったがゆえに中傷されるオフィーリアは、その死によって対象aとして再発見される。まさしくオフィーリアの生死の境目が、ラカン理論におけるファルスから対象aへの移行の分水嶺となっているのだ。

さて話を『ハムレット』注釈に戻そう。このときラカンは「喪の同一化」(*Ibid*)という問題に着眼している。思い返してみればフロイトは、喪における対象への同一化と体内化を問題にしていたが、ラカンはここで自身の「想像界、象徴界、現実界」というトポロジーを思い出すように喚起する(*VI*, 397)。彼によれば愛する者の死に代表されるような最も耐え難い種類の対象喪失は、――オフィーリアの墓穴と重ね合わされている――「現実界における穴」(*Ibid*)をつくる要因となる。オフィーリアの自殺という象徴的な行為が現実界に穴を穿つことによって、ハムレットは現実界に存在するものの力を流用できるようになる。そこで彼は「誰かを殺すことは難しくないことに気づく」(*VI*, 395)。そして「苦痛の眩暈に沈み、失われた対象とのある種の関係を手に入れる」(*VI*, 397)。ラカンが後年のセミネール『不安』(一九六二―六三)において「女性的な魂の激しい情熱とわたしが呼んだものが、ハムレットのなかに入り込む」(*X*, 48/五五)と表現しているように、ハムレットはオフィーリアという対象aに同一化し、彼女を体内化することによって欲望を再誕させる。

ラカンは「喪が精神病に似ている」(*VI*, 398)と言う。[17] たしかにハムレットはここで「象徴界において排除されたものが、現実界に回帰する」(*VI*, 397)という精神病の構造を体現しているように見える。[18] 精神病は主体が〈父の名〉という象徴的なものの媒介なしに「現実界」と向き合うことによって生じる。ただし、ラカンはこの穴の効果が「象徴界において排除されたものが現実界に現れる」という〈父の名〉の「排除 Verwerfung」による精神病の論理とは逆のものであるとしている。そして「この穴は、はからずもまさしく欠如しているシニフィアンを投影する場を差し出すことである」(*Ibid*)と続ける。このときその穴埋めをするのは〈父の名〉ではなく、むしろその代理としての対象aであるように思える。というのも、大他者への能動性の譲渡によって神経を病んでいたハムレットの精神が活気を取り戻し、再主体化するのはあくまでもオフィーリアの死以外のなにものでもないからである。ハムレットはオフィーリアの死という現実界における穴を、対象aによって埋め合わせることによってこそ力を取り戻す。このとき彼は本来、彼が為すべきであった仕事へと取り掛かることができるようになる。このオフィーリアはハムレットのファルスへの恐怖症による犠牲者なのだが、彼女の死を不可能な対象*a*として受け入れることで、鬱屈していたハムレットは感情を解き放ち、クローディアスに刃を向けることができるようになる。なぜなら、主体にとって最も大切であった存在が失われたときにはじめて大他者の支配によって抑圧され、その本質が見失われていた欲望が再発見されるからである。このときラカンは「対象発見とは本来、再発見なのである」[19]と主張するフロイトの言葉を継承している。すなわち、主体が対象*a*に最も接近できるのは、主体にとってそれが失われ、再発見の対象となったときであり、この逆説にこそ欲望の悲劇があるのだ。

しかしながら、肝要であるのはファルスと対象*a*のもつ役割の違いであろう。すなわち、ファルスが超越的な力を発揮し、主体の欲望を押さえつけるのに対し、対象*a*は主体の欲望を喚起させるものなのだ。ファルスが主体の欲望をある公共的に定められた価値規範のなかに堰き止めてしまうのに対して、対象*a*は逸脱へと誘惑する。しかも存在のすべてが欲望の対象となりうるがために、対象*a*は欲望の根源的な倒錯性を加速させるものとすら言いうる。先述したように、『エクリ』公刊はるか以前の五〇年代後半のこの時期からすでにラカン理論は、ファルス中心主義的なものではなくなっていた。ラカンが超越的な力を誇るファルスに比重をかけていたのは真実なのだが、その一方で彼の理論は早い段階からそこを抜け出すための材料を提供していたのだ。ラカン自身が「我々はファルス中心的なポジションに固執しているわけではまったくない」（*VI*, 563）（強調著者）と述べていることからも、こうしたことは裏づけられる。そしてこの発言のあと続け様に「真の問題はそこにはない」（強調著者）と言い添えたラカンが食指を動かしたのは、大他者にとっての「欲望の対象」として措定された「対象*a*」であった（*Ibid*）。たしかにこの講義録においてファルスは主要な理論的道具として基軸となってはいるのだが、この時点からラカンの関心はファルスから遠ざかろうとしていたのもまた事実である。対象*a*の登場を触媒に、ラカン理論はランガージュを保証する審級としての大他者を絶対化するようなものではなくなり、ひとつの前進を遂げたのだ。

たしかに、この時期の対象*a*はあくまで幻想という想像的関係において現れるものでしかない。しかしながら、この講義においてラカンが想像界と象徴界に対立するものとして、現実界という謎に満ちた場所を問おうとしていたのも真実である（VI, 448-450）。実際にラカンは「この a は象徴ではなく、主体の現実的な要素である」（VI, 436）とも語っている。この「現実的なもの réel」は基本的に実在的という意味で解釈すべきであろうが、その一方で a を象徴ではないと断言していることも無視できない。ラカンはこの小文字の a の形態として三つの要素を挙げている。一つ目は「前性器的対象」であり、二つ目はファルスであるのだが、ラカンが的を絞るのは三つ目の「穴」という形態であり、それは「無意識の連鎖の次元でのシニフィアンの欠如」のことを指す（VI, 452-453）。これは上記の現実界における穴と絡む。前性器的対象とは想像的なものであり、ファルスは象徴的なものである。してみると、シニフィアンの穴とは現実界のことを指すとしても、極端に飛躍した解釈にはならないだろう。ラカンは隔たりと切り抜きのシニフィアンに結びつけて対象 a を捉えており、現実界はこうした「ランガージュの切り抜きの彼岸」（VI, 453）にあるとされるだけになおさらである。このときの対象 a の位置づけがどちらにあるのかは明言されておらず微妙であるが、明白なのはラカンにおいて「主体の現実界」とはディスクールを超出した「無意識の主体」において現れ出るということ、そして「主体の現実界は、あらゆる可能な主観的現実化の彼岸における存在の到来である」ということだ（VI, 474）。つまり、現実界はあらゆるランガージュの営為とは別種の存在、すなわち無意識としてすでにこのセミネールにおいて位置づけられているのだ。

しかしながら、現実界が主体にとって象徴界による切り抜きなしには存在しないということもまた事実である。そしてこの切り抜きをつくりだすのは分析の場面で生じる解釈であろう。その証拠にラカンは「おそらく切り抜きとは分析的解釈の最も有効なモードである」（VI, 572）と主張している。このように象徴界と現実界のはざまにおいて——想像的な幻想を介しつつ——、分析のなかでの欲望の解釈は仕事をする。また存在とはラカンによれば「象徴的な次元に現れるものとしての現実界」であり、哲学的伝統における〈一者 Un〉とは異なる位相に据えられる「純粋存在 *être pur*」にほかならない（VI, 482）。ハイデガーに対する執心から抜け出せていないように思えるこの時期のラカンは、現実界と存在そのものを並べていたのだ。さらにこの講義において、後期ラカンの主要装置たる享楽の概念が登場している点も示唆的だ。ラカンははっきり「享楽とは危険なものである、なぜならそれは主体の前にそれ自体としての欲望の深淵を開くからだ」（*VI*, 504）とここで述べている。意外なことに、すでに一九五九年の『欲望とその解釈』の時点で、享楽は欲望の深淵として危険と結び合わされていたのである。しかもそこには後期ラカンのなかで主体と大他者の関係において問題となる「マゾヒストの享楽」（*VI*, 539）への言及すらある。享楽概念は『精神分析の倫理』以降の展開、ないし——六〇年代半ば以降を指すことが多い——後期ラカンにおいて現れ出るようになるという言い方をされることが多いが、その大方の問題提起は、すでにこの講義録において完了していたのである。

　以上のように六〇年代以降に中心的な話題となるものがすでに一定程度論じられているがゆえに、象徴界から現実界への理論的な強調点の移行の先駆けとなるものが、『欲望とその解釈』に表出していると主張できる。かりにそのように捉えなければ、翌年に行われる『精神分析の倫理』における大々的な現実界の導入が、あまりにも唐突なものになってしまう。「S（Ⱥ）」と「対象*a*」という装置は六〇年代以後のラカンにおいて基本的な枠組みとして採用されるが、その理論的価値の具体化という意味において彼の『ハムレット』注釈は、これまでのラカン研究における扱いの軽さに反して、理論的転回点として枢要な位置におかれるべきであろう。ラカンが「オイディプス・コンプレックスの再解釈」から「悲劇」の分析へと向かったのは、前章で指摘したように、オイディプス・コンプレックス理論のうまくいかなさを自覚していたからなのではないだろうか。たとえば『精神病』において、ラカンはそれを以下のように整理していた。「オイディプス・コンプレックスとは、想像的、闘争的、近親相姦的な関係はそれ自体必然的に、闘争、崩壊へと至るものである、ということを意味しています。人間が最も自然な関係、すなわち男と女という関係を確立し得るためには、うまくいっている何かの像、調和のモデルたる第三者が介入することが必要です。［…］さらに言えば、掟、連鎖、象徴的秩序、つまりパロールという秩序の介入、すなわち父の介入が必要です。父といっても、それは自然の父ではなく、父と呼ばれるもののことです。衝突や全体的破壊という状況を防ぐ秩序は、この〈父の名〉

の存在に基礎をおいているのです」（*III*, 111／一五九（上））。

しかし、この『ハムレット』解釈においてラカンは、大他者の欠如を意味するS（Ⱥ）という概念の重要性を訴えかけている。実際にラカンは「S（Ⱥ）の意味へと達することが劇の価値を為す」（*VI*, 352）とまで述べており、この点を素通りすることは不可能であろう。五〇年代において、すでに大他者はその特権的な地位から失墜し始めている。もはや「シニフィアンのなかに、シニフィアンによって成立する真実の次元を保障するものはなにもない」（*VI*, 384）からだ。「大他者における大他者」を信仰できなくなった主体は、〈父の名〉による補填や〈母〉の身体への依存というかたちにおいてではなく、各々の欲望においてその都度、aというかたちで対象を個別に見いださなければならなくなる。すなわち、大他者からの承認による主体化から対象aの再発見による主体化へとその方法が遷移したのである。ファルス的なものの権威、その恩恵に与ることによってではなく、手ずから見つけた何か、すなわち対象a——それは主体の症状によって様々であるはずだ——によって主体化すること、それこそが精神分析の目指すところにほかならない。

しかしながら、大他者というドグマティックな概念に、対象aという別の概念を対置することが問題なのではない。むしろ対象aとは、大他者における欠如を補償するばかりではなく、病者の再起を促すものであるということ、そしてこの可能性は大他者が欠如している場合にしかそれとして開示されないということ、ここに注意を向けることが問題なのである。対象aは大他者の諸要請に服従させられているかぎり、それ自身の姿を表に出すことはないし、主体にとって救いとなることもない。なぜ主体はつねにそれらの命令に服従させられていたのか、そうだとすればどのような理由においてなのか、という疑問は当然慎重に検討してみるべきものである。たしかに対象aは世界が大他者の全体性に覆われるときには隠されている。しかし、屑のようなものとして存在するこの廃物、すなわち対象aが大他者、〈父の名〉、ファルスといった単数的なものには近づくことのできない冥府を、欠如において開かれた空間を形成しているということは明らかである。これでわかるように、父性的大他者は主体を無力さへと追いこむように見えるものの、その道はハムレットの亡き父や叔父クローディアスのように破滅へと続く袋小路でしかなく、しかもそれが栄華を極めようとするときには反転するしかなく、しかもこの押し戻しによって、父性的大他者は対象aを存在しうるように仕向け、子の逆転攻勢を許すことにすらなる。

分析における解釈は、けっして主体の逡巡なき決断を後押しするようなものではなく、対象aという厳密には言語化できないものを（再）発見できるように互いの言葉をすり合わせていく共同作業である。それゆえファルスや〈父の名〉は、対象aを探し出し、主体が再び欲望を手にするための前駆段階において必要を迫られる準備的なものでしかない。このように大他者の欠如と対象aというラカン理論の根本的テーゼは、一九五八年から五九年にかけて行われた『欲望とその解釈』において大々的に導入されたのであるから、五〇年代にラカンは象徴界の理論を完成させたというラカン研究において広範に常識化された物言いが、いかに実情を反映し切れていない表現であったかがわかるであろう。ラカンの理論的変遷の転回点として既存の研究は『精神分析の四基本概念』を特権視してきたが、それと同等の位置づけを『欲望とその解釈』にも与えるべきである。『精神病』（一九五四－五五）のセミネールにおいて確立した〈父の名〉の理論は、[20] わずか三年後に行われた『欲望とその解釈』の時点においてすでに変説をはじめていたのだ。

第四章　〈もの〉と現実界

第一節　症状への固着

ひとは適度であることを、快適なものとおそらく受け取るのかもしれない。そうしたある種の思い込みの淵源を哲学史のなかに見いだそうとすると、アリストテレスの『ニコマコス倫理学』に突き当たる。そこには、かの有名な「中庸」の倫理学が聳え立っている。一九五九年から六〇年にかけて行われた『精神分析の倫理』のなかで、ラカンはこの書のもつ偉大な価値を誰より認めながらも、「欲望」という精神分析が最も固執する概念の一つを考究の埒外においてしまったという咎においてアリストテレスを告発している（*VII*, 12-13／六－七頁（上））。精神分析において欲望とは性的欲望のことを指すのだが、アリストテレスはそれをたんなる人間の動物的で非倫理的な部分として斥けてしまった。それにくわえてもうひとつ、アリストテレスと精神分析の倫理が反目しあう点が存在している。それは精神分析が教育によって形成される「エートス」（性格＝習慣）というアリストテレス倫理学の根幹となる徳目に対して冷淡である一方で、「トラウマとその執拗さ」（*VII*, 19／一四（上））（強調著者）にどこまでも拘るという部分である。アリストテレスが倫理をシニフィアンによって抑制しうる象徴界に関わるものとするのに対し、ラカンはその彼岸にある現実界に倫理をおいたのだと単純に図式化できるであろう。自己自身の意志的な努力によって醸成されていくようなものにではなく、主体の心的構成を大幅に変更してしまうようなトラウマ的出来事に対する払拭の困難さを精神分析は相手どる。このことゆえに、ラカンは分析家が目の当たりにするものを「治ることを欲望しないような欲望」（*VII*, 258／八〇（下））とし、逆説的な表現を使うことで安易に治癒という言葉を用いる分析家たちを牽制しているのだ。

他方、かつてキャロル・ギリガンが提唱した「ケアの倫理」がもて囃されている昨今において、ひとは他者への配慮こそを無謬の倫理として無条件に信じ込んでいるように思えるが、そういった者たちは、自己自身のトラウマの本質について思索をめぐらせる経験を、無意識に避けようとしがちなのではないだろうか。たいていの人たちは、現実界におけるトラウマの本質に存する内的要求を摑もうとしない。それを解することは、事後的にトラウマ的な出来事の意味を追求しようとする営為によってのみ、つまり精神分析の根源的経験においてしか実現化しえない。遡及的に過去へと介入する事後性と呼ばれる精神分析に特有な時間概念を主体の内部に組み入れるために必要なのは、主体が時間性を体験し、認識する方法を根本から変容させることであり、そこでトラウマの原因となった現実界における自己固有な体験を想起し、まずはそれに耐えぬくことである。過ぎたことを事実的に振り返り、それを再確認することで、ひとは自己固有な出来事を根源的に体験しなおすわけではない。またそうした特権的出来事を、それが生じた時点に固定化し、日付をつけて永久に凝固させてしまうことによっても、我々は出来事を体験したことにはならない。ひとは分析家の力を借りて自己固有な出来事の現実界に立ち返り、現在からその出来事の意味を変容させてしまうことでしかそれを経験しえないからだ。

現実界の特性は〈父の名〉のような命令としての真理や法を提供することがない、ということにある。〈父の名〉が意図するもの、それは既成の秩序に準拠するシニフィアン連鎖の労働であり、ファルスの理念によって既成の価値を再認させるような労働でしかない。結局のところ、シニフィアンの道徳は、好んで文化の目的を宗教や国家の善と混同するような、もっぱら市民的で近代的な規範のなかにとどまってしまう。家族、市民社会、国家といった制度を倫理の担保として措定し、法や原則の普遍性を最上位におくヘーゲルの倫理学はその典型例であろう。彼は個人の利得と国家のそれとを同一視してしまった。それに対して、ラカンは倫理を個別的な真理の次元において標定し、ずばりこう言う。「我々が具体的な分析経験に求めるこの真理とは、上位の法の真理ではありません。我々が求める真理が解放する真理であるとしても、それは我々が主体の隠匿点に求める真理です。それは個別的な真理なのです」（*VII*, 32／三二（上））。分析が希求してやまない真理とは、象徴的な法による命令というかたちで伝わるような種類のものではなくて、〈父の名〉による全体化を拒む真理であり、迷妄する主体を唯一のシニフィアンに従属させることによって救済へとひとを導く宗教的な真理とはまるで対極に位置する「願い」（*VII*, 33／三三（上））にほかならない。そしてこのときラカンは――個別性という特性が、各主体において普遍的であるということを認めつつも――、「願いは普遍的な法という性格を持っているのではなくて、もっとも個別的な法という性格を持っている」（*Ibid*／同前）と語る。分析における真理は、普遍的な法のなかに探し求められるのではなく、あくまでも個別の主体が自分自身のなかに見いだす必要のあるものなのだ。

ところでラカンはフロイトにおいて快が、ひとを束縛するような水準にあるものとして象徴界に属していると述べていた（*VII*, 22／一七）。快の追求は同時に、法の鎖につながれてしまうことを意味するがために、その囚われは現実界を求めるのではなく、あくまでも想像界と象徴界が重なる場としての意味に換喩的な仕方で執着している状態にすぎない。言いかえれば、快はあるシニフィアンから別のシニフィアンへと移行し、それを次から次へと要求しているということになり、いわば大他者から溢れ出るシニフィアンに遊ばれているようなありさまでしかない。それは欲望ではなく要求の範囲に収まっている。人間が不断に求めている快とは、このシニフィアンの「痕跡」（*Ibid*／一八（下））以外の何ものでもなく、我々は絶えず大他者が与えてくれるその円環に留まることを望まされている。なぜなら、その快というシニフィアン連鎖が滞らずに順調に進んでいくことが、人間に心地よさを与えてくれるからである。このようなシニフィアン連鎖とその回帰によって人間のホメオスタシスは維持される。しかし現実界はこのような循環からは切り離されており、またラカンがここで探求するものは、この快の法に支配されるものとしての想像界と象徴界の結託ではなく、その彼岸にあるこの現実界にほかならない。シニフィアン連鎖の頂点に君臨する〈父の名〉は、その真理の全体的な普遍性によって各主体の欲望を縮減していく方向に進んでしまう。だが分析は象徴界にあっても現実界を追いかける。快の追求の目的は元来において、幸福にあったと言うことができるだろう。ところがラカンはフロイトの「文化の中の居心地の悪さ」に依拠しながら、この世界には幸福のために用意されたものはなにもないと言い切る（*Ibid*／同前）。ここでラカンはアリストテレスの哲学に再び言及する。アリストテレスは「幸福（エゥダイモニア）」を人間が到達すべき至上の倫理的な価値として定立するが、ラカンにおいて幸福は倫理的であることと何ら接点をもたない。なぜなら、「快楽が何らかの善いものであることは必然である[1]」とし、さらに「すべての人は幸福な生き方を快いものと見なし、快楽を幸福に織り込んでいるのは、理にかなったことである[2]」とするアリストテレス的な倫理はその本性上、換喩による際限のない要求をし続けた後に最終的には出発点に戻るだけ、すなわち大他者への従属を確認するだけの不毛な回帰の運動にすぎないからである。それと反対に、精神分析は快楽と善に対立する苦痛と悪の享楽を、象徴界ではなく現実界を倫理の在処として措定する。

第二節　〈もの〉

フロイトが『心理学草案』において、主体を悩ます思考における象徴化不能な何かを〈もの Ding〉としたのに続いて、ラカンはそれを彼なりの仕方で大きく展開して見せている。というのも、ラカンが「快＝善」に代わって倫理の根底に据えるのが、この「シニフィエ－外」（*VII*, 67／八〇（上））としてあらゆる象徴的な意味が無効になる、――カント的な「物自体」のニュアンスのついた――〈もの〉であったからである。ラカンが「内密な（私的な、性的な、本質的な）外在性」たる「外密 extimité」（VII, 167／二一一（上））――ちなみにフランス語の intime には性的含意がある――と呼ぶ〈もの〉とは何かをまず、一見すると〈もの〉と類似しているように思えるけれども、けっして〈もの〉ではない何かと比較しながら説明をほどこす。第一に、〈もの〉は具体物として存在する「事物」ではない。ラカンによれば、事物とは元を正せば法的な次元に関わるものであり、人間同士のあいだで生じる諍いを象徴的次元において捌いていくために要請されるものであった（VII, 56／六四（上））。事物はたんに現象的な世界における物体という意味だけでなく、人間の観念における象徴の操作という領域を多分に含んでいる。しかし、ラカンにおける〈もの〉はこのようなシニフィアンによる概念操作という水準に献じられるものではない。フロイトはこの事物を「語表象」[3]と対置させて捉えていたが、ラカンはこの点に関してはフロイトを批判している。なぜなら、事物と語表象を明確に切り分けることができないからである。象徴界へと登録されてしまった主体は、ありのまま〈もの〉を見ることが不可能になる。両者は互いが互いを補いあうことでしか上手くやっていくことができない。一度結ばれてしまったこの関係は、切り離しがたい。また事物が語によって支配されているということは、それがつねに社会性を帯びているということでもある。事物とは人間の手によって生成される産物にほかならない。だがラカンは〈もの〉が、この「事物」とはまったく別な領域にあると主張する（VII, 58／六七（上））。

そうすると、ラカンにおいて〈もの〉とは何であり、何処に位置づけられるのかという疑問が湧いてくる。それは紛うことなく母である。「私が言いたいことは、母子間の相互心理的水準で生じていることは［…］すべて母親的なものの本質的特徴、つまり、この〈もの〉の場、「das Ding」の場を占めている限りでの母の本質的特徴が膨大な発展を遂げたものにすぎない、ということです。誰もが知っているように、この「das Ding」の相関物は近親相姦欲望であり、これこそがフロイトの偉大な発見です。［…］我々がしっかりと把握しておかなくてはならないのはそのことです。フロイトは近親相姦の禁止こそが原初的な法の原則であり、他のあらゆる文化的発展はその帰結や枝葉に過ぎないことを示し、また同時に近親相姦をもっとも基本的な欲望と見なしたのです」（VII, 82／一〇〇‐一〇一（上））。ジャン＝ジェラール・ブルスタンが適切に述べているように[4]、ラカン的な意味での〈もの〉は、母と関わるがゆえに我々の経験の世界から完全に切り離されたカント的な物自体ではなく、主体の欲望を左右する動因となりうる穴であり、しかも近親姦の欲望という性的かつ侵犯的なニュアンスを帯びている。〈もの〉は性の誘引となる装置なのだ。さらに〈もの〉をこのように〈母〉へと接合させる精神分析の操作は、〈父〉の他者性に対するあからさまなアンチテーゼとも解釈しうる。ラカンが根源に据えたこの〈もの〉は、屹立するファルス的な権威性とは相対立する穴としての〈母〉なのである。それを証拠立てるように「我々は〈もの〉を〈父〉の保証のもとにおくことができなくなってしまった」（VII, 119／一四九（上））（強調筆者）と語られている。〈もの〉は現実界に位置する。それは現実界が〈父〉の管轄外にあることを証明しているのだ。

ところで、〈もの〉をめぐる議論には古代ギリシアから中世哲学を経て、ハイデガーに至るまで、哲学史的に膨大な議論が積み重ねられてきた。ごく簡単なものにすぎないが、それをおさらいしておこう。まず諸西欧語において、thing, ding, chose などと訳される〈もの〉は、語源の一つとして古代ギリシア語の「プラグマ πράγμα」に由来をもつ。ラカンも翌年に行われた『転移』において、この『倫理』の講義を振り返りながら、〈もの Chose〉をプラトンが『第七書簡』において論究した「言葉で語りえないもの[5]」としての「プラグマそれ自体 τὸ πράγμα αὐτό」と同一視している（VIII, 101／一二〇（上））。プラトンにおいてプラグマとは哲学的な問答が追い求める究極の存在のことを指していた。たとえば山田晶もそう論じていたように、このプラグマとしての〈もの〉は、プラトン哲学において「非存在」として素材を欠いた場所に位置づけられている[6]。他方でアリストテレスは、『倫理学』においては人間の行為、『詩学』においては行為ないし出来事、『自然学』においては「質料的個物」、『形而上学』においては「ウーシア οὐσία（実体、実在、本質）」というように、このプラグマを著作ごとに多義的に用いている[7]。アリストテレスは、〈もの〉を多様に解釈し直し、その都度、意味を変形していった。したがって、彼はプラトンにおいて非存在であったこの言辞に対し、――ウーシアがたんに実体 substantia としてのみならず、本質 essentia とも訳されることを考えれば――形相としての側面を残しつつも、そこに質料性を付加しようとした、ということになろう。すなわち、プラトンにおいて〈もの〉とは根本的には形相であったのに対して、アリストテレスは形相のみならず、素材もまた〈もの〉の本質に関与していると考えたのである[8]。

ラカンはこの〈もの〉という概念を、誰よりもハイデガーの議論を論拠としながら鍛え上げようとする。先に指摘したように、後々に自身の理論への影響について否定的になっていくが、このセミネールのなかでラカンは、一九五八年に仏訳されたハイデガーが「物」について行った著名な講演（ブレーメン、一九四九年）[9]を明確な参照点としている（*VII*, 144／一八一（上））。ハイデガーは、この講演において主題とした物を考察するために「水差し（壺、瓶）[10]」を特権的な例として用いていた。彼は物をけっして表象や対象に切り下げることなどできないと言う[11]。というのも、彼に従えば、現前している表象をどのように具体的な対象として把握しようとしても物の本性には到達しえない、と考えられるからだ。物の本来性がその物体的な可視性にあるのではないとすれば、物の本質とは何か。ハイデガーの出す水差しという例においてはっきりしているように、それは「容器[12]」であるということだ。それというのも、物としての水差しが機能するその最も肝心な支えは、その物質的な原料性ではなく、納める働きとしての「空[13]」という様態だからである。

ハイデガーにおいて容器が空虚であることの効果は、注ぎ、かつ捧げることとして提示される。ここで水差しは「地上」と「天空」、そして「神的なものども」と「死すべきものども」という〈四方界〉を結びつける役目を果たしている[14]。「天空」と「地上」、「神的なものたち」と「死すべきものたち」という〈四方界〉は互いに依存し合うことによって成立し、その契りが解かれてしまえばもはや何ら価値をもたない――ハイデガーが諸要素の「輪舞（円現）」を重視したことを考え合わせると、おそらくこの〈四方界〉は、後年の「四つのディスクール」をラカンが発明する上でのヒントになったかもしれない。水差しは注がれ、捧げられる物を拾い、集約し、それを納めることによって保持するという役割を果たすことで四者の絆を維持し、支えている。容器はその前提として納めるために空虚でなければならず、また注ぎ、捧げるという〈四方界〉を結びつける往復運動の中心に空の水差しが置かれるからこそ、四者が各々の出来事として生起することになる。

このときハイデガーは物のドイツ語における高貴な古語であった「ティング thing」[15]という語に注目しているが、それは古典ラテン語の「レス res」に対応し、その原義は人間に関わる何かという程度の意味を包括している。[16]元来、ティングは事件や実在性を表す「レアリタス realitas」を指し、具体的に物事に関わっていくことを表す。しかし、このレスは後期ギリシア哲学における「オン on」、中世のラテン語において「エンス ens」となる語が受容されることによって変質し、それがティングにも同時に起きているとハイデガーは指摘する。[17]要するに「ディング Ding」の古い用法であるこのティングは、たんなる実在として対象化されている物だけではなく、存在そのもの、あるいは神的な超越性をすら指し示すことができる用語になったのである。ここでハイデガーはマイスター・エックハルトの用例を引いている。彼によれば、エックハルトは「ディンク *dinc*」という語を魂や神と等価なものとして扱い、「神とは最高で最上のディンク *das hoechste und oberste dinc*」である一方で、「魂とは大いなるディンク *ein gross dinc*」の一つなのだと言った。つまり物は質料的にではなく、存在一般を指し示すものとして用いられているのだ。[18]こうした用法はエックハルトだけではなく、その後のカントにもまた見られ、そこでは対象に依存することのない「物自体」の問題が浮き彫りになる。またジャック＝ル・ブランも指摘しているように[19]、ラカンはエックハルトが「Ding」を「魂」という意味で使っていたことに言及しており、ここにもハイデガーの影響が窺える（*VII*, 77／九三（上））。

何にしても、ラカンが質料性をもつ物質的な事物としてではなく、彼岸にある何か、いわば「無」として〈もの〉を捉えていくという点をハイデガーから継承しているという点が肝要であろう。たとえばフランソワ・バルメは、ラカンとハイデガーの理論的な接近について存在の概念を鍵語として論じているが[20]、ラカン自身は「形而上学の終わり」としての〈存在 Être〉といった観点とは別の仕方で、ハイデガーにおける〈もの〉概念に食指を伸ばしている（*VII*, 145／一八一（上））。ただしラカンは水差しをハイデガーが用いることのなかったシニフィアンという概念へと接続する（*VII*, 145／一八一（上））。水差しをシニフィアンと読み替えていくラカンのハイデガー解釈において、この容器はいわば無を指し示すシニフィアンなのであり、シニフィエなきシニフィアンとなる。すなわち、それは対象の対象としての実在性を奪われているという意味において、無としての〈もの〉を指し示す特権的なシニフィアンなのであり、そこで〈もの〉は無へと紐づけられる。

このシニフィアンは連鎖をなし、横滑りするものとしての浮遊するシニフィアンなのではなく、空虚として現実界に位置づけられるシニフィアンと等価であろう。なぜならラカンは水差しにくわえて、からし瓶の例を出しながら、それが空であることを強調しているからだ（*VII*, 145／一八二（上））。なるほど水差しそれ自体は、質料からつくられるという事実から逃れられていないという反論があるのかもしれない。しかし、ラカンはまさにそこにこそ、原子論者やアリストテレスに代表されるような古代哲学の難点を認める（*VII*, 146／一八三（上））。物の質料性にしがみつくことでしか自らの理論を構成することができなかった古代の哲学者たちは、無からの創造の本質を十分に見極めることができなかった、とラカンは批判するのだ。[21]「もしあなた方が水差しを、私が今しがた推奨した〈もの〉と呼ばれる現実界の中心における空虚の実在を代理表象するためにつくられたひとつの対象とみなすのならば、代理表象のなかに現前するこの空虚はまさに「無 nihil」として現れています。だからこそ、陶工はここにいる皆さまと同じように、その手でこの空虚のまわりに水差しをつくります。すなわち、神話的創造者とまったく同様に「無から ex nihilo」、穴から、それを創造するのです」（*VII*, 146／一八三（上））。現実界の中心には何があるのか。そこは空虚、無としてのみ現出してくる。陶工の手は材料を空虚の周囲に張り巡らすことによって水差しを無から創出する。シニフィアンを用いることは、現実界における穴の形成と表裏一体であり、間違ってもその依存関係を断つことなどできない。なぜなら、シニフィエなきシニフィアンたる無を認めることがないのであれば、個別のシニフィアンもまた生起しえないからだ。ここで水差しという容器によって空を孕んだシニフィアンは、換喩的なそれから切り離された〈もの〉と同一視されており、それは〈父の名〉に代表されるような象徴的ファルスではなくむしろ、——後期のラカンが示唆した——無形質料としての「〈一〉のシニフィアン le signifiant Un」（XX, 32）の方に接近しているように思える。このような「〈一〉のシニフィアン」は〈もの〉の場、現実界に位置づけられうる。六〇年代以降に強調されるようになる大文字のS——〈父の名〉ではなく、原抑圧ないし穴を指示する——というシニフィアンの原基となる考えは、すでにこの『倫理』において仄めかされていたのだ。

シニフィアン連鎖の彼岸には無が存在し、すべてはそこから生起する。無たる「〈一〉のシニフィアン」はつねにシニフィアン連鎖の彼岸にありながら、各種個別のシニフィアンを基礎づける〈もの〉のように働く。ラカンが水差しにおける裂孔と空を「女性性器」という隠喩との絡みにおいて価値づけていること（VII, 199／五 - 六（下））、穴としての「〈一〉のシニフィアン」との関連性を強く感じさせる、多数あるシニフィアンとその可能な連鎖すべての原初としての〈一〉というラカンの考え方、すなわち穴から出発し、この空のまわりにしかシニフィアンは繁茂しえないというその思考のスタイル、無形質料というそのアイデア、〈一〉のシニフィアンとそこから発出するシニフィアンを峻別する彼の遣り口、それらすべては、ラカンがなぜ〈父の名〉やファルスではなく——バタイユが『マダム・エドワルダ』で描いたような——、不可能なものとしての〈女〉をより上位においたのかを我々に教えてくれる。

しかしながら、ここで決定的であるのは、ラカンが断じてアウグスティヌスの規定するような意味での普遍的〈父〉たる神を認めていないということだろう。ラカンの「無からの創造」の逆説的で面白みのあるところは、それが「神の根底的消去の可能性をかいま見せることができる唯一のもの」（VII, 253／七三（下））であるという点なのだ。シニフィアンを現出させるのが無からの創造であるということは、キリスト教的な人格神というパースペクティヴを必須の条件としない。そこには無という欠如があれば十分なのであり、神の意志など無用のものだ。精神分析においては、人格神が彼の意図によって造り上げた被造物という創世の神話ではなく、フロイトの『トーテムとタブー』等において明らかであるように、至上の存在が殺され、死んでいるということ、あるいはそもそも神など存在していなかったという認識こそが核となる。あらかじめ在りて在るものとしての存在者の存在の場は抹消されている。「存在するものすべては、存在欠如においてのみ生きる」(VII, 341／一九二（下）)のであって、すべてを統御できる充溢した神の恩寵によってではなく、起源から抹消されている無という穴こそが、逆説的にシニフィアン連鎖を駆使する主体を組成する。だがそれを駆動するシニフィアン連鎖には、けっして知という枠組みにおいて認識できない「力動的価値としての非 - 知」(VII, 341-342／一九三（下）)が待ち構えていて――ここでの「非 - 知」という語の使用は、当然バタイユを意識してのものであろう――、その穴において無意識のパロールが働いているということを頭に入れておかなくてはならない。精神分析の発見は、意識的な言葉として発話されることのない無意識においても、パロールがロゴス的に働いているという点に存する。症状は認識論的に知性化された言葉を解釈することによってだけでは、捉えることが不可能なものであるがために、説明は必ずしも助力となるものではない。分析が重点をおくのは、誰が見ても了解可能な言葉として顕在化する知よりも、それが現働化することを否定しないとしても、つねに無意識においてこそ生じている非 - 知のアルゴリズムなのだ。

第三節　固着、昇華、そして享楽

以上のように、思想史における〈もの〉の議論のなかにラカンが〈母〉ないし穴という形式で、性的なニュアンスをつけ加えようとしたことは真実であるにちがいないが、他方で問題になるのは、この〈もの〉が主体にとって具体的にはどのように経験されるのかということであろう。こうした点について、ラカンはフロイトの「心理学草案」に立ち返りながら次のように説明していく。〈もの〉は主体にとって「隣人」(VII, 64／七五（上）)というかたちで表現される。この「隣人」とは主体に最も内密に関わってくる何かのことであり、〈もの〉が主体にとって「隣人」であるということは、それが類似しつつも異質なものであるという曖昧さを抱えているということにつながってくる。主体が経験する〈もの〉はつねに引き裂かれていて、たとえ主体にとって〈もの〉が隣接的であるのだとしても、両者が渾然一体となるということはありえない。なぜなら〈もの〉とは、「隣人」という経験のなかで主体によって「異物」（VII, 64-65／七六（上））として認識されるからである。両者は隣り合いながらもけっして交わることがないのだから、主体にとって〈もの〉は分離した瞬間から永遠に手の届かないものになる。したがって、〈もの〉は主体から見ればときに敵対的ですらあり、身近にあるにもかかわらず所有することを許してはくれない対象となる。

しかもこの〈もの〉の異物性は、主体にとってトラウマ的な体験として襲いかかる。異物はそれが主体にとって同化できないものとして外にあるかぎりにおいてトラウマを起動させてしまう。だがそれを精神から除去しなければならない悪性腫瘍のようなものとしてのみ捉えてしまうのは誤りであろう。むしろトラウマそれ自体が欲望を喚起するからだ。異物がトラウマのように働くということを、主体はどうでもいい枠組みとして経験するわけではなく、我々自身の欲望が担う力として、また我々自身の課題に対して前向きに取り組む動機として経験する。むろんそこには毒も含まれており、人間がみずからのトラウマに飲みこまれてしまうという事態も当然、起こりうる。異物の本質によってトラウマが人間に課せられることがなければ、そうしたこともありえない。さしずめ、それは毒にも薬にもなる「パルマコン」といったところのものなのだ。

さて〈もの〉を扱う際に、それとセットで語られる必要のある昇華という概念は見逃せない。昇華を考察するときに忘れてならないのは、昇華されるものとしての「性欲動」に尽きる。[22] よく知られているように、フロイトは『性理論三篇』において欲動の本質を「多形倒錯」と捉えていた。それは人間の欲動が成人以後においても性器に一極集中するものではないということ、すなわち身体のありとあらゆる場所が欲動を喚起するものになりうることを表している。したがって、欲動はけっして全体性を構築することにはなりえず、部分欲動に留まる。実際にラカンは欲動を身体のあらゆる部分に「漂流 dérive, drift」（VII, 198／一三五（上））するものとしていた。くわえて、フロイトの欲動論において重視されていたのは、それが（性的）対象に促されて、すなわちたんなる生理的触発作用としてのみ発現するものではないということであった。欲動は人間が象徴的なものに登録される以前から現実界において、身体を通して主体を触発している。だが一方でそれは残虐さと攻撃性を生むという暗い側面も有している。[23]というのも、欲動が対象によって喚起されるのではないとしても、欲動の向けられる先はつねに対象であり、それは戦いに勝利することによってしか手に入れることができないからだ。この帰結として、攻撃性は対象への「固定性」を生じさせることになる。発生において多形的である欲動は、その後に対象を具体的に定め、それに付随して欲動はある一つの対象へと固執する。

この固執は「責任」の問題と関連させて考える必要があるだろう。我々は「責任」という概念を宗教的ないし道徳的な水準において、すなわち他者への奉仕という水準において取り扱うことに馴れきってしまっている。しかし、ラカンは屈せずにやり通すこととしてのフランス語の persévérer のもつ「責任、誓約 responsabilité, engagement」（*VII*, 106／一三二（上））といった含意の方に力点をおいている。[24] フロイト的なトラウマへの「固着」というアイデアから考えるなら、何かの対象に拘り、その泥沼へと嵌り込むことはむしろ歓迎される。なぜなら、対象への固執なくして、関わりとその引き受けの約束は果たされないからだ。精神分析における責任とはこのように他者への気遣いや道義的責任ではなく、自己自身が欲望するトラウマ的な対象への固執を指すのだから、欲望とは対象を次々とすげ替えることによって継起していくもの、つまりある対象が別の対象へと場を譲ることで成り立つ連なりではなく、その向かう対象との関係を時を超えて成熟させていくことなのだ、ということになる。欲望の根源にあるのは、自己固有なトラウマ的出来事の遡及的な性質であって、それは単純に過去へと引きずられていってしまうことのうちに存するのではない。欲望とは、我々にとって取るに足らない瑣末な事情ではない。だが欲望は、大他者の欲望を欲望するということからだけでは把握することができない。そうではなく欲望への我々の関係全般が、あくまで対象への「固着」という次元において解されねばならないのである。

こういったことは通常の良識から見れば受け入れがたいものであろうが、それでいてラカンは「悪 mal」に精神分析の倫理の本性を見出そうとするのだから、その正当性はほとんど強調するまでもない。実際にラカンは、フロイトが倫理に関する哲学的な思索に決定的な前進をもたらした点は、彼が「善 bien」を根本的に否定したことにあると明言した上で（*VII*, 116／一四四‐一四五（上））、フロイトの『文化のなかの居心地の悪さ』、――左翼知識人たちを大騒ぎさせるかもしれないと皮肉な前置きをしながら――「享楽は一つの悪である la jouissance est un mal」（*VII*, 217／二九‐二三〇（下））と言い切っている。つまり享楽について語るとき、我々は悪について語っているのだ。現にそこでフロイトは「悪はしばしば自我にとって全く有害でも危険でもなく、それどころか逆に、自我にとって望ましく、楽しかったりもする」[25]とすら述べていた。さらにそれは「汝自身のごとく汝の隣人を愛すべし」というキリスト教的倫理へのかなり直截的な批判とも取りうる次のようなフロイトの書き振りに漏れ出ている。「人間とは、誰からも愛されることを求める温和な生き物などではなく、生れ持った欲動の相当部分が攻撃傾向だと見て間違いない存在なのだ。そのために、人にとって隣人とは、ときに補佐や性的対象ともなる存在であるだけではなく、こちらの攻撃性を満足させるように誘惑する存在でもある。隣人を見ると、人はつい見返りもなしにその労働力を搾取し、同意も得ぬまま性的に利用する、その所有物を奪い取り、侮辱し、苦痛を与え、虐待し、殺したくなるのである。《人間は人間にとって狼である》。人生と歴史各種の経験をした後でなお、どこの誰にこの命題を否定してかかる勇気があるのだろう」[26]。明け透けにいえば、フロイト＝ラカンの倫理学が根底に据えるものは「人間は人間に対して狼である」という性悪説なのだ。それは穏やかでひとが互いに尊重し合うような牧歌的な生活を前提としてはいないし、倒錯的な享楽を道徳的カテゴリーのなかで飼い慣らすことを目的にしているのでもない。「隣人愛」に代表されるような無謬で、何らかの正しさを暗黙の前提とするような利他主義――ラ・ロシェフーコーやニーチェがすでに美徳の宣言の裏にひそむ自己愛とルサンチマンを喝破していたのだが――、大他者への服従をつねに訝しがり、その反対に法への侵犯、すなわち悪としての享楽への道を突き進む行為の背中を押すことこそが、精神分析の実践なのだ[27]。

さてラカンはここでフロイトと同様、人間の根本的な性悪さについての考察を成しえた著作としてマルティン・ルターの『奴隷意志論』を引き合いにだす。「ルターは［…］人間が人間に対してもっている関係の根源的に悪い性質を強調するために、『奴隷意志論』を刊行します。そして、この悪い性質とは人間の運命の中心、すなわち、この〈もの〉(Ding)、この原因(causa)に存在しています。［…］ルターはこう書いています――人間に対する神の永遠の憎しみとは、たんなる無能や自由意志による行為だけではなく、むしろ世界が創造せられた以前に存在していた憎しみである。［…］世界が創造せられた以前に存在していたこの憎しみは、それ自体としての法のある種の影響と根源的な問題であるものとしての〈もの〉とのあいだにある関係の相関物、要するに悪の問題なのです」(*VII*, 116／一四五－一四六(下))。金子晴勇によれば、もともと「奴隷意志 servum arbitrium」とはアウグスティヌスが一度だけ使った語をルターが借り受けたものであり、アウグスティヌスにおいてそれは「悪の方へと心をねじらせた邪曲な意志であり、邪欲のむさぼりでもあって、転倒した仕方で自由を行使し、自己疎外的に悪へ拘束されている」状態のことを指す[28]。ラカンのルター解釈は、このアウグスティヌス的な「奴隷意志」の要素をたぶんに含み込んでいるように思える。それというのもルターを解釈するラカンは〈もの〉を人間の運命が始まるその原因とした上で、その悪という性質を浮き彫りにしようと試みているからだ。憎しみは世界が創造されるそれ以前から存在していた。人間が主体的な生を送る舞台を創造するその源には憎悪があったのであり、だからこそ人間が人間に対峙するときの関係は互いにいがみ合うことを基盤にしていることになる。このようにラカンが見つめようとするのは、キリスト教的な「愛 caritas」ではなく、むしろ「邪欲 cupiditas」の方なのだ。

ところでラカンは一九三九年に発見され、ルネ・ネリが編纂した『二原理の書』におけるカタリ派の教義を参照してもいる(*VII*, 149／一八七(上))。ネリはまた『倫理』のセミネール開講と同時期の一九五九年に『カタリ派のエクリチュール』を公刊している。彼によれば、カタリ派の哲学は光と闇の根源的な二元論である。カタリ派以前においてこの対立は、存在と無のそれとして認識されてきた。つまり存在の充溢こそが善なるものの証であり、他方で無は存在の欠如、すなわち悪であるということだ。しかしカタリ派における無の概念とは、絶対的な欠如としての無であるというよりも、存在を無へと近づける無化作用のことを指し示しているがゆえに、カタリ派的な闇はたんに「善が少ないということだけではなく、「存在性が少ない」のであり、そのことによって「闇は、〈言葉〉という存在のなかにはない」ということになる。[29]このときどうして悪が存在を無化できるのかといえば、それは罪によって善から存在性を奪い、減じさせることができるからである。そしてネリはアウグスティヌスに依拠しつつ、このようなことをするのがまさしく悪魔と呼びうる者たちであり、彼らは「〈物質〉からの流出」[30]によって罪をなし、悪を実現すると言う。もっともアウグスティヌスの教義において、悪の実在性は認められていないのだが、被造物の存在を引き下げるという意味においてカタリ派の二元論は彼に接近しているとネリは考えている。何はともあれ重要であるのは、カタリ派において悪は物質と結びづけられているということだ。霊的なものや至高の存在と比べたときに否定されるべきは、個物のうちにある質料性にほかならない。このようにして、カタリ派は悪というものの実在性を打ち立てた。

しかしながら、ラカンはこのように悪を質料に還元するカタリ派の立場に対して異議を唱える。「(カタリ派において)悪は質料のなかにあります。しかし、悪はおそらくほかのところにもあります。問いは開かれたままです。そして、これこそ悪という問題を巡る道徳的思考に関して歴史上生じたことを理解するために不可欠な軸です。悪は(人間の)行いのなかにしかありえないわけでも、この忌まわしい質料のなかにしかありえないわけでもありません[…]、悪は〈もの〉のなかにも存在しえます」(*VII*, 149/一八七(上))。善悪の根源的な二元論を基調とするカタリ派は、悪を質料性へと切り下げることによって、その次元を超えた〈もの〉を善なるものとした。物質的な世界のなかでなされる行為が、彼らにとってつねに悪であるということは、質料的な次元にしか悪は存在しないということの裏返しでもある。しかしながら、ラカンは彼らと別の立場をとり、物質界での人間の営為だけではなく不可能性としての〈もの〉にも、あるいはむしろそこにこそ悪は存在していると主張する。

だとすれば、この〈もの〉に主体が何らかのかたちで積極的に関わるために、我々にはどのような手段が用意されているのか。そこでラカンが最も有用な手段の一つであると考えたのが、男性が女性を性的な対象以上の存在として理想化する「宮廷愛」という方法であった。宮廷愛とは中世の騎士階級において発展した愛のスタイルで、特徴としては騎士が貴婦人に対し、肉体的な関係ではなく精神的で純粋な愛を、死を賭してでも捧げることが挙げられ、その過程を通じて騎士道精神を体現することが目指される。男がその勇武への情熱と死の欲動に駆られて、自分の意志によって受難のなかに飛び込み、数々の偉業を成し遂げる一方で、女性には美しさのみならず、高邁な精神によって男性を惹きつけることが求められるのだが、基本的に宮廷愛は理想的な女性への崇拝を主音としている。純粋に精神的な愛という観念が、この時代において特別に重要なものとされるようになったのであり、現代まで続く肉体的愛と精神的愛の混乱した状況は、ここからはじまったとさえ言いうる。実際に現代の恋人たちにも宮廷愛風の言葉は、隠喩化されて残っているため、その残滓は今にも伝わっているといえる。

宮廷愛のこの技法は、トルバドゥールと称される南仏の吟遊詩人たちの題材として扱われ、ヨーロッパ全土に広がっていた。彼らはカタリ派の南仏における分派であるアルビジョワ派に対する十字軍遠征において犠牲となった信者なども賛美の対象としていた。これは後述するドニ・ド・ルージュモンが主張していることなのだが[31]、そもそもトルバドゥールとカタリ派は同じ一二世紀に南仏で発展したという事実があり、しかもカタリ派はカトリックとは違い、女性に高位聖職者への道を開いていたため、女性の登用という面においても共通している。さらにカタリ派も宮廷愛のように彼岸に自ら赴くことを享楽として捉えているという点に限れば、精神分析とも分かちがたく絡む[32]。そのうえ――たとえ悪の捉え方に相違点があるとしても――二元論的な要素を含んでいる点において両者は似た一面をもつといえよう。それらが完全に一致しているわけではないが、ラカンがカタリ派とトルバドゥールの双方にこの『倫理』のセミネールで言及しているのは、理由のない気まぐれな寄り道といったものではないのだ[33]。

ところでルージュモンは宮廷風恋愛を描いた典型的な文学作品として『トリスタンとイゾルデ』を取り上げ、解釈の対象としているのだが、まだ二〇歳にもならない頃のフロイトはこの作品にいたく感動し、友人への手紙のなかで次のように書きつけていた。「［…］市民の法律あるいはモーセの律法に従って不道徳とされるものはすべて詩的でないと考えているわけでは決してない。ゴットフリート・フォン・シュトラースブルクの『トリスタンとイゾルデ』

は、こうした権威的な至上命令に対する最も輝かしい反論なのだ。むしろポエジーというものは、われわれ自身のさまざまな情熱の力を支えにして、おそらくは不道徳的なこと、あるいはもっと適切に言えば、社会に認められていないことを一歩先んじて詩的に浄化することができるものだ。ポエジーにおける不道徳的な要素は、不純なもの、不快なものにおいて初めて認められるのだ[34]」。というのも、ここでは〈父〉なるものの厳命に対する反逆的行為がまるごと受けいれられており、さらに昇華という理論の萌芽すら認めうるからだ。宮廷愛の典型例である『トリスタンとイゾルデ』は、若いフロイトの心に大きな印象を残しており、彼が昇華という理論を提示する上で、ひとつの淵源となっていた可能性を十分に想定できる。

そしてラカンが宮廷愛を持ち出してくる最も大きな理由も、それが「昇華の模範、範例的形態」（*VII*, 153／一九三（上））であったからだ。宮廷愛は男女がもっぱら荒々しく求めあうだけだった時代に現れた奇妙な形式化、男女関係を詩という芸術に落とし込む異性愛のシニフィアン化であって、〈貴婦人〉を接近不可能な対象として遠ざけつつ欲望するというきわめて逆説的な昇華の実践として示される[35]。ラカンが宮廷愛に関してアクセントをおくのは「社会的な立場がなんであれ［…］対象への接近不能性が原理的に措定される」（*VII*, 179／二二六（上））という点であった。ラカンは実際に対象とされる女性の社会的地位が高いこと、ないし別の男性と婚姻関係で結ばれていることよりも、対象へと接近するために障壁があるという点の方を印象づけようとする。このときもう一つ付け加えておくべきであるのは、この対象の実体にさしたる重みがないということである。「我々は昇華において欲動の目標が占める場の原動力が、ここでは純粋状態で機能するのを体験している」（*Ibid*／同前）のであって、肉体として存在している女性の実際的な価値が、正しく算定されている必要はない。一例を挙げれば、ラカンがセミネールにおいて幾度が言及したことのあるダンテにおけるベアトリーチェなどは、その標準的なモデルであろう。つまり、対象である女性の肉体の現実性はここで剝ぎ取られていて、〈もの〉という地位へと置き直されているのだ。そしてこの〈もの〉は「自我－目標」が現出する以前にすでに主体の目標を規定しており、そこにおいて昇華は定義される［VII, 188／二三九（上）］。ラカンは〈もの〉こそが、自我が何かを意識するという以前から主体に目標を与え、多様に開かれているように思えるその生を限定させているはずだと主張するが、ここから彼がマルティン・ルターを読むことを勧めた理由の一つを推し測ることができよう。すなわち、〈もの〉を目指す主体に自由意志がほとんど与えられてはいないということをラカンは語ろうとしていたのではないか、ということである。主体は自我ではなくつねに無意識の構造によって拘束され、ありうべき未来の多くを奪われているがゆえに、自我の目標もそれが言語化され、意識において認識される以前からすでに存在していたということになるため——もっとも宮廷愛はキリスト教徒とは違って、〈もの〉の位置に神ではなく、崇高化された個別的対象を据えるのだが——、自由意志による主体的な意思決定が我々の対象選択を可能にするわけではないのだ。

結局のところ、ここでの〈貴婦人〉には実体性がなく、非人間的な「空胞 vacuole」（VII, 179／二二七（上））として〈もの〉の役割を果たしているにすぎない。重要であるのは、宮廷愛が事実として実践されていたか否かではなく、シニフィアン的営為として存在していたということの方である。というのもラカンは宮廷愛から精神分析に至るまで、その想像的な享楽を言葉に変換し、自己を語るという作業にこそ着目するからだ。精神分析を含めて自己分析への情熱は、苦しみを楽しむこと、より正確にいえば「死の受容」（VII, 222／三七（下））としての享楽の体験なしには生じえない。だがそれもまた上記の系譜に連なるように、また精神分析の空間における分析を受ける者の語りがそうであるように、部分的ないし全面的にフィクションなのだ。フロイトの「症状行為の領域でも、精神分析による観察は、作家にはかなわず、脱帽するしかない。精神分析は、作家がとうの昔に行っていることを繰り返すしか能がない[36]」という書き記しからもわかるように、文学は精神分析に先立つ。そしてヨーロッパ文学において本質的なモチーフとなっていたのは、否定神秘神学的な異性愛を虚構的に語ることであった。精神分析が異性愛関係におけるうまくいかなさを症状の根本に据えるのも、このような伝統が背景にあってのことなのだ。

しかしながら、虚構性は文学の特権ではない。そこには絵画芸術も当然含まれる。このとき興味深いのは、ラカンが芸術を模倣として捉えたプラトンを批判している点である。芸術の目論みはその表象代理を構成することではなく、「対象を模倣することで、この対象を別のものにすること」(VII, 169/二一四(上))である、とラカンは考えていた。彼はセザンヌの《林檎》を例に出しながら、芸術の役割とは対象と現実界との関係を刷新することによって、対象の品位を取り戻すことだと述べているが、それはつまり「想像的挿入物」(VII, 170/二一四(上))によって対象の価値を変容させる芸術家を、彼が肯定していたことを示している。昇華を実現するためには、つねに「想像的なもの」を介在させなければならない。主体が現実界に直接無媒介的に出会うというような、神秘主義的な合一の体験を精神分析が最終目標として志向しているわけではけっしてない。したがって、悪の享楽もまたフィクションによって現実を改変し、その結果として現実のアウラを回復させる営みとして承認されるべきものなのだ。

第四節　精神分析のグノーシス的側面

敷衍的になってしまう危険を冒してでも、ラカンの宮廷愛理解に関して考慮しておいて損がないと思われるのは、すでに言及したスイスの思想家ドニ・ド・ルージュモンの『愛と西欧』(邦題:『愛について』)と、これも先に述べたようにその人生の来歴においてラカンと浅からぬ因縁をもつバタイユの『文学と悪』である、と我々は考える。というのも、ラカンにおける〈もの〉の導入と昇華概念の再検討、そして「現実界」への理論的強調点の移行にそれらの著作が何らかの啓示を与えているのではないか、と我々は想定するからだ。まずは前者から見ていこう。一九五六年に再版された(初版は一九三九年)『愛と西欧』について、ラカンは改訂版を再読したと話し、あらゆる資料が巧みに整理されていると評価した上で、とりわけカタリ派に関する分析を中心として、その内容を気に入ったと述べている(VII, 178/一八六(上))。ラカンの琴線に触れる著作であった以上、そこには精神分析に対する理解を深めるという観点から有用な情報が、何らか含まれているはずだ。

　我々が注目するのは、ルージュモンがそこで、不可能性の領野としての現実界を求めるがゆえの必然的な結末である不幸というこの状態を、「不倫（姦淫）」という言葉へと集約した点である。「情熱恋愛が、実際には姦淫を意味していると断定することは、われわれの恋愛讃美によって仮面をかぶせられ、偽装されている現実を、つよく打ち出すことにほかならない。［…］われわれの社会では多くの場合、情熱と姦淫とが表裏一体をなしているという事実を是認することに、読者諸氏がうける抵抗感自体が、われわれは心ひそかに情熱と不幸とを念じながらも、これをそのままの形で求めているとは自認したがらないというこの逆説的な事実をまず立証するものではあるまいか」[37]。このようにルージュモンはフロイト的な意味での「否認」――論駁できない証拠があるにもかかわらず、それを認めると不都合であるために特定の事項を否定するという心的な防衛機制――を持ち出して、情熱恋愛が姦淫なしにはありえない、つまり「幸福な恋愛は、西欧文学の中では歴史をもたない」[38]と主張するのだ。なぜそのような歪みが肯定されるのかといえば、「幸福な恋愛には波瀾がなく、死に導く恋愛、いわば人生そのものから脅かされ、非難された愛にしか物語はない」[39]からである。なかんずく、西欧文学において幸福な夫婦生活よりも耳目を集めたのは、それが決定的に壊れていくことであった。そもそもにおいて宮廷愛の前提となる騎士道精神は、義務としての結婚によって「産めよ殖せよ」と命令するキリスト教的倫理に抗う異教的な倫理にほかならない。いってみれば、不倫とは結婚という制度に対する侵犯でもあるのだ。たとえばフロイトも「「文化的」性道徳と現代の神経症」において、「結婚がもとで起こる神経質症に対する治療薬は、むしろ姦通ということになるかもしれない」[40]と吐露している。たんなる心地よさを求め合う感性的恋愛とは異質な「死への意志」としての「夜の能動的な情熱」が人心を惹きつける[41]。だからこそ「我々の生において、情熱恋愛が神話を更新していくかぎり、我々はこの情熱恋愛が結婚に対して表明する根源的な非難を、もはや知らずにいることはできない」[42]。彼らは進んで障害と波瀾を選ぶことによって「死」へと狂走するが、それは自己自身を滅ぼすことを欲望することによって変容し、苦痛の享楽のなかで人生の密度を上げようとする行為なのだ。死の欲動においてこそ欲望する主体の自己固有性は増強する。したがって超自我、ないし〈父の名〉による主体の固定的統合というモデルは、実のところつねに死の欲動によってその地位を脅かされており、不安定な砂上の楼閣にすぎない、ということになるだろう。[43]

こうした不倫文学の源流の一つに先の宮廷愛が鎮座しているのは明らかだ。先述したようにルージュモンは宮廷愛やアルビジョワ派の犠牲を賛美したトルバドゥールの詩人たちを高く評価し、キリスト教神秘主義やカタリ派への言及も豊富に行われているのだが——そこで彼はトルバドゥールをカタリ派の世俗化として捉えていた——、この書を読んだことをラカンが公言したこともあって、その知識の重要な淵源の一つとして、ルージュモンが果たした役割はけっして小さくはないだろう。ルージュモンがさかんに「情熱がわれわれに身の破滅を願望させるのも、情熱が苦悩をともなわずには存在しないからである」[44]と繰り返すのも、憎しみのない愛はないと言い立てるフロイト＝ラカンの精神分析に一脈通じている。ということは、やはり西欧における情熱恋愛の歴史を知ろうとする姿勢が欠けていれば、精神分析への理解も不十分なものになってしまう。ルージュモンの言葉を借りてさらに言うならば、トルバドゥールには精神分析好みの「死の主題」が存在している、すなわち「この世のさまざまな快楽よりも死を愛する」という特性があるということは指摘しておくべきであろう。[45]精神分析における愛がつねに陰鬱で暗いものにとどまるのは、そこに死のイマージュがつきまとうからで、ラカンがトルバドゥールの宮廷愛をここで引き合いに出したのも、彼らの愛が死に結びついたものであったことが、精神分析との親和性を感じさせたからであろう。[46]昇華とは快楽を放棄して苦痛の享楽を自ずから求めるかのように欲望の成就を宙吊りにし、死へと接近しようとする欲動でもあるため、精神分析におけるこの昇華という概念は、宮廷愛的な神秘主義の伝統に連なるものとして理解しなければならない。生の欲動（エロス）と死の欲動（タナトス）、愛と憎しみという二元論——精神分析の用語法における「アンヴィヴァレンツ」（感情両価性）——に代表されるように、精神分析には根本的なところで反キリスト教的で、どうしても異教的な要素が顔を覗かせており、先ほどから述べているように、たとえ〈善〉を目標とする流れとは一線を画して欲望という悪魔的なものの側に傾いてはいるとしても、それと地続きで捉える必要があるのだ。

たしかにラカン自身は、ルージュモンがインドやヒンドゥー、あるいはイスラムの神秘主義までをも持ち出してしまっていることに対しては批判的ではあるし（*VII*, 178／二二五－二二六（上））、グノーシス主義の要素を取り入れたとされるユングの精神分析とラカンのそれとはまるで性質が異なるという点も留保しなければならないが、彼はグノーシス主義やキリスト教神秘主義と宮廷愛の関係まで否定しているわけではない。それどころか、ラカンは宮廷愛の淵源を――グノーシス主義を形成する一つの要素とも言われる――オウィディウスが著した『恋の技法 Ars Amatoria』に求めているだけでなく、アンドレ・ブルトンの『狂気の愛』における「客観的偶然 hasard objectif」、すなわちまるで空から降ってきたような因果律に縛られない偶然、現実のなかにある超現実を宮廷愛の系譜に含み込もうとさえしている。[47]ブルトンがフロイトにおける「無意識の欲望」に近しいとみなした「客観的偶然」としての「狂気の愛」を、ラカンは〈もの〉の位置におく。

さらに補足するのなら、ブルトン自身が「超現実」をグノーシスに紐づけていたという事実がある。[48]ラカン同様、物質的なものに対する評価の相違において、シュルレアリスムとグノーシス主義は一致しない。しかし、それにもかかわらず、ブルトンがそれを持ち出してきている点には目をとめるべきであろう。じじつラカンはこう述べている。「（カトリックの）教義だけでなく、行為という領域での選択の歴史、つまり異端（hérésies）の歴史、何世代にもわたって具体的な倫理を方向づけた熱狂の系譜もまた我々が検証すべきであり、それ固有の領域や表現形式において我々すべての注意を引きます」（*VII*, 201／九（下））。宗教批判がフロイトの思索の基調として存在していることを尊重すべきだとしても、それは精神分析の知が宗教的知とまるで無関係であるということを意味しているわけではないし、異端についての関心も精神分析の歴史においてユングの専売特許というわけではない。精神分析が西欧において可能になったのは、グノーシス主義的二元論の伝統[49]が変奏されながら歴史的に受け継がれてきたからこそであり、ラカンの理論もそれとまったく無関係というわけではないのだ。

そもそも精神分析における欲望は、オイディプス王における知りたいという欲望をそのモデルとし、「グノーシス」(=知識/認識)を求めるものとしてあったのだから、両者がまるで無関係であるとは言いがたいし、たとえばユングがグノーシスに傾倒していたことも、その証左のひとつになるだろう。ハンス・ヨナスが指摘しているように、グノーシス主義における「知識」は理論的情報だけを指す言葉でなく、それを知ることによって主体を救済し、変容させるようなものであった[50]。つまりギリシャ的なロゴスや近代合理主義的なそれとは対立するような、主体変容の触媒となるという意味で、それは精神分析の「知識」と呼応する[51]。またヨナスによれば、グノーシス体系は聖書における〈父〉なる神を格下げする一方で、「知識」の象徴たる「蛇」を「救済の諸力の象徴」としたのだが、そこで「蛇の行為は地上におけるすべてのグノーシスの端緒をしるしづけるものであり、そもそも初めから、グノーシスは世界とその神に対立するもの、いわばそれにたいする反乱の一形式としての刻印を帯びている[52]」とされる。グノーシスにおける蛇のアレゴリーは、それが〈父〉という法の権威性を侵犯するものであるという点に限れば、精神分析的な享楽と響きあうといっても過言ではないだろう。くわえて一説によると、グノーシスは旧約における「知恵文学」との関連をもつようである[53]。それはラカンが「コヘレトの言葉」(伝道の書)を講義のなかで幾度か持ち出していることともつながりを見出しうる。これらのことは、やや飛躍しているように感じられるかもしれない。けれどもラカンがキリスト教と関わりがあるものを引用するとき、それはコヘレトの言葉であり、マニ教の自覚的な信仰者であった時期のあるアウグスティヌスであり、神秘家たちであるのだから、あながち牽強付会とも言い切れないのではないか。

少なくともオウィディウスから宮廷愛とカタリ派を経由してブルトンに至るこの系譜に、グノーシス主義が密接に関わり合っていることは否定できないだろう。むろん精神分析がグノーシスと一致するというわけではないが、ラカンが『倫理』において「現実界」という〈もの〉、快原理の彼岸を理論において前面化したことの思想史的意義は、そうした歴史との関連を無視しては成り立たないはずだ。その証拠にラカンは〈悪意のある至高存在〉としての〈もの〉は「マニ教 manichéisme」に存在しており、宮廷愛の時代に参照されていた——情報源はほぼ確実にルージュモンであろう――と指摘している（VII, 254／七五（下））。さらに同じところでラカンは〈悪意ある至高存在〉について説明するためにフロイトと共にサドについて多くを語っているのだが、それはより現代に近く、わかりやすいがために選ばれたにすぎず、こうした例は上記のマニ教のみならず、ドイツの神秘主義者ヤーコプ・ベーメにおける〈神〉の「憤怒 Grimmigkeit」にも見られると重ねて述べている。[54]

このようにラカンがキリスト教に対する異端を研究することに意義を見いだした理由を想像してみるに、ひとつ思いつくのがフロイトによる「一七世紀のある悪魔神経症」と題された論稿にある以下の記述である。「悪魔についても、それが神に敵対する存在であるにもかかわらず、神の本性にきわめて近いことが知られている。［…］旧来の神が、新しい神々によって追われると、悪魔へとなりかわることがある。［…］キリスト教における悪魔、または中世の悪魔は、キリスト教神話によれば、堕落した天使であって、神に相当する本性を有していた。［…］これは相反する――両価的な――内容をもつひとつの表象が、ふたつの鋭いコントラストをなす対立へと移行するよく知られたプロセスにあたる。神の根源的本性に含まれている矛盾は、個人のその父との関係を支配している両価性の反映である。慈愛と正義にみちた神が父の代替者であるとすれば、父への憎しみ、恐れ、不満といった父に対する敵対的な態度が、悪魔の創出というかたちであらわれたとしても、驚くに値しない。父は個々人が抱く神の原像であると同時に、悪魔の原像でもあるのだろう。太古の原父が、この上なく邪悪かつ神よりも悪魔に似ていたという事実の消し去ることのできない後遺症を、宗教は引きずっているとも言えるのだ」[55]。フロイトは天使から堕落したこの悪魔という存在の本質に、神の代理者たる〈父〉への憎しみや敵対の隠喩としての要素を読み取ろうとしている。やはりここでも、愛と憎しみという感情両価性が問題となっており、〈父〉に神性と悪魔性の共存を認めているのだ。

「快原理の彼岸」においてフロイトは、ユングを一元論とする一方、自身の理論を生の欲動と死の欲動の二元論として規定していた[56]。ラカンがデモーニッシュなもの、異端的なものに関心を寄せるのもやはり、「フロイトへの回帰」が否応なく二元論をも引き継いでしまうことから生じる必然なのであろう。しかも精神分析が欲望や享楽、死の欲動といったものを厚遇する以上、それは悪魔的なものにほど近い。欲望に固執し、タブーを侵犯することによって享楽する主体は、父なる神に反逆する悪魔のイメージからそれほどかけ離れてはいないのだ。したがって、次のようなルージュモンによる総括は、そのまま精神分析にも当てはまると見なしてかまわないだろう。「情熱によって欲望から死へ、これが西欧ロマン主義の道である。そして、恋愛の神秘神学が象徴化した道徳と風習から、われわれが完全に免れえないかぎり――もちろん無意識にではあるが――われわれはこの道に縛られているのだ。ところが情熱は苦悩を意味する。そこで、われわれの恋愛観は、われわれが女性にたいしていだいている観念もふくめて、西欧意識の奥底で闘争への嗜好をひそかに煽り、あるいは是認しているゆたかな苦悩の観念と結びついている」[57]。不幸な結末を迎えるにもかかわらず、抑圧することのできない人間的情念は苦痛を享楽するのだが、宮廷愛が騎士道と結びついていることからも裏づけられるように、それは必然的に闘争を焚きつける。こうしたヨーロッパの伝統は、精神分析にも流れ込んでおり、素通りできるような系譜ではないのだ。

第五節　侵犯の享楽

次に我々が検討するのは『文学と悪』におけるバタイユのエミリ・ブロンテ論とラカンの宮廷愛への言及が暗示するものの理論的な接近性である。この分析によってラカン的宮廷愛とバタイユ的悪の親縁性が明瞭になるだろう。というのも、バタイユが『嵐が丘』を典拠に論じているような種類の〈悪 Mal〉は、ラカンが昇華の問題を考える際の〈悪〉に近似しているように思えるからだ。実際、それを裏づけるかのようにラカンは、宮廷愛における迂回を「前駆的な快楽」、すなわち欲望を維持するために不快を耐え抜く「欲望の侵犯」として捉えている（*VII*, 182／二三〇－二三一）。

ではさっそくその中身を見ていこう。バタイユはエミリ・ブロンテの作品のなかでも『嵐が丘』に〈悪〉が「最も完璧なかたち[58]」で表現されていると評価している。他人と口をきくのを好まず、友人すらつくらなかったエミリ・ブロンテは、純潔のまま生涯を閉じたとされる。一方で、その作品に表現された致死的な恋愛は、あらゆる道徳的〈善〉からかけ離れた〈悪〉そのものを表現し尽くしている。彼女が経験によらず文学的直観において夢想した〈悪〉とは、死に結びつけられた愛であり、バタイユが『嵐が丘』を取り上げたのも、この絆が真理と考えていたからこそであろう。

この物語において〈悪〉をまさに具現化するのは、主人公である混血の孤児ヒースクリフをおいてほかにいない。美しく奔放な少女キャサリンと過ごした幸福な時代、失われた幼年期を取り戻すことだけに駆り立てられた「呪われた者の反抗[59]」の化身たるヒースクリフは、復讐といういきわめて狭い感情の振幅だけを頼りに、苦しみの最中にあって攻撃性を発露させながら脇目も振らずに猛進する。あらゆる社会的な良識を反故にするその生き方は、自己自身の欲望への従順さという点において「精神分析の倫理」の模範たりうる。

ヒースクリフの野生的な、あるいは子供じみたと言ってもよい幼稚さは、実のところ人間性と善意に対して悪が有する魅力とその真理性を表している。バタイユはこの反抗を〈善〉に対する〈悪〉の行為と断言して憚らない[60]。もっともバタイユにおいて〈悪〉は現実世界と地続きではなく、あくまでも「文学」という枠組みが保持しうる特権、エミリ・ブロンテによるロマン主義的想像力の産物でしかないのだが、反抗しようとするその姿勢そのものが、アヴィラの聖テレジアが幻視したような最も深い神秘的なヴィジョンを生み出すと彼は主張している。また、この書においてバタイユが「神は無である」というエックハルトの言葉を引用しているのも示唆的である。先述したハイデガーがそうであったように、バタイユもまたキリスト教神秘主義に霊感を受けており、ラカンもそうした系譜の渦中にある。ラカンの現実界もエックハルトが主張したような三位一体以前の神、「超本質」といったものからけっして遠くない位置にあるのだろう。じじつこうしたことは、ラカンが〈もの〉を「神聖さの彼岸」（*VII*, 168／二一二頁（上））と言い換えていることから根拠づけられる。

さてラカン派の立場からヒースクリフの〈悪〉を敷衍するとすれば、彼の反逆行為が欲望しているのは、権力の空間としての「善＝財」（VII, 269／九五（下））を超えることによって〈悪〉を為すことであり、それは〈母〉への近親姦の相関項、ないし宮廷愛の対象たる〈女〉として禁止の領野に位置づけられる〈もの〉の領域を侵犯することだと仮定しうる。しごく単純化してしまえば、〈悪〉とは禁じられた〈もの〉の領域に分け入ろうとする行為なのだ。したがってラカンの言い分に準じるのであれば、エロティシズムにおける禁止と侵犯の弁証法は、〈悪〉という現象そのものの運動であるということになろう。一方で『無神学大全』（『内的体験』、『有罪者』、『ニーチェについて』）や『呪われた部分』等に代表されるように、バタイユはつねに有用性において消費されてしまう経済の論理を超過した不可能性の領野との交流を執拗に追求し続けたという点において、ラカンの先行者であるといえる。そのバタイユによれば「彼（ヒースクリフ）は人間性と善意を憎む[61]」ことで道徳性としての〈善〉を踏み越え、あらゆる月並みな道徳を無化しようとする。したがって『嵐が丘』のヒースクリフは、まさしくバタイユ的な交流をその身に引き受けているということになろう。一方でヒースクリフの性的対象であるキャサリン・アーンショーは、きわめて道徳的な一人の女にすぎず、彼の憎しみに呑まれ死ぬことになる[62]。バタイユは言う。「愛する男は生贄の人間や獣を血祭りにあげる供物を捧げる司祭と同じように、愛される女を崩壊させる。女は襲いかかってくる男の腕のなかで、自分の存在を奪い取られる。彼女は自分と他者を分かち、自分へと入り込ませないようにしていた堅牢な門を、恥じらいともども失ってゆく。そして突如、彼女は陰部のなかに荒れ狂う性の戯れの暴力を受け入れる。彼女は外部から彼女を満たし、溢れる冷たい暴力に身をひらくのだ[63]」。

ヒースクリフはその憎しみと惚れ込みによってキャサリンから存在を奪い、彼女の精神と身体を容赦なく壊す。しかしながら、彼女もそれに応じることでヒースクリフを共に死へと引き込む共犯者である、という点を見落としてはならない。じじつキャサリンは「ヒースクリフは私以上に私である」と言い、同じ魂で出来ていると口にするほど彼を愛し、誰よりも彼の孤独と不幸に同情していた。キャサリンは道徳的な良心にひどく囚われているのだが、その過剰さは無意識のうちに道徳を侵犯することによる悪の享楽を欲望していることの裏返しともとれる。結局のところ、二人は同じ穴の狢なのではないか。終極において彼らは共に〈もの〉という不可能な現実界へと連れ去られ、――エミリ・ブロンテその人も、まるでキャサリンに同一化するかのように死んだ――最後には自分自身を失ってしまうのだが、この悲劇的な結末はしかし、エミリ・ブロンテ自身が欲望していたもののように思えるということは、バタイユも引用している以下のような彼女の詩から推しはかれる。

しかしわたしは　悩みを失うことも　苦しみをやわらげることも　望まない　苦悩に苛まれるかぎり　それだけ祝福のときが近づいているのだ　たとえ　地獄の業火に焼きつくされようとも　たとえ　死を予告するものだとしても　この幻は　あまりにも気高く　美しい[64]

エミリ・ブロンテは神秘主義者たちと同じように、苦痛を享楽へと変換する。そして悪としての苦痛の享楽、すなわち死は、新たな生に道を譲るのだから希望ですらある。だからこそ、それは喜びなのであり、存在の基盤でもある。要するに、悪＝死なしに生と実在の連続はありえないのだ。さらにここで指摘しておく必要があるのは、バタイユが『嵐が丘』というタイトルに Heights という「高所 « haut lieu »[65]」を意味する語が含まれていることを尊重している点である。というのも、この表現はラカンが宮廷愛の問題と絡めながら「昇華とは［…］ある対象を〈もの〉という高位にまで引き上げる」（*VII*, 133／一六七（上））ことだと定義している箇所と響きあっているからだ。ここでバタイユは「乱暴な者だけが奪う[66]」とすることによって、ヒースクリフを強奪する者と捉えているが、ラカン的な昇華の概念から解釈するのなら、卑しい生まれから丘へと登ってきたこの男は、キャサリンという対象を〈もの〉という高位にまで引き上げることで、たんに奪うのではなく享楽しようとしているとも解釈しうる。彼は嵐が丘においてキャサリンを、性的欲望の対象という以上の〈もの〉の位置にまで高揚させ、「昇華」の機能を働かせることによってはじめて、復讐の欲望を駆動することができたのだ。そしてそれは道徳的安全地帯だけを選んで生きてきた者には、けっして感覚することのできない充溢、すなわち悪の享楽を彼に分け与えることになる。呪い憎むことによってはじめてひとは強くなれるのであり、そうやって悪の道に踏み入ることでしか切り開くことができない新たな生の領域がある。まさしくバタイユの言うところの「呪われた部分」にこそ創造の僥倖は宿るのだ。

以上のように本節では、ラカンにおける〈悪〉という問題系を主にバタイユやルージュモンの議論を援用することによって基礎づけた。このような手続きによって、ラカン的な現実界という〈もの〉の領野が、カント的な形式化の袋小路としての〈もの〉とはまったく別のニュアンスを帯びているということが明らかになったのではないだろうか。すなわち、〈もの〉の領野はたんなる論理的な不可能性に還元することができる場所ではなく、そこに触れようとした主体の生を不幸へと引き摺りこむというその致死的な特性によって、しるしづけられているのだ。ただしこの不幸は消極的な側面のみが強調されるべきではなく、――十字架のヨハネやアヴィラの聖テレジアのようなスペインの神秘主義たちと同じく――苦悩する状況において味わうことができる、倒錯的な悪の享楽による主体化という積極的な側面をもっており、だからこそ我々はルージュモンに依拠して、このような現実界に関わる悪の享楽が不倫というきわめて具体的な男女関係の実践において可能になるという点に目をつけた。つまり享楽はけっして一人では体験することができず、不法な性関係の次元が開示されることによって、ついに実現するものなのである。こうした分析から享楽の本質を抽出するとすれば、それは悪の享楽にふけり、思いのままそこに身を浸すことだと定義しうる。精神分析が手厚く擁護するのは、こうした法外の域に飛び込む者たちであって、象徴的な規範に飼い慣らされ、そこに満足を見出すようなファルス的な主体ではないのである。

第五章　自己固有の欲望
——ラカンによるソフォクレス『アンティゴネー』の注釈

第一節　欲望という問い

先述したラカンのハイデガーへの入れ込み方が如実に示しているように、『存在と時間』における「死へと向かう存在」や「先駆的決意性」といった倫理のあり方にラカンが親和的であったということは、ことさら指摘するまでもない。それ以上に重要なのは、ラカンが他者へと自らを贈与するような類の倫理のあり方に対して、自分自身の任務を引き受けるというハイデガー的な「自己固有性」や「各私性（そのつど私のものであること）」、ないし「個別化（単独化）」としての責任を優越させたことである。[1]『言葉の本質への問いとしての論理学』において、ハイデガーが次のように述べていたことを思い起こそう。「これまで、やはり哲学においては、私を問う際に、現実の個別的な私が度外視され、私一般、意識一般が問われてきた。そしてまさに個別の私から離脱しようとしてきたのである。それに対してわたしたちは、わたしたち自身、わたしたちに固有な本質に向けて問わねばならない。[…]「わたしたち自身とは誰か」という問いが、「人間とは何か」という問いに比べてどれほど我欲に基づくものにみえるとしても、ひょっとするとまさにそうした問い方こそが、いっさいの我欲といっさいの主観性を打倒しうるのかもしれないし、また見かけとは逆に、問う者を揺り動かして無関心と無関与から引きだしうるのかもしれない。それゆえわたしたちは休止してはならず、この問いを適正に問うべく不断に努めねばならない[2]」。

ラカンのハイデガーへの共感は、主観的な意識一般としての自我を退けながら、自己自身に固有な本質を焦点化しようとするハイデガーの問いにあったのではないか。ハイデガーは自己の個別性と意識的な自我を切り分けており、それは近世的な意識の主観性を棄却する一方で、個別の主体における特異性を守り抜こうとする精神分析の立場と相関している。したがって――もちろん確たる厳密な思考によってという条件の下においてであるが――主知主義との決別という点において、ハイデガーとラカンは手を携えているということになろう。そのうえ、欲望の成就はハイデガー的な「存在」概念から感化されつつ練り上げられたあの「現実界」に身を投じ、「外‐立」することでしか達成しえないものであり、そのような意味において「脱自的」である。このようにラカンは『倫理』のセミネールにおいて、『存在と時間』のなかでハイデガーが組み上げた構図を流用しているのだ。

しかしながら、両者のあいだに強調点の相違があるとすれば、それはラカンが自己の欲望を真正面から肯定した点である。もちろんラカンにおける欲望への固執性は、主体が世界のなかにあって、他者と共存している事実を否定するようなものではない。欲望した対象への執着を手放さないことは、むしろ責任をとることに近しい。ラカンは精神分析が対象との調和的な関係のみを遇する穏当な実践へと引きずり降ろされてしまうことに我慢がならない（*VII*, 107／一三三（上））。精神分析はあくまでも「外‐立（脱‐存）Ex-sistenz」を目指すのであって、自我への引きこもりとしての「執存 Insistenz」を肯定するわけではない。ラカンにおいて重要な症状とは、自我の外部にある「一線を越えた未知なる恐ろしいもの」（*VII*, 272／一〇〇（下））たる無意識にほかならない。ラカンは主観的認識論を極限まで推し進めるような、独我論的エゴイズムに場を与えるわけではないのだ。

精神分析における自己とは症状と共にあることなのだが、裏を返せばそれは症状なしに自己は成立しえないということであり、自己は無意識へと身を投じることで症状と向き合うよう求められるということになる。しかもそれは身体を伴うがために、現実界における欲動へと紐づけられる。欲動は自身から対象へと向かい、それを追いかけ、そしてシニフィアンと出会うことによって欲望へと変換される。欲望への執着、すなわち症状への「固着」が主観性への極端な引きこもりとなりえないのは、主体にとって外在的な対象をしばしば巻き込んでしまうからだ。症状とはこうした絡み合いにおける自己自身の欲望が有する特異的な配置のことを指し示しているのだから、欲望を主観性に閉じ込めてしまうような態度は、近世哲学の誤謬でしかない。主観性のまどろみのなかへの滞留は、欲望からの退却ですらあるがゆえに、その妄想の想像的快楽は、むしろ欲望に対する防衛なのだと言うことも許されよう。

一方で、欲望成就のために行為することが、つねに他者からの反発や妨害を避けられないのは、各主体における欲望の配置、すなわち症状が相互にぶつかりあうからだ。この場合、たとえ何らかの危険を犯すことになってしまうのだとしても、自己自身の欲望を貫徹するためには、諸種の軋轢や諍いのなかに自ら飛び込み、渦中にあって争うことを求められる。欲望に太刀打ちするためには、苦痛に耐え抜く覚悟が必須になる。どのひとにとっても真実であるが、それゆえ誰に対しても拘束力をもたない万人向けの欲望などない。他方、誰でもが所有しうるわけではないからといって、ある欲望の価値が減じるわけでもない。だがまた、万人がある主体の欲望に同意できるとしても、その欲望が思い通りになるとはかぎらず、逆にただひとりが欲望を満たし、他の人々は欲望から排除されてしまうこともありうる。その場合、他の人々は、たまたまその欲望を叶えるほどの力量をもたなかったというだけである。したがって、欲望が首尾よく達成されないからといって、その欲望自体が誤りであるということにはならない。「自己自身の欲望とは何か」を問うことの全体において、我々は身を晒したままであり、そして我々がその問いに拘れば拘るほど、ますます執拗に、後から湧き出るいかなる問いも我々自身にはねかえってくる。だから我々はこの道行きの先を急ぐだけではなく、我々自身の周りを巡行しながら、我々自身の欲望を間近に見ようとしなければならない。

第二節　「書かれない法」

以上のような欲望の本質への問いを我々は偶然に展開したわけではなく、必然的に展開したのであるが、その問いは、ラカンにおいて具体的人物にきわめて密接に結びついており、それがソフォクレスの描き出したアンティゴネーである。欲望は人間の存在にとって卓抜な事柄として、人間の本質への問いにおいて突出した規定なのだが、それを誰よりも貫き通した輝ける実例を、ラカンはアンティゴネーの行為からこそ抉りだそうとする。しかし、そうであるとして、ラカンは大枠、どのようにこの悲劇を読解していくのか。このとき参照項となるのは、アリストテレスが『詩学』において行った悲劇論である。アリストテレスはそこで人間を通常より劣った者と優れた者に分類し、前者のドラマを喜劇に、後者を悲劇に割り振った。[3] 悲劇は優れた者たちが幸福から不幸へと転落することによって成立し、観客の「カタルシス」を呼び起こす。アリストテレスは言う。「悲劇とは、一定の大きさをそなえ完結した高貴な行為の再現（ミメーシス）であり、快い効果をあたえる言葉を使用し、しかも作品の部分部分によってそれぞれの媒体を別々に用い、叙述によってではなく、行為する人物たちによっておこなわれ、あわれみとおそれを通じて、そのような感情の浄化（カタルシス）を達成するものである」[4]。この部分にラカンも言及しているが、そこで彼は、ブロイアーとフロイトの共著『ヒステリー研究』に立ち返るよう指示している（VII, 286／一一七（下））。フロイトは精神分析治療としてのカタルシスの効果を、その研究の初期においてとくに重要視していた。カタルシスは身体における有害な体液を除去することを意味し、「瀉出」と訳しうる。フロイトは無意識の抑圧された外傷的な記憶を患者が赤裸々に告白することがカタルシスに繋がり、精神病（とりわけ「外傷性ヒステリー」）がそれによって治癒されると考えていた。[5] ラカンが引っかかるのは瀉出、つまり放出あるいは流出によって何かが解決されると安易に考えてよいのか、という点である。ひとの精神にとって不利益な感情が体外化されただけで、満足が訪れるということに対してラカンは疑問を抱く。もし悲劇の効果がカタルシスという領域にのみ安住するのであれば、それはたんなる快楽の場でしかないということになる。しかし、ラカンにおいて悲劇は瀉出による自己満足的な解放感に留まるものではけっしてない。

ならばラカンは『アンティゴネー』のような悲劇を読むことで、どのような成果を導き出そうとするのか。このことを考えるとき、まずラカンが明示的に批判の俎上に載せた財としての善に目を向ける必要がある（VII, 269／九五（下））。古来、人間が有すべき徳として数えられてきたこの「善 biens」という語彙は、フランス語においては財という意味を含んでいる。善を語るときにラカンは、それが財という語義を内包するということ、その分配を基礎にして善という概念が編まれたという点を照射する。善が財であるということは、その領域が権力の誕生へとつながり、財を支配する者が法としての善を制定しうるというところへ帰結する。何が善であるかは、措定的な承認を必要とするが、あらゆる権力を志向する競争や戦いは、つねにこのような内容での善（財）の領有権をめぐって行われることになる。しかし、そこにはひとつの陥穽がある。それは善（財）の専横が、必ずと言ってよいほど不都合な事態を呼び招いてしまうことから結果する。財の私有化は他人の善（財）の簒奪と同じ効果を発揮するのだが、ここで本質的であるのは、善（財）の領有と私有化はひとの欲望を真に満足させるものにはけっしてならないということである。なぜなら、自身の善（財）の保全はその使用の禁止と同義であるからだ（VII, 270／九六（下））。

善（財）を使用することは、その消費や摩耗に直結し、実質的に権力の減少につながる。善（財）の使用とその享楽の可能性の縮減は、つねに不即不離の関係となっており、したがって善（財）を手元に置いておく人間は、安易なかたちではそれに手出しすることができない。このような所有の本質的な不自由さの原理ゆえに、権力をもつ者はつねに欲求不満の状態に置かれ、富の有限性とその全面的な消失への可能性という免れえない必定の不安は、全能に見える善（財）の圧倒的な所有者、その主人から享楽を恒常的に奪い続けている。「愛とは、もっていないものを与えることである」というのが、ラカンが繰り返し説く愛の定義なのだが、それが窮乏する者にしか愛はないという富者にとっては不都合な真実を突きつけるものであったように、善（財）を蓄え続けるものは、愛を失い続ける。だがこうした事態は、善（財）の享楽と愛がそれを蓄積していない者、すなわち失うものを持たない者、あるいはそれを投げ捨て、蕩尽する勇気を持つ者に対して与えられるということを、併せて物語っている。サドとニーチェの後継者たるラカンは、善（財）へと固執するその心性を隅から隅まで打ち壊そうとするのだ。

ただしラカンがこのような善（財）の先に、ある彼岸を設定していたことを忘れてはならない。それが何かといえば「美」である。美は財を独占する者たちには手にすることができず、善（財）を持たないか、もしくは捨て去ることを享楽する者のみに与えられる。何となれば、善（財）の消尽、すなわち権力の放棄こそが美を生じさせると彼は考えるからである。美は欲望と関係をなす。だが、そのつながりは両義的だ。なぜなら、それは享楽への障壁になると同時に、最も接近している存在でもあるからである。まずなによりも美は欲望を抑え込む力をもつことで、それを遠ざける（*VII*, 279／一一〇（下））。したがって、ラカンはカントが『判断力批判』において主張したような、美的判断における「無関心性」という主張をある部分、引き継いでいるということになるだろう。美と欲望との関係において第一義的に存在するのは、美がその近づきがたさによって、欲望を従順で御し易いものに手懐けるからだ。だからこそ「美の顕現は欲望を威嚇し、禁止する」（*Ibid*／同前）。それゆえ、美の欲望との関係において第一義的に存在するのは欲望の「武装解除」（*Ibid*／同前）であるということになる。

しかしカントのようには考えないラカンは、美への近づきがたさの原因を、その周囲に苦痛のイマージュがはり巡らされていることの方に求める。美は享楽を阻む障壁となるが、一方でそれは享楽への到達にとって有益な側面も含意している。なぜなら、美は「善（財）」の規範性からの逸脱でもあるがゆえに、それを打破し、彼岸へと向かう力を同時に秘めているからである。それは美が「善（財）」という陵辱に対する冷静さを表現しているということにつながってくる（*VII*, 279／一一〇（下））。美は「善（財）」の経済論的な誘惑に屈することなく、欲望が標定する彼岸そのものと完全に結合するところまではいかないとしても、大他者が独占している「善（財）」としての権力を打ち砕くものとして有効な手段のひとつになりうる。ラカンにおいて美は、カントのように「快」という主観的な感情に押さえつけられてしまうのではなく、その域を越えて「快原理の彼岸」に接近するものなのだ。

ラカンの理論において、このような善（財）を越える美をその身に体現する実例がアンティゴネーであった。簡単ではあるが、手はじめに物語の筋を素描しておこう。オイディプス王の娘アンティゴネーと妹のイスメーネーは、父との放浪から故郷であるテーバイへと帰還する。しかし、そこで王亡き後の後継者を巡る兄たちによる争いが起こり、ポリュネイケスと王位にいたエテオクレスが刺し違えて死亡してしまった。空位になった王の座には、アンティゴネーの叔父であるクレオンが即位した。クレオンは国家への反逆者としてポリュネイケスに対するすべての葬礼を禁じ、その遺骸を厳重に警護させた。兄が埋葬されないことに激怒したアンティゴネーは禁を破り、クレオンによって幽閉されてしまう。預言者テイレシアスの神託によってクレオンは自らの処分を翻すが、ときすでに遅くアンティゴネーは首を吊って自殺していた。そして、アンティゴネーの婚約者であり、クレオンの息子であるハイモンも父を恨んで自死し、その死に絶望した妻までもが後を追う。

フロイトの『オイディプス王』解釈以来、精神分析においてソフォクレスの悲劇は、特権的な参照点になっているのだが、ラカンはあらゆる悲劇作品のなかでもこの『アンティゴネー』を分析家という経験において至上のものとする（*VII*, 285／一一六（下））。どういうわけかラカニアンの多くは、このことを無視してしまう傾向にある。だがそれでは精神分析という経験をラカンがどのように定めていたのかがわからなくなってしまう。ところで、この戯曲を解釈するに際して、ラカンはゲーテなど数多く先行研究に言及している。そのなかで最も影響を受けていると思われるのがヘーゲルによるものである。実際、ラカンは『アンティゴネー』から学ぶべき教訓として、正義の法を強制する共同体との葛藤を挙げている。これは、ヘーゲルが『精神現象学』で「人間の法」と「神の法」の区別を前面に打ち出している点と通じるものがある。しかしながら、ラカンはヘーゲルの弁証法を無批判にその理論に組み入れているという非難に対し、嫌悪感と異議を表明し、ヘーゲルの『アンティゴネー』解釈を無力なものとして退けている。

実際、ラカンはこの点についてヘーゲル批判を展開したヤスパースと同じく[6]、この二分法を継承しながらもヘーゲル的な和解、つまり弁証法的な統合に対して次のように痛烈な批判をくわえている。「彼〔ヘーゲル〕によれば、『アンティゴネー』には〔二つの〕本質的な争点を含むという意味でのディスクールの対立があり、しかも何であるかよくわからない和解へと向かっています。私は『アンティゴネー』の結末に、どんな和解があるのかと問い質したい。そのうえ、この和解が主観的であると言われるのを読んで、呆気にとられずにはいられません」（*VII*, 279（一二三（下））。『オイディプス王』から続くこの戯曲の凄惨な結末を鑑みると、ラカンの言い分には一定の説得力がある。このときラカンは「あれも、これも」というヘーゲル的弁証法を批判したキルケゴールの「あれか、これか」という別離の論理に与しているのである。[7]和解というかたちでの事態の漸進的な鎮静化は、彼の想定する倫理とは無縁のものだ。[8]したがって、ラカンはアンティゴネーとクレオンの関係を弁証法的にではなく、あくまで水と油のように交わらないものと捉えることで分析を押し進める。この観点を理解することで、ラカンの批判的な姿勢の一貫性が明らかになる。つまりアマルガムというヘーゲル主義者たちにはお馴染みの手法は、精神分析の倫理にはそぐわないのだ。

アンティゴネーに対し、ポリュネイケスの埋葬を認めないクレオンは「万人の善」（*VII*, 300／一三九（下））を欲する。しかし、ラカンは善の要求を「ハマルティア *ἁμαρτία*（判断の誤り）」（*Ibid*／同前）とする。なぜなら、すべての善を叶えることは、限界を超えてしまうような要求と見なされるからだ。善の完全な浸透は法を凌駕し、過剰を生みだす。すべてのものを善の支配下に置こうとする権力者の没落をクレオンは代表しており、完成された絶対的権力としてのこの善の追求は、彼に取り返しのつかない災厄をもたらす。たとえばアリストテレスは悲劇の原因が「大きなあやまちにあるのでなければならない[9]」と考えていたが、ラカンに言わせれば、そのような「あやまち」としての「ハマルティア」は、悲劇の英雄を破滅に導くようなものではない。それというのも、このように善（財）の領域にとどまっているクレオンは、いわば「二流の英雄」にすぎない人物だからだ（*VII*, 323／一六九（下））。一方、ラカンはアンティゴネーに善（財）を越えた美の「実例」（*VII*, 299／一三七（下））を見いだす。ならば彼はアンティゴネーのどの部分に美を認めるのだろうか。ラカンがまず注目するのは、ゲーテをはじめ多くの解釈者たちによって疑問符がつけられてきた不屈であるはずの彼女のか弱さが露見する場面である。劇の冒頭からアンティゴネーは、強情とも言えるほどの勝ち気さを披露していた[10]。たとえばポリュネイケスの亡骸に砂をかけ、その行為をクレオンに詰問されたアンティゴネーは、彼に鮮烈な反逆の言葉を浴びせている。

アンティゴネー　あの方が、死んで埋葬せぬのを許したりすれば、そのことには苦しんだでしょう。今のことなど苦にもなりませぬ。もし今の私が、愚かなことをする女だとあなたに思われるとすれば、それはほとんど、愚か者から愚かと非難されるようなものです。
コロスの長　紛れもない、ご息女の気性の激しさは、激しい父親譲り。不幸に屈することをご存じないな。
クレオン　だが心得ておくがよい。余りにも頑な心もちが、一番頽れやすいということをな[11]。

クレオンが予見したとおり、劇の後半部においてアンティゴネーは動転し、自らの弱さと脆さを露呈する。

アンティゴネー　哀悼も受けず、友もなく、婚礼の歌も知らぬまま、可哀想な私は、死出の旅路を曳かれてゆく。哀れな私には、もはやこの日輪の聖なる眼を仰ぐことも許されぬ。私の悲運に涙を流し、嘆いてくれる愛しい人は、一人もいない[12]。

ラカンはこれまで否定的に解釈される傾向にあった勝ち気なアンティゴネーとその弱気な姿の分裂に、むしろ美のイマージュを看取する。それはこの「嘆き」においてこそ、彼女が「変身 métamorphose」するからだ。異教における変身譚の例を出すことで、ラカンはこの限界の表現が「変身の可能性」であることを示唆している（*VII*, 308／一四八（下））。脆さの表面化とは無意識の発露なのであり、その蠢きを可視のものにする。この弱さの身体的表現こそが、彼女を変容させるのだ。アンティゴネーが美として輝くのは、その分裂した無意識と一体化したまま、それをありのままに表現するからにほかならない。無意識の弱さをただ押し殺しているだけでは、緩慢な自殺にしかならない。自己と状況を変容させるためには、それを現出させねばならないのだ。

他方でラカンがこの戯曲において最も有名であるように思える彼女の台詞「私は憎しみを共にするのではなく、愛を共にするよう生まれついている」[13]を話題にし、次のような痛烈な批判を加えている点も参考とするに値するのではないだろうか。「アンティゴネー、彼女はヒロインです。神々のやり方を備える者です。憎しみのためより愛のために生まれてきたと、ギリシア語から翻訳されています。要するに、本当に優しく魅力的な女の子であると言われていますが、それは人のよい著者たちの言う、くだらないこの種の注釈を信じるとすればです」（*VII*, 305／一四五（下））。彼らとは反対に、ラカンはアンティゴネーのこの台詞を真に受けてはいない。なぜなら、フロイトが「欲動と欲動運命」で力説しているように「対象への関係として、憎しみは愛よりも古い」[14]がゆえに、憎しみに先行する愛など存在しないからである。愛と憎しみの両価性というフロイトの精神分析の基本概念に立ち返ってみれば、彼女がそう主張するような「憎しみのためより愛のために生まれる」ことなど不可能であろう。それゆえアンティゴネーから導出される精神分析の倫理が、けっして憎しみに対して優先されるべきものとしての愛ではないということは容易に窺える。アンティゴネーが劇冒頭の妹イスメーネーとの対話のなかで「敵意」（*VII*, 306／一四六（下））という言葉とともに登場することに、ラカンが着眼していることもその裏づけとなる。アンティゴネーを愛の存在としてのみ誉め称えるのは、十全な読みではないのだ。

この憎しみに対する積極的な評価の傍証として、ラカンがソフォクレスの別の悲劇『ピロクテテス』に言及している部分を抽出できる[15]。祖国トロイアのために、ある島で戦ったピロクテテスは、負傷したにもかかわらず見棄てられ、置き去りにされる。そこで一〇年という長い年月にわたって憎しみに身を焦がす。しかしラカンはピロクテテスを英雄にするものが、たとえ裏切られても「終局まで彼が憎しみへの固執を貫き通すこと以外にはない」（*VII*, 369／二三三（下））と説明し、彼のその執着を高く買う。ちなみにラカンは翌年に行われた『転移』の講義において、「死の本能」

が「エンペドクレス的概念」（*VIII*, 97 一一五（上））であることをフロイトが無視しなかったと指摘しているが、それは死の本能が「憎しみ」と名指された情念と切り離しえないものだということを明かしている。しかもラカンは、この「愛と憎しみの両価性」の概念に拠って、フロイトが愛だけを統合する力として捉えてしてしまったと批判することで、その不徹底を疑問視してさえいる（*VIII*, 113／一三六（上））。しかしながら、アンティゴネーにとってクレオンが敵に値したという事実を忘れてはならない。彼の権力も、過剰さを孕むという点に限り、彼女とある程度までは互角に渡り合う力を保持している。厳密に言えば、敵は反目していればそれで十分なのではなく、危険を冒し、戦うに相応しいそれなりの格を備えていなければならない。攻撃欲動を孕み、戦闘的であることは、強く誇り高き者の性格的な特性であるため、せめぎ合いはギリシアの英雄たちにとって不可避の運命なのだろう。その誇り高さゆえに二人は、抗争へと突き進まざるをえなかった。たとえばハイデガーが『芸術作品の根源』において、「闘争」をたんなる相容れない溝としての「亀裂 Riß」へと押し留め、矮小化させるのではなく、争う者同士の逆説的な「親密さ」を表すものとしていたように[16]、相互に対立し合う二人の交わりによって、亀裂をより根底的な底なしへと深めていくような、こうした血の享楽を好む者同士の一種独特な協働こそが、「悲劇」をその深奥へと空け開くにちがいない。しかしながらパトリック・ギヨマールのように、両者を対等であるかのように並べてしまうのは、いかなる観点からも誤りであろう[17]。なぜなら現実界に迷わず突き進んでいくアンティゴネーに対して、善（財）を捨てきれないがゆえに象徴界に留まり続けるクレオンは別の位置におかれ、前者は後者をつねに凌駕するからである。

　ラカンはこうした現実界の領域をより深化させるために、『アンティゴネー』における「アーテー ἄτη」という語に注意を払う。この言葉はギリシア語で狂気、愚行、そして悪行の帰結としての破滅を意味する。彼によれば「この語は人間の生命では短い時間しか乗り越えることのできないリミットを指し示す」（*VII*, 305／一四五（下））。それは生と死のあいだのぎりぎりの境界線といえよう。アンティゴネーは救済への希望をかなぐり捨て、恐れと哀れみという情動をすべて捨て去ることによって「この〈アーテー〉の彼岸」（*Ibid*／同前）へと赴く。アーテーすらも越えてその彼岸へと到達するアンティゴネーは、もはや自分自身を生きるに値する存在と思えず、生への欲望を極限にまで擦り減らしている。そして家族の不幸な記憶を一身に背負ったアンティゴネーは、事態を限界にまで運ぶ。ラカンはこの姿に「美の微かな光」（VII, 327／一七四（下））を見るのだが、ここでのラカンの美の解釈は『ニーチェ』におけるハイデガーの議論を彷彿とさせる。そこでハイデガーはプラトンに依拠して美を輝きと結びつけ、[18]「美しいものは存在を閃かせ、しかもみずからは美しいものとして最も魅力的なものであるから、それは同時に人間をして、それをつらぬいてそれを越え出て存在そのものへと引き移らせていく」[19]と書き記している。感性的でありながらも、アーテーを越えていくアンティゴネーという存在者が極限的な状況のなかで放つはかない美の輝きは、存在者であるという限界から超出し、存在そのものへの通路を切り開く。すなわち、「生から死への移行の点において美を直観することではじめて、我々は理想美を復元しようと試みることができる」（VII, 344／一九六（下））のだ。

しかしラカンがハイデガーと相違するのは、そこに「陵辱」というマゾヒズム的なイマージュを喚起する語をつけ加えることにある。「この言葉はここでその本来の形式で使用されていて、越境、乗り越えと重ねられます。陵辱〔outorage〕とは越えて行く〔aller outre〕こと、生じたことを軽くみる権利を踏み越え〔outrepasser〕最大の不幸へと至ることです」（VII, 327／一七四－五（下））。アンティゴネーは象徴界から、すなわち〈父の名〉によって統制された世界から〈もの〉としての現実界へとひた走る。しかも死の欲動を動因とするこの越境は、紛うことなき不幸そのものなのである。なぜなら、ラカンは欲望を実現するものが「死の生への侵入」にほかならず、「存在するものは、存在欠如においてのみ生きる」と考えるからだ（VII, 341／一九二（下））。そして悲劇の動作主であるアンティゴネーは、このなかで特異的な大他者としての位置を占めることができる。そこで彼女は神々の仲間、協力者を意味するものとしての「ディケー」と手を切る。英雄において「孤立」[20]は最低限の条件であり、そうであるからこそ自らをシニフィアン連鎖という「構造」から切り離すことができる。英雄は快楽を提供するだけの友人などを必要としない。そしてこの結果としてアンティゴネーは「シニフィアン連鎖」の外へと超出することができる。彼女は無限につながれ、ぐるぐる回るだけのシニフィアン連鎖から逃れ、――後期のラカンが提示していた――原初的シニフィアンとしての現実界にある「S_1」（*XXII*, 21 janvier 1975）に比類するような定点になる。[21]

ラカンにおける欲望が、平衡状態や安寧への批判を前提としていたことをもう一度思い出そう。もし世界が現状のバランスに安住し、目的の充足をもつのであれば、それらはすでに達成されているはずである。ところが世界はそうなっていない。欲望の均衡など不可能だからだ。「無の欲望」としての「存在欠如」（*VII*, 345／一九七（下））において、死の欲動に苛まれる主体は、つねに善（財）の所有と無関係な何もないものへと切迫させられている。欲望成就とは精神分析において、対象を所有することではなく、欲望それ自体が現実において発露することを指す。それは死の欲望に等しく、そこに至って最終的にアンティゴネーという主体は、快不快に関わるカントの言うところの「感性的なもの」から切り離され、「純粋欲望、純然たる死の欲望」（*VII*, 329／一七六（下））を可視化する。ラカンは『エクリ』に収められた「ジッドの青春、あるいは文字と欲望」において、フロイトの教えにおける死の本能の価値に力点をおいていたが、[22]アンティゴネーはまさに死の本能によって、純粋欲望を成就させたのだといえるだろう。[23]そしてラカンは権力の法とは異なる法の位置にアンティゴネーを結びつける。彼女はジャン・コクトーがこの戯曲の改作においてそう定義したようなアナーキストでも、ジャン・アヌイが描いた向こう見ずで未熟な若者でも、ベルトルト・ブレヒトがそう解釈したマルクス主義的ヒューマニストでもない。というのも、彼女はクレオンという国家ないし人間の権力に、たんなるアナーキーな無法状態から区別されるものとしての神々の法を対置させ、それを守護する者だからである。

アンティゴネー　このお触れを出したのはゼウス様ではないし、地下の神々とともにある正義の女神が、人間のためにこのような掟を定めたわけでもない。それに、あなたのお触れは死すべき人間の作ったもの、そんなものに、神々の定めた、文字には書かれぬ確固不動の法を凌ぐ力があるとは考えなかったからだ。この法は昨日今日のものではない、永遠に命を保つもの、いつから現れたのか、誰も知りません。[24]

ラカンは書かれない「神々の法」の意義について次のように説明している。「これはもはや掟、ノモス νόμος ではなくある種の合法性です。神々のア・グラプタ *ἄγραπτα* な掟の帰結です。ア・グラプタはつねに書かれないと訳されていますが、実際そういう意味です。ここではつまり、法の次元には属しているが、シニフィアン連鎖においては展開されないもの、何も展開されないものを想起することが重要なのです」（*VII*, 324／一七〇（下））。この法はまさしく「死の本能」であり、「あらゆる法の彼岸にある法」（*VII*, 29／二八（上））として定立しうる。にもかかわらず、この法を象徴界の法たる〈父の名〉と取り違えてしまっている解釈が後を絶たない。例を挙げると、ジュディス・バトラーは『アンティゴネーの主張』において、ラカンがアンティゴネーを象徴界の創設者として解釈していたと主張している。[25]そして、あろうことかバトラーの批判者であるはずのスラヴォイ・ジジェクでさえも、アンティゴネーの法をあくまでシニフィアンと解し、「書かれない法」たるア・グラプタの含意を軒並み無視することによって、彼女と同様の見解を示している。[26]さらに言えばラッセル・グリッグ[27]や彼を援用するヤニス・スタヴラカスキも、アンティゴネーは〈父〉の法に従属したままの存在であるとしていた。[28]このようにアグラプタを彼岸の法たる「死の本能」に並列させるのではなく、〈父の名〉と受けとる方が通説となってしまっているのだ。

こうした解釈が違和感を残す理由は次の点にある。もとをただせば〈父の名〉とは「欲望の正常化」（*VII*, 213／二四－二五（下））へと主体を導くものであった。それは『精神病』のセミネールにおいてラカンも言及したシュレーバーのような病者が〈父の名〉の排除をきっかけに、常軌を逸した妄想を展開することからも合点がいく。かりにアンティゴネーが〈父の名〉へと到達したのなら、むしろクレオンの言う国家の法へと服従するのが筋ではないだろうか。しかもこのアンティゴネーは、現実界に倫理をおくラカンの範例として提示されている。現実界の倫理とは、象徴的なファルスではなく現実界としての「神々の法」を優先させることにほかならない。現実界に関係するこの神々の法にこそ、アンティゴネーは従おうとする。したがって上記のようにアンティゴネーを単数的な〈父の名〉の守護者とする一般的な釈義に対して、我々は彼女が守ろうとしたのは、現実界における「神々の法」であると反論しよう。それはたしかに象徴界から見れば無秩序であり、言語表現による成文化を許さないがために法なしの領域としか呼びえないのかもしれない。[29]けれども、それは〈父の名〉という絶対的な法の彼岸にある秩序として、それとは別種の場を形成しているのではないか（*XIV*, 12 avril 1967）。事後的な解釈になってしまうが、『R. S. I.』においてシニフィアン連鎖に展開されない法は、S_1 というかたちで現実界に位置づけられていることを勘案すればこうした読みを牽強付会なものと斥けてしまうことも難しいように思える。

むろんラカンが「カントとサド」において、法と抑圧された欲望を同一視していたことからわかるように、[30]アンティゴネーは法の領域に存在していないのではないとしても、この法はたんなる抑圧ではなく、主体にとって同化不能なフロイト的〈もの〉、すなわち原抑圧として現実界に位置づけられるべきであろう。そして彼女は善のすべてを蹂躙しているのではなく、「犯罪的善」（*VII*, 281／一二二（下））として権力者クレオンとはあまりにも異質な善の実例を提示しているのだから、〈悪〉たる享楽をアンティゴネーは体現していることになる。[31]いずれにしても、野ざらしにされた兄の身体を目の当たりにするというトラウマ的な出来事をきっかけとして、無意識の欲望を発露させるがごとく行為するアンティゴネーに、〈父の名〉へと服従する正常化された主体を見いだすことなどけっしてできないことは確かである。

第三節　「生まれてこないほうが」

トラウマと純粋欲望は、実のところ境を接している。純粋欲望を叶えようとすることが、かくも困難な茨の道である理由は、両者が近傍に配置されているからだ。それゆえに自己自身の欲望を貫いて生き抜くためには、トラウマそのものと対峙し、それを手放さず抱きかかえながら生きなければならない。オイディプス王の悲劇の記憶をトラウマとして抱えるアンティゴネーは、生と死のはざまにあって、破壊欲動を余すところなく自己自身に向けることで石になったニオベのようになる。しかし、まさしくその自殺行為による没落によって、彼女は暴君を破局へと追い込み、現実界の法を回復させる。精神分析においてアンティゴネーのような「死へと向かう存在」が、重宝される理由はいったいどこにあるのだろうか。ハイデガー的な含意はさておくとしても、ラカンはなぜ生における死の侵入にこれほどまでにこだわったのであろうか。それは生殖を狙いとする性行為の達成を精神分析家の目的に据えることに対して、彼が疑問を抱くからである（*VII*. 347／二〇〇‐二〇一（下））。父‐母‐子なる三つ組を再生産する主体をつくりあげることが、精神分析唯一の使命なのではない。精神分析が目指すものは、むしろ不幸と呼ばれるものにより近い。ラカンは言う。「精神分析において主体が手にいれるもの、それは一度でも繰り返されると、つねに開かれるこの接近〔性行為〕のみではありません。それは、転移においては、その形態を生きるものすべてに与える別の何かです。それは生けるものに固有の法です。主体はこの法の投票を、言うなれば開票するのです。この法とはまずもって、そしてつねに、先行世代において分節化されはじめていた何ものかの受容です。それがまさしく「アーテー」です。この「アーテー」は、必ずしもつねにアンティゴネーの「アーテー」の悲劇に達するわけではないにしても、それでもやはり不幸と近縁のものです」（*Ibid*／二〇一（下））。

肉体的な生の連鎖とは別のものを、転移は伝達しうる。書かれない現実界の法は、後から来る者が先に在る者を受け入れることから展開する。しかし、その受託は後継者にとっては困難な時に訪れる。現実界に固有な法は、あらゆる不幸が連鎖するその苦境においてしか生じない「転移」を通じて受け渡されるものだからだ。ところで、ラカンは精神分析の効果と謳われている「心理学的正常化」に「合理主義的道徳化」が含まれていることに対して疑いの眼を向ける（*VII*. 350／二〇六（下））。というのもそういった主張は、人間が文化においてつくりあげてきた社会的規範への同化が、主体の心的健康にかえって危険であることを繰り返し力説してきたフロイトのあの超自我、すなわち、奉仕すればするほどに要求を増やしてくるその経済的特性を忘れてしまったように見えるからである。合理主義的な知性化は容易に普遍主義へと変化し、コスモポリタン的なイデオロギーに行き着くことによって、〈善〉の名の下に個人の欲望を踏みにじるようになる。他方で精神分析はけっして個人における快適さ、公共的な要請へと応えようとする「善への奉仕」へと還元されてしまうものではなく、また患者を心の調和した曇りない幸福へと導くものでもない（*Ibid*／二〇七（下））。超自我の苛烈さを忘却し、他者に対する奉仕を普遍化しようとする現代的な世界の諸傾向をラカンは危険視する。未来世界の幸福を祈って善へと奉仕することは、死に結びつけられた欲望へと向き合うことにはならない。安寧な幸福、不満のない心的調和はたんなる理想でしかなく、分析家が患者に突きつけるべき態度は、彼らを不都合な現実へと対峙させることの方にある。

それゆえ誰しもに賞賛される道徳的な行いをしているからといって、それがそのまま、その行為に基づいて我々の幸福を保証してくれる根拠となるわけではない。もしも道徳が無欲望と同じことを意味するとすれば、欲望はどうでもいいもの、骨を折る必要のないもの、容易に取り除かれるものであるだろう。しかし実のところ欲望は主体の原動力であり、そしてそれは我々の力への意志に語りかけ、またどのような道徳的装いでカモフラージュしたとしても、我々のすること為すことすべてを呪縛する。だから善の導きも、細工され、誘惑として跋扈することになる。以上のことで明白になってくるのは、我々が我々の欲望を、あたかも服についた埃をはらうかのように、何事もなかったことにはできないということだ。各主体は各々の欲望を、その固有な生における決定的な出来事において本質的であることに基づいてのみ獲得することができる。我々にとって本質的な事柄は、それ固有の欲望によってのみ輪郭を与えられる。それは統計学が提示するような数値を知る場合と似たようなやり方で、知ることができるわけではない。我々自身の欲望がどのように、また何のためになされるかということに配慮してのみ、また我々自身が将来どのように欲望を形づくろうとするのか、各々の欲望として何を命じようとするのか、ということに準じてのみ、我々は自己固有の出来事を経験する。トラウマ的な過去を基盤に、そこから生起する未来の出来事は、主体の欲望に基づいて決定されるのである。

ラカンは欲望がパッケージ化され、要求の次元にまで引き下げられることによって、誰もが同じような対象を求めるようになってしまう傾向に対して批判の目をむける。彼は欲望を「要求」との差異において把握していた。要求とはシニフィアンが換喩的に連接する「シニフィアン連鎖」において生じるものであるため、それは留まることを知らず、合わせ鏡に並んで映る像のように際限なく諸条件を増殖させる。つねに何か別のものを、もっとよい何かがあるはずと考え、飽くことを知らない要求は満たされない。それに対して、欲望は要求の彼岸に位置する。この種の欲望はたんに欲望するということを超越した死の本能としての純粋欲望である。ラカンは『エクリ』所収の「フロイトの無意識における主体の壊乱と欲望の弁証法」のなかでも、死の本能と命名されたフロイトの概念に目を塞いではならないと強い調子で説いている[32]。ラカンにおいてそれは、シニフィアン連鎖という換喩的な構造に絡めとられない絶対的な領域にある。純粋欲望が絶対性をもちうるのは、その実現が死を内包しているからであり、その願いはアンティゴネーのように生が死の領域へと踏み込む地点まで辿り着いたときにだけ叶う。穴のなかにある真実を追い求め、死に触れるその瞬間にだけ人は掛け値なしの満足、すなわち純粋な享楽を獲得できる。ラカンは理想美が、生から死への移行の時間を正確に捉えることによってのみ復元されると考えたのだ（*VII*, 344／一九六（下））。純粋欲望とは欠けたものを取り戻そうとして戦うことであり、死へと向かう本能である。生から死への運動による純粋欲望の結実の瞬間にしか、美は顕現しない。

ここで立ち止まって、なぜラカンは『アンティゴネー』を介してこのような限界状況への考究を行ったのかを再度、吟味してみよう。率直に言えば、それは精神分析が照準を合わせるのは未来世代の幸福ではなく、目の前にいる分析主体の欲望にほかならず、そしてその「欲望の機能は、死との根源的な関係のうちに留まるにちがいない」（*VII*, 351／二〇七（下））ということを思い知らせるためであった。精神分析の役割は、この死と関連する欲望に患者を向き合わせることにある。たしかに『精神分析の倫理』以前において、〈父の名〉の排除による大他者の欠如が精神病の原因とされているものの、このような立場を固守し続ければ、分析家はいわゆる「知を想定された主体」として大他者を埋め合わせる役割のみを負わされてしまう。しかし、むしろここでラカンは分析家の仕事が患者を「寄る辺なさ」（*Ibid*／同前）へと追い込むことにあるとする。分析家は大他者として分析主体を支えるのではなく、それと反対にファルス的位置から失墜することによって、〈父〉の権威が幻想にすぎないことを知らせる。自己を支える援助を失うところにまで達してはじめて、分析主体は自らの欲望に直面することができる。

なるほど欲望と直接的に関係することは、分析主体を不安にさせるかもしれない。それは欲望を遠ざける。しかし、ラカンは消極的に「到来を待つこと」とは異なる、より積極的に期待する「待望しつつ待つこと」の次元には、何の危うさも存在しないと語る（*Ibid*／同前）。本来的に待ち望む主体は、欲望を前にして尻込みすることがない。ラカンはこの純粋欲望を体現した実例にオイディプス王を挙げている。彼によれば、オイディプスは娘のアンティゴネーと同じように人間と人間ではないものの境界に位置する。ラカンは言う。「彼は、その心を捕らえているまさにそのものを断念します。まさしく彼は幸福へと近づく手段そのものによって弄ばれ、欺かれていました。善（財）への奉仕の彼岸で、そして善（財）の十分な成功そのものの彼岸で、彼は自身の欲望を探し求めるゾーンへと入っていくのです。[…]オイディプスは善（財）への奉仕を諦めますが、しかしこの善（財）そのものに対する自分自身の尊厳の優位性をけっして捨て去りません。そしてオイディプスが、悲劇的自由のなかで彼にこの境界を踏み越えさせたこの欲望、すなわち知の欲望に引き続き関わっていくこの瞬間に含まれうるものを探究することは必要なことです。彼は知りました。ですがもっと知りたいと望むのです」（*VII*, 352／二〇九（下））。オイディプスは善への奉仕よりも自己自身の欲望に従う。どんな残酷な事実であっても、すべてを知りたいという欲望は、彼を悲劇の只中で自由にする。自由とは知の欲望を最大限に加速させるプロセスそのもののうちにある。そしてそれが悲劇であるのは、欲望への固執を全うし、自由を勝ち取った英雄が、そこで見事なほどに裏切られるからだ。[33] この裏切りの結果として現れ出る特別な形態、それが「むしろ存在しないほうが」（*VII*, 353／二一一（下））という嘆きである。

オイディプスはもはや、偶然の出来事によって人と同じような死を死ぬことはできない。彼はこの世に生まれてきたこと、存在していたという事実そのものの抹消を望む。多くの人間が、いかにうまく生き延びるかを最優先に生きているということは、改めて言うまでもない。彼らは何においても「生きることが第一」（*VII*, 354／二一二（下））であるが、オイディプスはそうではない。なぜなら彼は、すべてを要求することをやめず、何も諦めることなく、断固として和解を拒むような人物であるからだ（*VII*, 357-358.（二一七（下））。ラカンによれば、死という限界の前にはヴェールが覆われており、それは憎しみであるとされ、また生きることが第一である主体は恐れに、そして憎しみと恐れのあいだには「罪責感」がおかれる。自己防衛だけを考える人間はつねに恐怖に囚われているが、それを越えるとその先では罪責感に苛まれることになり、さらにこの自罰すらをも乗り越えると愛しつつ憎む主体となる。そして最後に、つまりこの愛と等価な憎しみの彼岸に死が聳え立つ。こうして善（財）への奉仕ではなく、生の悲劇的経験において倫理の問題を捉えようとするラカンは「悲劇的次元における行為と行為に宿る欲望との関係は、死の勝利の方向へと働きかける」（*VII*, 361／二二二（下））とまで言い切ることになる。端的に言えば、生きることを何にもまして柱にするのではないように前進していくことこそが、真に倫理的な生なのである。

このような否定性が悲劇の条件なのであるが、我々はハイデガーの言葉を援用して、議論に若干の補足をつけくわえよう。ハイデガーにおいて存在者は「隠れなきこと」によってこそ存在を定立することができるとされる。[34] したがって隠れているものに対して我々はあらゆる力を行使し、それを顕在化しようと苦心する。というのも「存在に対してこのような開けを拒むことは、現存在にとっては、己の本質を放棄すること以外のなにものでもない」[35]からである。しかし、ハイデガーはラカンと同様に、ソフォクレスの悲劇におけるこのオイディプスの嘆きに言及しながら、「けっして現存在の中へ歩み入らないことが、全体としての在るものの「集められてあること」に勝利する」ともいう。自己を成立させる現存在の次元に「最高度の暴力」[36]を行使することによって、存在そのものを根源から破壊する可能性を与えられている。現存在というあり方は、つねに期待をしては裏切られ、失望を繰り返す再起を運命づけられた運動にほかならないが、このような二つの交替の反復に対して、すべてをなかったことにする「非 - 現存在（生まれないこと）は、存在に対する最高の勝利[37]」となる——こうしたハイデガーとの連接は、ラカン自身が「我々は欲望を我々の存在の換喩として定義する」（*VII*, 371／二三五（下））と述べていることから跡づけられるかもしれない。

しかし同時に、このような死の勝利はむしろ自己の生を劇的にするための道具であるようにすら思える。ラカンは倫理において最も本質的なものを、カントの定言命法を下敷きとしながら、「汝は汝に宿る欲望に従って行動したか Avez-vous agi conformément au désir qui vous habite ?」（*VII*, 362／二二三（下））という表現によって定式化した。彼はこのような倫理のあり方が伝統的な倫理に相反すると感じていた。哲学史において支配的であったのは、アリストテレス的な倫理にほかならず、彼は欲望を控えめにし、その成就を先送りさせようと仕向けることによって欲望を抑え込もうとした。それに対し、ラカンはこの種の倫理が「人間的な権力の次元」（*VII*, 363／二二四（下））にあり、「権力の道徳、善への奉仕の道徳」（*Ibid*／二二五（下））にすぎないと激しく非難することで、道徳的価値観の強制は、自分以外が享楽することの自由を制限したいという薄暗い攻撃性に由来する欺瞞でしかないとしたフロイトの告発を引き継いでいる。欲望の我慢を他者に強いる言説は、素朴な嫉妬の表出でしかない。

またラカンのトポロジーでいえば、アリストテレス的倫理はシニフィアン連鎖による象徴界に留まっている[38]。けれども、ラカンが求めるのは人間的な権力が支配する象徴界の倫理ではなく、現実界という「シニフィアンの鎖が解きほぐされていく」（*Ibid*／二二四（下））場である。ラカンは迷わずそこへと突き進んで行くことを肯定する。なぜなら、精神分析にとって唯一の有責であることは「自らの欲望に関して譲歩してしまったということである」（*VII*, 368／二三一（下））からだ。欲望から既成の秩序への囚われを追い出し、自己自身の欲望に従って行為することこそが、精神分析の倫理にほかならない。しかも、ひとはこの欲望を完全に無視することができないとラカンは主張する。「善という名目で、さらには他者の善という名目で物事を行うことが、罪悪感だけでなく、あらゆる種類の内面的な破局から我々を守ってくれることなどありえないでしょう。特に、神経症とその諸帰結から我々を守ることは確実にできません。もし分析が意味をもつとすれば、欲望とは無意識の主題を支えているものであり、我々をして個別的運命のなかに植えつけられているものを固有に分節化することにほかなりません。それは執拗に負債が支払われることを求めます。そして欲望は回帰し、戻ってきます。我々はある軌跡、本質的に我々の関心事であることの軌跡へとつねに連れ戻されるのです」（*Ibid*／二三一―二三二（下））。

他人のために生きることによって、たとえ善人であるとの評判を得たとしても、その善行が罪責感を薄め、癒してくれるわけではない。配慮すべきは他者ではなく、主体の固有性や特異性を担保している無意識下にある自己自身の欲望である。それを失えば、ひとは自らの個別的運命をも失う。だからこそ、それは何度でも回帰する。精神分析が思案する欲望は、根本的に粘着性のあるものなのだ。その固執性は他人の善（財）に対してはすっかり無責任である一方で、主体固有の欲望に関しては責任と約束を果たすよう強いる。しかしながら、自己の欲望を完遂しようとする者たちは「普通の人では混乱してしまうような諸情念を経験する」（*VII*, 369／二三二（下））ということもまた事実である。その情念は純粋なものであり、マイナスに働くどころか、むしろ彼らの固執を保つ下支えとなる。知ることによって、まともではいられなくなるような真実に耐え通すことによって、欲望を押し進める道が開かれる。裏を返せば、欲望を貫こうとしなければ感じることのできないような情念が存在し、そうした情念の経験によってしか存在を維持できない主体がいるということである。はっきりいえば、欲望を押し進め、それを純粋なものにしていく過程で経験される諸情念こそが主体の強度を高め、さらにはその存在を高次なものにするのである。もっとも、その過程で耐え難いトラウマ的記憶に関する想起の反復に抗い続けなければならないのだが。

ラカンによれば悲劇を観賞することの利点は、英雄たちのように他者の善（財）に屈することなく、欲望への固執によって自己自身の真実をさらに突き詰めていく技法を学べるということにある。「悲劇的「英雄叙事詩」は、欲望の極致がどこに存在するのかを観客に無視させたままにしない限りで、欲望への接近があらゆる恐ればかりではなく、哀れみをも乗り越えるために必要であるということ、そして英雄の声は何ものにも、そしてとりわけ他者の善（財）

を前にしても震えることはないということを示し、これらすべてが物語の時間的継起のなかで体験される限りにおいて、主体は自分自身の最も深い部分について以前よりも、わずかばかり知るのです」（*VII*, 372.〔二三二（下）〕。しかしながら、観客はそこで同時に「自らの欲望の極限にまで進む人にとってさえ、すべてがバラ色というわけではない」（*Ibid*／同前）という事実を目の当たりにする。ラカンにおける欲望の倫理に快楽的で解放的な部分は何もなく、むしろ陰鬱なものでさえある。他者よりも自己の特殊性を尊ぶがゆえに欲望を譲らない主体は折り合いを欠き、裏切りに遭遇する可能性が高い、ということがその一例として挙げられる。だがたとえ裏切られても欲望へと突き進む者は、自分自身のこだわりに対して妥協するような選択をしてはならない（*VII*, 370／二三四（下））。なぜなら裏切られたということを受け入れてしまう人間は、たちどころに保身から「善（財）」という有用性の倫理へと舞い戻ってしまうからである。

ともかく確かなことは、他者に身を捧げる自己放棄ではなく、自己自身の欲望への固執こそが「汝は汝の欲望に従って行為したか」と問いかける「精神分析の倫理」の本質にあるということだ。かつてアウグスティヌスは「〔…〕自己と隣人を神のために享受することをめざす精神の運動を愛と呼び、自己と隣人とその他なにかの物体を、神のためでなしに享楽することをめざす運動を欲望と呼ぶ」[39]としたが、まさしくラカンは〈父〉なる神への贈与、すなわち他愛による献身ではなく、ただ自分自身の享楽のために精神を働かせる欲望の倫理こそを屹立させる。たしかに主体は結局のところシニフィアンを受苦する者であるために、分裂と破綻、そして両価性といった緊張状態を回避することができない。しかし、たとえ〈父の名〉の作用から完全に自由になることがいかに困難であったとしても、欲望を待たせておいてはならない。なぜなら、あくまで主体にとっての罪は、自己自身の欲望に対して譲歩してしまうことだからだ。

分析家の職務に関するラカンの一貫した立場というのは、分析主体を良識的で規範化された行動へと導くことではなく、主体が真に欲望している対象とは何であるのかという問いを突きつけることによって、主体を欲望の対象へと駆り立てることにある。このとき、ラカンは自己自身の欲望への固執というコナトゥス、すなわち彼本人がその影響を拭い去れていないことをつねづね認めていた「欲望は人間の本質そのものである」であるというスピノザ的な欲望の定義における自己固執性という方向へと接近しているのかもしれない。少なくともこの講義において、ラカンがトマス的な「神愛 caritas」ではなく、「欲望 cupiditas」の倫理学を肯定しているのは火を見るよりも明らかだ。我々が「精神分析の倫理」から抽出すべきものは、こうした他者や善（財）への犠牲に供せられない欲望の様態なのである。精神分析は欲望へと主体を追い込むことで、その欲望の彼岸にある現実界へと出会わせようと仕向ける。それによって象徴界の構造が壊れ、別様なものになり、主体もまた並行するように変容を遂げる。他者中心の倫理からの脱却は、このようなアプローチにおいて実装されるのだ。

第六章　転移の本質——「愛される者」から「愛する者」へ

第一節　アルキビアデスとソクラテス

『精神分析の倫理』の次年度、一九六〇年から六一年にかけて開催された『転移』のセミネールにおいて、ラカンは後述するポール・クローデルの「クーフォンテーヌ三部作」と共に、プラトン『饗宴』の注釈を行っている。『饗宴』は一般的にソクラテスがディオティマと呼ばれる女性に仮託することによって語らせた美とエロスという主題を中心に据えながら説明されがちだが、ラカンはそうした方向性に異を唱え、ソクラテスとアルキビアデスの関係、そしてこの物語の終盤におけるアルキビアデスの衝撃的な登場に『饗宴』の真髄を見いだそうとする。アルキビアデスはプラトン研究の文脈においても現世的な快楽に浸り、ソクラテスがもつ知の本質を汲み取れない未熟な人物として芳しくない評価を受けることが普通で、[1] 彼の劇的な登場は重要な意味を持たない余計なものとされることが一般的だ。しかし、ラカンは「アルキビアデスの登場は本質的である」（*VIII*, 151／一八八（上））とはっきり述べ、そのシーンを蛇足として切り捨ててはいけないと主張する。したがって、通常軽んじられがちな野心に富んだアルキビアデスに光をあてることでしか浮かび上がらないものを特徴づけることに、ラカンによる注釈の独自性があるといえよう。

ところで、これまでラカンの『饗宴』注釈を主題化したジュアン・パブロ・ルケッリ[2]やブルース・フィンク[3]などの先行研究は、――ラカン自身がそう主張しているからなのだが――アガトンの演説からアルキビアデスの闖入までのラカンによる注釈をある程度忠実に追いかけながら論を進めているのだが、その結果として、肝心な部分であるアルキビアデス闖入の分析が少々おざなりになってしまっているきらいがある。しかしながら、「アガルマ」の所持者であるソクラテスという偉大な大他者に対峙し、自己自身のもつ欲望に忠実に振る舞うアルキビアデスの行為は、ラカンの精神分析を考える上できわめて示唆に富んでいる。現にラカンが「フロイト的無意識における主体の転覆と欲望の弁証法」において、アルキビアデスを「すぐれて欲望する者であり、享楽のなかに可能な限り進んで行く男」[4]として積極的な評価を与えていることからもわかるように、彼が実践した享楽することの危険に没頭する風変わりな生き方は、よく顧みられるに値する。なぜなら、アルキビアデスの悪魔的な魅力は欲望の精神そのものであり、その厚顔無恥な行為は精神分析の倫理を体現しているからだ。それは一般的な善を求め、正しく善く生きようとするソクラテス的な倫理観とは対照的に、欲望と享楽を中心とする倫理観への転換を促す。アルキビアデスの存在は、倫理学を普遍的な公正さの枠から解放し、各個人の特異な精神状態や症状を基盤に据えることへと導く。

饗宴への闖入というこの出来事が特別であるのは、それが前述したような六〇年代ラカンにおいて前景化してくる大他者の失墜という状況の具体的な例証になっているからだ。我々は『転移』における彼の理論を整理することで、アルキビアデスによるソクラテスへの侮辱的行為がまさしく大他者の欠如を暴き立てる行為である、ということを明らかにしていく。[5]アルキビアデスはソクラテスのような偉大な人物を侮辱することによって「[…]真に大他者へと敵対することを欲する」[6]。上述のルケッリはこの絆をコジェーヴ的に解釈された「主人と奴隷の弁証法」に擬えているが、[7]それはまことに適切な比喩であろう。奴隷たるアルキビアデスの愚かさが我々に教えてくれるのは、転移を引き起こすには、主人に従属するのではなく、それと闘争的な関係のなかに入り込まなければならないということである。すなわち、大他者を引き摺り下ろすことを契機とする調和から不調和的関係への移行なしに、転移が現れることはないという事実を教えてくれるのが、アルキビアデスの愚行なのだ。

ラカンは実際に『饗宴』注釈の目標、それをアルキビアデスの闖入（212C-E）の場面におくことによって明瞭に筋道をつけている（*VIII*, 38／三八（上））。ではアルキビアデスはそもそものところ、どのような性格特性をもった人物であったのだろうか。ラカンはそれを以下のように描出している。「アルキビアデス、彼は一種の前アレクサンドロスです。彼の政治的冒険の数々は間違いなく、途方も無い、力業の、立ち止まることのない、どこにも位置づけられない挑発的態度の徴を刻印されています。いたるところで彼は状況をひっくり返しながら移動し、方々を歩き回り、ある陣営の勝利を別の陣営のものにさせてしまいます。しかし、どこでも彼は追い立てられ、追放させられてしまいます。しかも、それはまさに彼の悪行のためだと言わなければなりません」（*VIII*, 32／三二（上））。

アルキビアデスはある場所に身を落ちつけて、着実に基礎を築き上げていくというよりもむしろ流転の生涯を送り、誰よりも自分自身のことだけを考え、他者を利用し、裏切りながら生きた。これは年長の者に対してさえも、自らの立場を譲ろうとしない幼少時からの彼の反抗的な性格が招いた結果であろう。ラカンも依拠しているプルタルコスの『英雄伝』には、「少年時代を過ぎたころ、ある文法教師のところへ行って、ホメロスの書物がほしいと言ったところ、その教師がホメロスは一巻も持っていないと言ったので、ぶん殴って出てきた[8]」などという彼らしいエピソードが紹介されているが、ラカンはこのような刃向かう態度こそ、非の打ち所がない完璧な人物という像から彼を遠ざけ、アテナイの民衆たちが彼に釈明を求めたその淵源となっていると言う。「我々には、アテナイの民衆が彼に釈明を求めたのは、アルキビアデスとその仲間たちの後世の評価を、免罪することもまた全面的にはできません。アテナイの民衆が彼に釈明を求めたのは、おそらく理由のないことではありません。そこには、アナロジーで言えば、何だかよくわからない黒ミサを連想させる実践がありました。都市国家の諸法に対して、いかなる反乱や転覆を基盤にしてアルキビアデスのような人物が出現するのか、我々は見ないわけにはいきません。その基盤とは破断であり、形式や伝統や法の軽蔑、そしておそらく宗教そのものの軽蔑です。まさにそこに、この人物の背後に残存する不気味なものがあります。それでもやはり彼は行く先々で、まことに独特な魅力を漂わせていくのです」（*VIII*, 32／三一‐三二（上））。

アルキビアデスの性質に「宗教そのものの軽蔑」を看取するラカンの分析が欠けてはならないファクターとなるのは、アルキビアデスがどうあっても大他者の道徳に染まらない人物であり、そうであるがために「どんなときにも世論と呼ばれるものを挑発せずにはおかない」（*VIII*, 33-34／三三（上））ということを証明しているからだ。しかしながら、あらゆる他者たちを見下し、その傲慢さによってひっきりなしに物議を醸すこの男が、自分自身以外に唯一恐れた人物がソクラテスであった。ただしアルキビアデスは彼に愛されてもいた[9]。ラカンは二人の結びつきを「愛する者 ἐραστής（エラステース）」と「愛される者 ἐρώμενος（エローメノス）」との関係として区分する。この分裂は分析家と分析主体との間柄にも等しい。「愛する者＝分析家」のことを考えるとき、適切さを欠いた迂遠な引用なのかもしれないが、『教えの手ほどき』においてアウグスティヌスが「先に愛することよりも大きな愛への招きはない[10]」と書き記していたことが思い起こされる。愛する者としての分析家は、まず自ら分析主体を愛すること、すなわち機先を制することによって愛される者を転移の関係へと誘うのだから、ソクラテスとアルキビアデスのあいだで生じる駆け引きは、精神分析そのものの隠喩として推し測ることができるのではないか。

よしんばそうであっとしても、まずは愛の関係として見ていくことが外せないであろう。よく知られているように、ギリシア的な愛の中心には同性愛が鎮座する。ラカンはそれと現代的な同性愛とを区別するものは「対象の質」（*VIII*, 43／四五（上））だけであるとするが、それで何を言いたいのかといえば、愛される者は誰でも構わないわけではなく、あらゆる側面において卓越した存在でなければならないということだろう。ラカンは言う。「ギリシア的愛は、愛の関係における中性的な二人のパートナーを取り出すことを可能にします。それは当然、男性形で表現される純粋な何ものかであり、まずもって、愛において、それぞれ愛する者と愛される者、つまり、「エラステース」と「エローメノス」を形づくるこのカップルの水準で起こることを明確化するのです」（*VIII*, 46-47／四九（上））。しかしながら、ラカンは少年の庇護者としての成人男性との関係による教育的な効果をその目的とし、善を目指すものであるとする「少年愛」の通俗的な理解に対して異を唱え、このような意見をプラトンのものとはまったく異なると主張するのである（*VIII*, 53／五八（上））。ギリシア的同性愛は、ある種の「Bildung（陶冶、教養、人間形成）」としての「パイデイア *παιδεία*」による善の養成に紐づけて考えられるべきではなく、愛の水準で生じる出来事をより純粋なかたちにおいて可視化させてくれるものとして捉えるべきなのである。

ならばラカンが愛の問題を考えるとき、「愛する者」と「愛される者」を峻別する基準はどのようなものであるのだろうか。いわく、愛する者を特徴づけるのは「本質的に欠如しているもの」（*Ibid*／同前）であり、「彼は自身に欠けているものを知らない［…］」（*Ibid*／同前）存在であるということにほかならない。一方で、愛される者は「［…］彼がもっていること、隠されてもっていることを知らない者であり、そうであるがゆえに彼の魅力を為すものを知らない者として位置づけられる」（*Ibid*／同前）。というのも、愛される者の魅力は愛する者のパロールによってはじめてそれまで表面化していなかったものが現働化するといえるからである。そうすると「愛される者、彼もまた知らない」（*Ibid*／同前）ということになる。愛する者と愛される者に共通するのは、それぞれに別のかたちで存在する知の欠如にほかならない。このことから、ラカンが愛憎の関係を、知らずにいることなしには駆動しえないものと捉えていたことがわかる。知が掌握不可能であるからこそ、つまり知につねに欠損があり、とうてい完全なものには届かないからこそドラマが生起してくる。愛する者であるにせよ愛される者であるにせよ、愛憎という闘争のなかに身をさらすことにより、自己自身の知の欠損に向きあうことが転移を駆動させるのである。

ソクラテスとアルキビアデスの関係を考えるとき、前者が「愛する者」であり、後者が「愛される者」としてまず立ち現れるということに気を留めるべきである。前記のように、この関係が分析家と分析主体の隠喩であることも勘案しておかなくてはならない。この「愛する者（＝分析家）」と「愛される者（＝分析主体）」とに同時に存在している不知はけっして同じものではない。愛する者としてのソクラテスは、アルキビアデスに対したときに、自分自身が優位な知をもっていると想定する。[11] つまり、自分自身を――不知を自覚するがゆえに、あるいは愛を知っているがゆえに――十全な存在であると思い上がり、自己に欠けている何かが欲望の対象となっていることを知らない。それに対して、愛される者としてのアルキビアデスは、美貌によって人を惹きつけていると彼自身は思い込むが、本当のところ自分自身がなぜ多くの人々から愛されているのか、自身の隠れた美点を把握していない。彼は自分自身の根源的魅力、何が他者たちの欲望を促しているかを知らない。ラカンが語気を強めるのは「その本質において、愛する者と愛される者を構成するこれら二項のあいだに［…］いかなる一致もない」（*Ibid*／同前）ということだ。この箇所が大事であるのは、この不知をめぐる「齟齬 disparité」（*VIII*, 11／三（上））を愛の関係において産み出される「転移」の源に置いているからである。愛される者、すなわち欲望を喚起する者を触媒にある主体が愛する者となること、つまり欲望する主体になることは、つねに転移を呼び起こす。そしてその原因となるのは、主体間の互恵性ではなく、永遠に結びつくことのない「愛する者（＝分析家）」と「愛される者（＝分析主体）」に亀裂を入れる不調和としてのこの隔たり以外にはなく、このように不知が二種に区別されるからこそ齟齬が生まれ、転移に場を与えることができるようになる。

　ラカンは「欠如の主体であるかぎりでの「エラステース」、「愛する者」の機能が「エローメノス」、愛される対象の機能の座に来て、それと置き換わるかぎりにおいてこそ愛の意味作用が生じる」（*VIII*, 53／五九（上））と説明をつける。さらにフィンクがこの部分を切り取っているように、[12] ラカンは愛の源、その原初的なかたちを神々の愛であるとし、それを現実界の領野におく、そういうわけで彼における愛の様相は現実界として特徴づけられる。[13] この神話の定式をソクラテスとアルキビアデスの関係に置き換えてみよう。アルキビアデスはつねに「愛される者」、すなわち「欲望される者」ないし「欲望を喚起する者」として生きてきたし、ソクラテスとの交際もはじめはそのようなものだった。しかしながら、ソクラテスと親密になっていくにつれ、アルキビアデスは彼の有する「定義しがたく貴重な対象」（*VIII*, 186／二三六（上））たるアガルマに魅了され、そのことによって欲望の鎖を引きちぎる。だが根本的に「愛される者」として生きてきた彼自身が能動者となって「言い寄る」技術は拙いもので、[14] ソクラテスを誘うものの受け入れてもらえない（217D）[15]。『饗宴』におけるアルキビアデスの闖入、大他者としてのソクラテスに対する侮辱的行為は、こうした経緯を背景としており、大他者への侮辱は「愛される者」から「愛する者」への移行、すなわち「分析主体」から「分析家」への移行を呼び起こすその触媒となる。ではなぜ「愛する者」になるアルキビアデスは「愛される者」になるソクラテスを侮辱しなければならないのだろうか。たんに尊敬の念と愛情を伝えるだけでは不十分なのか。それは真の愛がつねに憎しみと不可分であり、現実界に属するがゆえにけっして二人の関係を調和に至らせてはならないからである。現にラカンはそのことを以下のように語っている。「何よりもまず明らかなことは、愛の次元が現実界に顕現するその時には、愛の次元は調和へは向かわないということです。現実界に向かって、欲望する魂たちの行列が上昇していくように見えたこの美が、収斂という形においてすべて構造化するように見えないのは確かであるように思われます」（*VIII*, 164／二〇五（上））。

愛する者として欲望するアルキビアデスが望むこと、それは万人の誰もが彼を愛することではなくて、自分一人のものにしたいということである（*VIII*, 164／二〇五－二〇六（上））。だからこそアルキビアデスは公然と饗宴の場に闖入した。ここでラカンは「愛について語るためには、本当に、あらゆる羞恥の境界を越えてしまっていなくてはならない」（*Ibid*／二〇五（上））とつけ加えている。このとき確認しておく必要があるのは「転移の力動論にむけて」においてフロイトが、いわゆる師弟愛において尊敬の対象となる存在を、性的対象と見なしているという事実であろう[16]。それゆえ、この場面は性愛的な関係として解釈していくのが自然なのではないか。アルキビアデスは性愛関係における最果てにおいて、認識論的な知の領域から脱け出し、すなわち意識の世界から「外－立（脱－存）Ex-sistenz」することによって、無意識そのものへと突入しようとする。「［…］かりに私がフロイトの革命について教えていることが正しいとするなら、分析の新しさはまさしく次のことにあります。つまり、何らかのものがシニフィアンの法のなかから栄養をとるが、それは知を含まないばかりか、知をはっきり追放し、自らを無意識として構成する、ということです。すなわち、その何ものかは、無意識の鎖として存続するために、その水準に主体の欠蝕を必要とするものとして、主体とシニフィアンとの関係において、その根底に何か還元できないものをつくるものとして、構成されるのです。だからこそ我々は、唯一ではないにせよ、まさしくソクラテス的なディスクール、「エピステーメー」の、それ自身に透明な知のディスクールが、ある対象に関して一定の限界を超えると続行されえない、ということに必ずしも驚かない最初の者なのです。［…］この対象が愛であるときに」（*VIII*, 145／一八〇（上））。

現実界に属する愛は、けっして知には収まらない。ここで焦点をあてるべきなのは、アルキビアデスがソクラテスに対して、まるで「女性」のように感情を露わにして喧嘩を吹っかけているということだ。しかしながら、このような奇行はアルキビアデスの脆さを表しているのではないし、ましてや本性的な愚かさの表出などでは断じてない。〈女性性の拒否〉（*VIII*, 192／二四四（上））の拒否は「去勢への恐れの不在」（*Ibid*／同前）、純粋な男らしさの顕現でもあるからだ。すなわち「古代のモデルにおいても、男らしさの最も極端な典型は、女性のように扱われる不測の危険をまったく軽く見ることを伴う」（*Ibid*／同前）のである。古代における真の男性性とは、うちに隠す「ヒステリー」――よく知られるように、この語は「子宮 ὑστέρα」を意味するギリシア語に由来をもつ――を露出することにためらいを見せないことなのだ。そして『饗宴』のクライマックスはこの恐れなき侮辱からはじまる。問題はアルキビアデスのヒステリーの露出と侮辱が何を狙っているのか、その行為がどのような結果に至るのかを知ることである。アルキビアデスはソクラテスとの関係を暴露し、洗いざらいに侮辱することによって十全な知の総体、すなわち大他者としての彼をその独占的な地位から引き摺り下ろそうとする。まさしくアルキビアデスの目的は「大他者の失墜」を生じさせることで彼を「小文字の他者 *a*」にすること（*VIII*, 214／二七一（上））、つまりアルキビアデスは「［…］その階梯から、ソクラテスが失墜すること」（*Ibid*／同前）を望んでいるのである。こうした構図は、つまるところ分析家の失墜に等しく、それゆえアルキビアデスによる大他者への侮辱は、大文字Aに欠如を穿つことで対象 *a* の形成を促すことにあるといえるだろう。ラカンの精神分析は大他者をその高みから失墜させることによって、対象 *a* の存在を照らし出すところへと進まなくてはならない。

しかしラカンがそう認めているように、たしかにアルキビアデスの試みは一見したところ失敗しているように映らなくもない（*VIII*, 214／二七一（上））。ソクラテスはアルキビアデスの告白が彼のアガトンへの愛をごまかすものに過ぎないとして、まともに取り合わないからである（222C-D）[17]。「愛される者」となったソクラテスはもはやアルキビアデスに対し何の関心も示さず、あえてアガトンを讃える。彼の関心は別の愛の対象へと向いてしまっているのだ。しかし上述したようにソクラテスは自分自身に何が欠けているかを知らない存在であり、そしてそれを知らないがゆえに「愛する者」として「愛される者」たるアルキビアデスに転移を生じさせることができる。二人は別様なかたちで知らなかったのであるが、ソクラテスは欲望に関してすべてを知っていると過信し、象徴的な大他者、すなわち「知を想定された主体」という仕方でアルキビアデスから愛されていると誤認している。このときラカンは次のようにソクラテスの知のあり方を総括する。「ソクラテス、彼が「エピステーメー」、つまり学知と呼んだもの、要するに彼が発見すること、彼が引き出すこと、彼が強調すること、それはディスクールが真理の次元を生み出すということです。ディスクールはその活動自体に内在する確信を手に入れるのですが、ディスクールは、それを可能にするところで真理そのものを保証するのです」（*VIII*, 102／一二二（上））。

ソクラテスの論法は対話相手を論駁しているのが主体自身ではなくて、その背後にある真理そのものであるという類の操作であり（*Ibid*／同前）、まさしく彼は自身のディスクールを真理と等価にする。こうしたソクラテスにおけるディスクールと真理の不可分な一致こそが「愛する者＝欲望する者（分析家）」としての彼の絶対的な確信を支えていた。つまり不知の自覚のこの意識によって、実のところそこに存在するはずの欠如を無意識のうちにソクラテスは埋めようとしてしまっている。しかしながら、ソクラテスはアルキビアデスに真理をもつ存在としてその大他者性によって愛されているというよりもむしろ、彼の内奥にある輝きとしてのアガルマ、すなわち対象 a のより深い根基を為すものとして欲望されているがゆえに、分析家のひとつの理想像ともされるソクラテスは、大他者として真理のディスクールを語ることによってではなく、アガルマという欠けたものによって魅惑を放つ対象となるかぎりで、アルキビアデスの欲望に火を灯す。分析家が欲望の対象となるのは、けっしてファリックな要素を因子としてではなく、より不完全でありながらも、さらなる輝きを放つ原石の所持者であると、分析主体に思い込ませるからなのだ。

第二節　愛憎関係の帰結としての死

「愛される者（＝分析主体）」から「愛する者（＝分析家）」への移行であるこの状況は、最終的にどのような帰結へと送られるのだろうか。ラカンは次のように述べている。「ソクラテスについて言われていることのすべて、それは彼が無尽蔵の徹底的な欲望者だということです。しかし、ソクラテスがアルキビアデスのスキャンダラスで荒れ狂う、酩酊した公然の攻撃に直面して、欲望される者の立場に姿を現すことになるとき、もはや完全にそこには誰もいなくなります」（*VIII*, 433／二六二（下））。しかしながら、ソクラテスの容赦ない無関心がアルキビアデスの心を折り、いやおうなしに二人の関係は絶たれてしまう。[18] この事実は彼らが現実界へと触れたことの証でもあろう。というのも、長きに渡って憎しみもなく自存する愛のみによってお互いを高めあい、尊重し合うような関係は実際には愛とは何の関係もなく、二人の関係が破滅的なしかたで壊れなかったのであれば、それらはすべて何か別のもの、おそらくは財によって結ばれているにすぎないと、精神分析は考えるからだ。

じじつ、ラカンは「分析家から見れば、金持ちには愛することに大きな困難があることはまったく確かである」と言い、そして「富裕さは不能をもたらす傾向がある」とつけくわえる（*VIII*, 420／二四四（下））。なぜなら「金持ちは、金持ちなのだから買わざるをえない」（*Ibid*／同前）からである。彼らは財によってすでに欠如を補償されてしまっているように見えるため、アルキビアデスのようにそれを投げ出し、自己をつねに危険に晒していくことをしないのであれば、愛と憎しみを産出する欠如をつくりだすことができない。富や権力の絶頂にあるものが愛を得ようと思うのであれば、蓄えるのではなく、吐き出し続ける作業が欠かせない。なぜならラカンにおいて「愛とは持っていないものを与えることである」（VIII, 263／三四（下））からだ。

「愛される者」は、最終的に「愛する者」として持っていないものを与えることになる。そしてこの移行が起きたときに、かつて「愛される者」であった対象は「愛する者」を追いかけるが、かつて「愛する者」だった「愛される者」は二度と振りむかない。なぜなら、もうそこには何もないからである。つまり「愛される者」の「愛する者」への移行という愛の奇跡は、二人の関係の死そのものなのだ。「愛する者」と「愛される者」の関係が真実であれば、そこにはなんら幸福はなく、死だけがあるのだろう。というのも、もしそれが真実であるのならば、その関係は現実界に結ばれる愛であり、その場には長く居られないからである。真の転移が生じたときに、その物語の続きはない。そしてこうしたことをよくわかっているからこそ――分析家が分析主体の愛を受け入れてはいけないのと同じように――ソクラテスはアルキビアデスの愛を受け流し、禁欲によって愛の関係（＝分析的関係）を真なるものにする。愛する者は、愛されたときから愛する者を愛することができない、すなわち、分析家は真に分析主体から愛されてしまったときに、その分析を終結させねばならない。しかしながら、こうした分析家の態度はけっして医学倫理としての「無感動 apathie」と同類のものではなく、むしろ分析家がより強烈な欲望を抱くからこそ生まれてくる冷淡さである（VIII, 225／二八五（下））。分析家は眼前に相見える分析主体の愛という目先のものではなく、分析家の欲望としか名づけえない何か、すなわち分析主体の変容を欲望しなければならないのである。

ならば変容とは何か。何より示唆的であるように思えるのは、前記のようにこの「愛される者」から「愛する者」への移行が、「分析主体」から「分析家」への移行に重ね合わされるように見えるということだ。ラカン派においては、分析主体が分析の終わりにおいて分析家への道を歩み出そうとすることが、分析という実践の一つの主要な目的とされる。「愛される者」から「愛する者」への移行は、分析主体から分析家への移行を見事に例証しているのである。ラカンによるソクラテスとアルキビアデスの関係の注釈がその鮮烈な印象において隠喩化しているのは、まさしく分析家と分析主体の関係であったのではないか。ソクラテスのもつアガルマは、分析家においてはより汎用化された「欲望の対象」、すなわち対象*a*において機能するようになる。『転移』の講義を締めくくる回においてラカンは、対象*a*たる分析家の特性を「私は何物でもない、私はゴミでしかない」（*VIII*, 263／三〇一（下））と表現し、さらに次のようにつけ加える。「ソクラテスが知っていること、そして分析家が少なくともかいま見なければならないもの、それは小文字の*a*の水準において、問題は理想へのどんな接近とも、まるで別ものであるということです。愛はこの島、存在のこの領野を取り囲むことしかできません」（*VIII*, 264／三〇二（下））。

精神分析の核心は理想的な大他者にはなく、小文字の*a*という廃物の存在にこそある。ただし残念ながらそこは愛によって到達できるような場所ではない。愛は*a*の周囲を取り囲むことで精一杯だからだ。そして大他者としての分析家は「愛される者」としてこの*a*そのものに、分析の最後の場面で変身しなくてはならない。何にしても、ソクラテスとアルキビアデスの転移的関係が示唆していたものは、精神分析そのものにほかならなかった。むろんこうした説明の仕方はいわば一つの理念系であり、実際的な場面においてはより複雑で繊細な介入が必要であることは論を俟たないが、それでもこのようなけっして幸福とは言えない種類の「転移性恋愛」が、分析の場面においても否定しがたく存在しているというのは紛れもない事実なのだ。

第七章　「女性の享楽」と「父の諸名」
――ラカンによるポール・クローデル『クーフォンテーヌ三部作』の注釈

第一節　戯曲の梗概と時代的背景

これまで述べてきたように、ラカンをファルス中心主義者とするその印象はいまだ払拭されていない。しかしラカンは上述した『欲望とその解釈』、『精神分析の倫理』のみならず、ポール・クローデルの「クーフォンテーヌ三部作（『人質 *L'Otage*』、『堅いパン *Le Pain dur*』、『辱められた父 *Le Père humilié*』）」[1]を注釈の俎上にのぼらせた『転移』のセミネールにおいても、悲劇における女性キャラクターに着眼することによって、〈父〉なるものの専制的な支配を打ち倒そうとする者たちの戦いを好ましいものとして語っている。そこでは死に切迫される悲劇的な状況に窮しながらも、自らの欲望に譲歩せず、〈父〉に屈することなく、ファルスに取り込まれない女性たちの形象が見事に活写されている。したがって本章においても、引き続き彼女たちの反抗を追っていこう。

ただ『ハムレット』や『アンティゴネー』への注釈と比べてもとくに、我々がここで取り上げるクローデルの「クーフォンテーヌ三部作」へのそれは、十分な理論的関心を向けられてこなかった。奇妙なことに、たとえば著名なフランスの女性分析家コレット・ソレールは『ラカンが女たちについて語ったこと』において「クーフォンテーヌ三部作」における女性たちの描かれ方を評価せず、『真昼に分かつ』における「愛の不可能」の体現者たるイゼだけに例外的な価値を認めている。[2] そしてまったく同じようなスタンスが『ラカン——反哲学』におけるアラン・バディウにも見受けられる。[3] たしかに女性のイマージュとして、イゼが明瞭な輪郭を有する語りやすいキャラクターであることを認めるにやぶさかでない。だが劇的な受難、恋の情念によって登場人物が動かされていく『真昼に分かつ』ではなく、同種のテーマを通奏低音としながらも、より複雑で企みに満ちた構成を有し、さらにイゼにもまして魅力的とすら思える盲目の美少女パンセが登場する「クーフォンテーヌ三部作」を注釈の材料に選んだ以上、ラカンが後者に惹かれていたことは明白である。

しかもそこからは、ファルス的な大他者の法へと切り下げられることのない「女性の享楽」(XX, 36)に比重をおき、主体の個別性を保証する部分的な真理として、単数的な〈父の名 Le Nom-du-Père〉に取って替わる〈父の諸名 Des Noms-du-Père〉[4] を設定するようになる後期ラカンの理論的先駆けとなるものを読み取ることすら、不可能ではない。何はともあれ、ラカンが主題としたのは〈父〉と〈女〉たちの闘争というテーマであり、「愛の不可能性」の次元はその一要素でしかない。にもかかわらず、ソレールとバディウはこういった事実を黙殺している。したがって、あくまでもラカンが直接的に論じた唯一のクローデル作品である「クーフォンテーヌ三部作」に脚光を浴びせることの方が、王道の読みといえよう。序論で引用した「何にもまして分析経験が教えていること、それは人間が症状と呼ばれるものすべてによって刻印され、悩まされているということです——症状、それが人間をその欲望に結びつけるものであるかぎりにおいて——」(*VIII*, 317/一〇六(下))というラカンの主張も、実はクーフォンテーヌ三部作の講義を開始する会のはじめの方で述べられたものである。欲望がどうして症状と呼ばれるものに関連させられるようになるのかも、この注釈を読み解いていくことを通してこそ、浮かび上がってくる。さしあたってまずは、戯曲の梗概とその時代背景を説明するところから話を進めていこう。『アンティゴネー』や『ハムレット』とちがい、我が国においてよく知られた作品ではなく、また読みとく上でフランス近代史の知識も必要となるため、細かく述べていく。

一作目『人質』の主人公は旧体制（アンシャン・レジーム）の貴族で、恐怖政治下において従兄であるジョルジュを除き一族皆殺しに遭ったクーフォンテーヌ家の一人娘シーニュである。彼女は荒廃したクーフォンテーヌ家の領地を買い戻し、敷地のなかにあった古い修道院を改造して家を再建しようとしている。ある日、イギリスへと亡命していたジョルジュがナポレオンによって幽閉され、人質となっていた教皇ピウス七世を救出した後、彼を匿うためにシーニュのところへとやってくる。そこで彼は妻が王太子の情婦であること、そしてクーフォンテーヌの名をもつ跡継ぎの息子二人が亡くなったことを告げる。一族二人だけが取り残されたなかでシーニュは、ジョルジュとの結婚を決意する。

しかし、その誓いはすぐに裏切られることになる。かつてのクーフォンテーヌ家の女中と呪術師のあいだにできた息子で、ナポレオンの配下にあるマルヌ県知事トゥサン・チュルリュールが教皇の居場所を嗅ぎつけてやってくる。革命時にサン・キュロットであった彼は、シーニュとジョルジュの両親を彼女の目の前でギロチンにかけた処刑人だった。忌まわしいチュルリュールはシーニュが自身との結婚に同意するならば、教皇とジョルジュは見逃すと彼女に醜悪な交換条件を突きつける。シーニュは一度断るものの、キリストの代理者たる教皇を守るよう聴罪司祭のバディロンに説得され、承諾する。

そして舞台は一〇年後に移る。パリの知事となったチュルリュールは没落するナポレオンに見切りをつけ、パリをルイ一八世に明け渡すことで王党派に寝返ろうと目論んでいるが、その交渉相手はジョルジュであった。ここでチュルリュールはジョルジュにクーフォンテーヌという「名」の譲渡を要求する。ジョルジュは隙を狙って発砲するが、シーニュが咄嗟の判断で二人の間に割って入り、被弾してしまう。チュルリュールはすぐさま撃ちかえし、ジョルジュは絶命する。死に瀕するシーニュに対し、チュルリュールは二人の間の息子であるルイに会えと呼びかける。しかし、顔を引き攣らせたシーニュは沈黙し、やがて息を引き取る。

第二作目『堅いパン』の舞台は、一八四〇年代の前半で、『人質』の終幕から二〇年ほどの時を経たフランス産業革命の興隆期、ルイ・フィリップ治世下である。貴族院議員として産業界を牛耳るまでになったチュルリュールは、彼の配下で現世的な快楽を貪り、高利貸しをしている仲間の娘で、著名なピアニストの若いユダヤ人女性シシェルを愛人のひとりとしている。クーフォンテーヌ家の領地にある古いシトー会の修道院を製紙工場に変えようとし、フランス全土の鉄道網敷設に投資するチュルリュールは、勃興するフランスの資本主義を体現している。シシェルは二年間ピアノから離れ、彼の帳簿を管理していた。シーニュとの息子で、アルジェリアで大尉としてフランスの植民地拡大に貢献しているルイは、父に勘当され、さらに土地を購入したことによる借金を抱えており、その返済のために二万フランが必要だった。

ルイの婚約者である亡命ポーランド人のルムイールは、もともとはルイに貸し付けた一万フランを支払い不能の息子に代わって、その父チュルリュールから取り返そうとしている。この金自体も、あくまでポーランドの民族運動のなかで集められた活動資金であり、彼女はポーランド貴族からそれを委託されているにすぎない。ルムイールの家族はポーランドの民族運動に身を投じていたが、父と兄は亡くなっている。ルムイールはそこに参画するために、金を取り戻す必要に迫られていた。彼女はたんにロシアからの独立を望むのではなく、新しいポーランドをつくりあげたいと考えている。だが、チュルリュールはルムイールに対して、驚くべきことに彼自身との結婚を返済の交換条件として提示する。窮したルムイールはひそかにルイを愛しながら、チュルリュールの財産を父と協力して狙っていた愛人シシェルからチュルリュール殺害の計画を持ちかけられ、共謀することになる。国をもたない二人の女が、ここで手を組むのである。そこにシシェルから連絡をうけたルイが帰還した。彼はルムイールから拳銃を二丁渡され、実の父を殺すよう説得される。

対決のとき、ルイはどちらともしくじるが、心臓の弱かったチュルリュールは死への恐怖から発作を起こし絶命。事が終わった後、ルイは父の遺産を相続することによってルムイールに借金を返済し、共にアルジェリアへ行こうとするが断られ、逆に彼女の方からポーランドに行くよう請われる——彼女は祖国のために死のうと決意していた。しかしルイはそれを拒絶し、ルムイールは姿を消す。こうした展開のなか、ルイはあらかじめ彼の父からすべての財産を奪い取っていたシシェルと結婚する。そしてアルジェリアへの帰還も諦め、フランスに残る。最後の場面、ルイは母シーニュが必死の思いで買い戻したクーフォンテーヌ家の十字架を、養父に二束三文で売りさばいてしまう。

第三作目の『辱められた父』は、一八六九年のイタリアを舞台とする。この時代はローマ教皇が地上権を失っていく時期であり、教皇領の多くが成立の途上にあるイタリア王国に併合され、ローマとその周辺部に残された教皇領も、ガリバルディの侵攻に危機感を覚えながらフランス軍の駐留によってなんとか維持しているという状態であった。ある日、ローマの別荘で亡命ポーランド人の王子ウロンスキーが主催する仮装パーティーが開かれていた。イタリア在駐のフランス大使となっていたルイとユダヤ人シシェルのあいだにできた盲目の娘パンセは、そこで教皇ピウス九世の甥で養子でもある聖職者を目指すオリアンと双子の弟である軍人オルソに出会う。二人は共にパンセを愛するようになる。一方で、パンセはオリアンへの愛を母に告白するが、シシェルはオルソとの結婚を望むために反対する。そこでパンセはオリアンを中庭に誘い、彼に愛を伝える。教皇に対し、オリアンとオルソはパンセへの愛を伝えるものの、互いに譲り合う。教皇は先代の迫害者であるチュルリュールの血を引くパンセと聖職者を目指すオリアンが結婚することに反対し、彼女をオルソに譲るよう説得、彼はその提案に同意する。しかし一八七〇年九月の終わり、オルソの計らいによって一年振りにパンセはオリアンに会い、そこで二人は永遠の愛を確認し、オルソとの婚約は破談になる。そして物語は一八七一年一月に移る。パンセはオリアンの子を宿していた。しかし彼からの連絡は途絶えていた。オリアンはプロイセンとの戦争ですでに殺されていたのだ。この事実を知らせるためオルソがやってくる。彼はオリアンが彼女自身と子供のためにオルソとパンセが結婚することを望んでいたことを伝え、オリアンの身体から抜き取った心臓を花かごに入れてパンセに贈り――初版では頭だった――、彼女がそれを受諾することで終幕する。

アラン・ルフェーブルが指摘するように、この家族ロマンスは政治的かつ歴史的な背景を本質的な要素としている。[5]『人質』のシーニュとジョルジュは、ブルボン王家を頂点とする旧体制側の人間を、一方でチュルリュールが革命後の新興ブルジョワ的な人物を代表している。そして彼らのあいだで板挟みになっているのが教皇である。一七九〇年の「聖職者基本法」によって多くの特権を奪われたカトリック教会は、フランス国家への服従を余儀なくされた。その後、一七九四年に法案は廃止されるが、フランス国家とカトリック教会の争いは続いた。一八〇一年にコンコルダート（政教協約）がナポレオンと――『人質』に登場する――ピウス七世によって結ばれ、カトリックがフランスの多数派の宗教として承認され、両者は和解した、しかしこの「コンコルダート体制」は、カトリックがフランス唯一の宗教という地位から没落したことをむしろ象徴している。[6] この協約によってプロテスタントやユダヤ教など他の宗教を信仰する自由が認められ、公費による財源の支出が可能になったからである。革命の影響によって教皇は、確実に力を弱められていった。一八〇九年には、ナポレオンがローマと教皇領を独断で接収し、ピウス七世から破門されることとなる。そして同年、史実においてもピウス七世はフランス兵によって拉致され、ナポレオンが没落する一八一四年まで幽閉されることになる。くわえて、ナポレオンは過激な王党派による殺害計画が露見したことをきっかけに、ブルボン家に対しても敵意をむき出しにする。このとき彼はブルボン朝の王位継承権をもち、王党派が担ぎ上げようとしていたアンギャン公を拉致し、かたちばかりの裁判にかけ、銃殺した。シーニュはこうした状況のなかで、既得権を取り返そうとするカトリックと王党派に与する立場にある。じじつ、彼女は以下のように発言している。

シーニュ［…］いまは、みな、自分自身のために、思いのままに生きていこうとする、そしてもはや神も主君もなくなるのです。大地は広い、人がみな、望みのままに生きればよい、それが自由な人間というもの、まるで動物のようなな。でもわたくしたちは、わたくしたちが自由であろうと心がけたりするでしょうか？　貴族にとって、自由など存在しないもの。それから、平等などというものも。あるいは友愛につながれた同胞とか。そうしてもう尊ぶべき名も血統もなくなる、ただあなただけがわたくしの兄上！[7]

これに対して、チュルリュールは従属していたクーフォンテーヌ家の娘の肉体、財産、権利をすべて奪うことによって、生まれついた「家」や「土地」に縛りつけられた封建社会からより流動的な資本主義への移り変わりの様相を体現している。実際、ナポレオン体制はブルジョワ階級の発展に資するものであった。彼らは政治に参画する権利を与えられ、新しく制度化されたリセ（高等学校）にも参加できるようになり、銀行家や実業家たちの活動は政府によって奨励された。戯曲においてチュルリュールは最終的に貴族院（上院に相当）議員にまで上り詰めている。とりわけ『堅いパン』が時代背景として設定したルイ・フィリップの七月王政においては、資本家たちの利益が第一に保護されており、チュルリュールはその恩恵に浴している。またこの時代に鉄道網が広がり、植民地の開拓が盛んになる。渡辺守章によれば、クローデル自身もはじめこそシーニュに強い共感を示していたものの、時が経つにつれチュルリュールのもつ動物的なエネルギーを高く評価するように考えを改めていったようである。[8]

ところで『堅いパン』においてルムイールは、フランスの新たな植民地であるアルジェリアへと誘うルイを拒絶し、故国ポーランドを選択しているが、そこにも歴史が大きく絡んでいる。[9] 一八世紀末にロシア・プロイセン・オーストリアによって実施された三回の分割によって、ポーランドは国家消滅の憂き目に遭っている。一八〇七年、ナポレオンがプロイセンとの戦争に勝利することで、プロイセン領であったポーランドの土地にワルシャワ公国が建国され、主権回復のためにナポレオンを信じたポーランド人の多くは、フランスに亡命することになる。しかしナポレオンがロシアに敗北すると、一八一三年一月、すぐさま多くの領土がロシアによって占領されることとなる。ウィーン会議によってポーランド立憲王国が成立するが、実権はロシアに握られていた。

一八三〇年一一月、パリの七月革命に影響され、ポーランドでも独立運動の機運が高まり、蜂起が起こるが、結局はロシアによって鎮圧されてしまう。このとき迫害を恐れたポーランド人たちは、フランスなど各国に散らばり、その数は一万を超えたという。『堅いパン』の舞台設定となっている四〇年代前半に再度、強固に独立を主張する者が現れ、ルムイールが帰国していたと思われる一八四六年には、南部のクラクフで武装蜂起がなされる。だがこの反乱もロシアによって押さえつけられてしまう。当時、ポーランド出身の熱烈な愛国者ショパンが活躍していたことからもわかるように、この時代はまさしくロマン主義全盛であり、その思潮はルムイールのセリフや行動にも反映されている。なお先述したように、ローマに舞台を移した『辱められた父』において、ポーランドの王子が登場するが、一八世紀末にポーランドの軍団が傭兵としてオーストリアからローマを守ったという経緯があるように、両国の関係は深かった。

他方で、ルイはアルジェリアで大尉として活動している。フランスは一八三〇年にアルジェに上陸、フランスから多くの移民が入植していった。一八四二年には、その後に一三二年続くフランス領アルジェリアが成立する。史実においては一八四七年末の時点でアルジェリアには四万人が居住しており、[10] ルイの活動期は、まさしくフランスが植民地の礎を築いた時代と重なっている。またユダヤ人であるシシェルがチュルリュールの愛人としてこの戯曲に登場してくるのは、一七九一年に国民議会がユダヤ人に対して公民権を与えたことを背景にしていると推測できる。ナポレオンの対ヨーロッパ戦争を通じて、革命の理念が少しずつ浸透していき、彼らの解放も進んでいったのだが、それはユダヤ人にフランスへの「同化」を求めるものでもあり、それは新たな苦悩の種でもあった。[11]

その後、ロスチャイルド家による「長老会」（一八〇八年、ナポレオンの政令によって設立した唯一の公認ユダヤ教組織、同化政策の一環）への資金援助などもあり、世俗ユダヤ人の発言力は増していった。いずれにせよ、フランス社会はユダヤ人たちを組み込もうとしたのである。たしかにシシェルには守銭奴という旧来的なユダヤ人イメージに苦しんでいる描写が見受けられ、実際に彼女の父は高利貸しであって、彼女もそうした振る舞いをするのだが、同時にルイとの結婚は、カトリックとユダヤの融和を象徴してもいる。そして敬虔なカトリックであるシーニュを祖母にもち、ユダヤ人を母とするパンセもまた、きわめて両義的な存在として描かれている。

三作目の『辱められた父』には、先述した状況にくわえて、普仏戦争の影響によるフランス軍撤退を機に、教皇領がイタリア王国によって占領され消滅したという背景があり、憔悴した教皇の姿が描かれている。ただし、前二作と比べると歴史的な要素は薄まっている。

第二節 〈女〉の〈父〉に対する嘲弄

それでは、ラカンが演劇の伝統において偉大な作品がもつ長所をすべて備えた作品であると褒め称えた、一作目の『人質』から彼による注釈を見ていこう（*VIII*, 323／一一四（下））。この物語の動因となっているものを、ラカンは信仰がかつて保持していた美点であるとする（*VIII*, 323／一一四（下））。「自由・平等・友愛」という共和国の理念によって信仰の有効性が失われてゆくのは、教皇が土地という実際的な財を失っていく過程と無縁ではない。そしてラカンがクーフォンテーヌ家の領地を粘り強く交換分合しようとする旧貴族シーニュの姿に関心を寄せているのも、その行為が経済的なものへの粘着などではなく、貴族階級としての気高さや親族との絆が、土地と切り離しえないものになっているからにほかならない（*Ibid*／一一五（下））。

シーニュはまずもって主人であることに執着している。一方で、このときラカンは聴罪司祭であるバディロンにも注目しているのだが、それはクーフォンテーヌ家の運命を握っていたのが、この男だったからである。まさに彼こそがシーニュをこれ以上ないほど悲痛な裏切りへと転回させた張本人であった。そしてラカンは『人質』という戯曲におけるその真の悲劇性と絶望を、シーニュとジョルジュが引き裂かれる瞬間に見ている（*VIII*, 326／一一八（下））。従兄のジョルジュは、亡命先からシーニュに会いにきた際に、自分の妻が王太子の情婦であったことをシーニュに告白し、裏切りの悲痛を訴える。しかも彼は流行り病によって、クーフォンテーヌという名の跡継ぎたる息子たちも失っていた。このとき重要であるのは、二人ともが悲劇的孤立のなかに取り残されていたということである。そうしたなかで、シーニュとジョルジュは現実には不可能な行為に誓約する。ラカン自身によるクローデルからの引用を参照してみよう。

クーフォンテーヌさま、私はあなたのものです！　あなたの望むように私を好きにしてください。私を妻にするのであれ、すでに生から遠く離れ、もはや肉体など役立たぬところであれ、私たち互いの魂は純粋に融けあうのです。（*VIII*, 353／一五三（下））

しかし、シーニュはバディロンの教唆によってジョルジュを裏切ることを自らの意志で決める。このときのジョルジュの悲痛をもラカンは抜粋している。

［…］少なくとも私だけは、すべてが堕ちていくこのなかにあって、私だけはそのままでいる、名誉も義務も同じままに。
だがお前は、シーニュ。自分が言っていることをよく考えろ。私が自分の最後に手をつけてしまったこのときに、他の者たちのように背かないでくれ。私を裏切らないでくれ［…］。（*Ibid*／一一五（下））

恋慕をはるか通り越して、互いを捧げ合い、霊性にまで高められた誓いを立てる二人であったものの、地上における二人の絆は司祭であるバディロンの介在をきっかけに千切れてしまう。たとえば、サビーヌ・ボエは彼のこの立ち居振る舞いが宗教的な狂気であると明言していたが、我々にはバディロンのシーニュへの説得を動機づけるものが狂気に届くような敬虔な信仰心に由来するものとは思えない。[12] むしろそれは宗教的過剰さの対極に位置しているのではなかろうか。なぜなら、彼は教皇という〈父〉を守るためにシーニュを犠牲にするという保守的な選択をしたにすぎないという印象を与えるからである。シーニュはフランス革命の大義に対して、名と血統という貴族としての誇りを保持しようとしていたがゆえに、彼女の姿勢には埋葬という「家族の法」を「国家の法」に対して先行させるアンティゴネーとの近接性が見いだされるように思えるかもしれない。しかしながら、シーニュとアンティゴネーは必ずしも同じ領域を占めているわけではなく、むしろシーニュの犠牲はアンティゴネーのそれよりもさらに彼岸に存在するとラカンは考えていた。「古代のヒロインが自身の運命、アーテー Até、彼女（アンティゴネー）を試練にかける、彼女にとって神聖なこの法に同一化するまさにそのところで、彼女の意志に反して、その生ではなく、存在において彼女（シーニュ）を規定するものすべてに反して、自由の行為によってもう一人のヒロインは、その最も内奥の根源に至るまで、彼女の存在が執着しているものすべてに逆行するのです」（*VIII*, 327／一二〇（下））。

アンティゴネーとは別の道を行くシーニュは、唯一の拠り所としていた家族を葬った召使いの息子との結婚という犠牲と霊的な次元において結びつき合ったはずの生き残りの血族に対する裏切りを選ぶ。しかも婚姻は愛すらをも義務づけようとするがゆえに（*Ibid*／同前）、外形的に二人の結婚は愛を形成するような、あるいはそのように見えてしまう結果になる。

ラカンは「善悪の彼岸」という言葉で切り取ってしまえば、こうした問題をむしろわかりにくくしてしまうと語り、シーニュが「善の彼岸」に移行することにアクセントをおく。すなわち、シーニュは善悪の彼岸に行くのではなく、善の向こう側、悪としての〈もの〉、現実界へと踏み込むのである（*Ibid*／同前）。それに対し、この貪欲かつ下賤なチュルリュールは彼女から神聖な愛を奪うだけでは満足せず、クーフォンテーヌ家にとって残された最後のものを彼女たちから奪うために、ルイ一八世の受け渡しを交換条件としてジョルジュにクーフォンテーヌの名の譲渡を要求する。シーニュの説得に折れ、取引に応じたジョルジュであったが、チュルリュールに対する復讐心は消えず、彼に向けて発砲する。そのときシーニュが二人のあいだに割って入り、彼女に銃弾が命中する。

しかしこの一見すると、自己犠牲的な行動は、けっしてチュルリュールへの愛に由来するものではなかった。[13] それどころか彼女の「美」という領域を侵害し、毀損するような「顔の痙攣」、「しかめ面」（*VIII*, 328／一二二（下））は、チュルリュールへの有無を言わさぬ「否」以外の何ものでもなく、父権的横暴さの極致とも言うべきこの男を受け入れようとする気持ちなど微塵も感じさせない純粋な拒絶を露顕させている。シーニュは「善」と「美」という二つの防波堤を乗り越えて、彼岸に行く。ラカンはこのようなシーニュの拒絶を、すべての意味が無へと崩壊し、その醜さによって美という座を侵犯する「絶対的な嘲弄」（*VIII*, 329／一一三（下））と呼ぶ。シーニュは再び現れたバディロンに対しても首を振り続け、「自らの魂を救済するであろう神に自身を奉献すること、そうした安寧を絶対的に拒絶する」――先述したように、この戯曲には二つの異版があり、この結末は初版のもの。ラカンはキリスト教的悲劇をすべて「贖罪」という和解へと解消してしまうヘーゲルを嘲笑っているが（*VIII*, 334／一一八（下））、彼はシーニュのなかに何一つ和解に相当するようなものを見いださない（*VIII*, 329／一一三（下））。

ここにも、『ハムレット』及び『アンティゴネー』の注釈においてすでにその萌芽が存在した、象徴界から現実界への移行という後期ラカンのテーゼが現れ出ている。したがって、シーニュの嘲弄はシニフィアンの次元においては了解不可能なものとしての現実界に位置づけられうる。それはひとを拘束する権力としての「財（善）bien」を得ようとするチュルリュールのような「想像的父」――この劇において全能の〈父〉に相当するはずの教皇は右往左往するばかりで、あまりに無力である（*VIII*, 330／一一三（下））――の領域から逃れる外部の存在を明示する。チュルリュールは終幕の場面において、「彼女の生の意味」そのものであった「クーフォンテーヌ、我ここに COÛFONTAINE, ADSUM！」というクーフォンテーヌ家紋章の言葉を連呼する。それはシーニュが、彼自身か、もしくは息子を命がけで守ったのだということに同意させるためのものであった（*VIII*, 330／一一四（下））。しかし、彼女はそれに一切応えないままに死ぬ――以上は上演用に修正された版の結末部に追加された場面。

ラカンは出版当時にはどこの印刷所にもなく、植字工を困らせたにちがいないアクサン・シルコンフレックスのついた大文字のÛが、COÛFONTAINE という名に使われていることにクローデルの企みを認めている（*VIII*, 322, 330／一一三、一一四（下））。それは「シニフィアンそのものの嘲弄、その欠損の極み」（*VIII*, 330／一一四（下））以外の何ものでもなく、クーフォンテーヌという象徴的な〈父の名〉への嘲弄の証でしかない。もはやそれすらも、彼女の心を揺るがすものにはならない。象徴的父と想像的父の無意味さを表現するシーニュの嘲弄は、チュルリュールを守ることによって象徴的な〈父の名〉を生き延びさせつつもその価値を否定し、さらにすべてを従属化しようとする想像的父の絶対性を生かしながら宙吊りにし、生殺しにしておくことで滅じさせる力をここで発揮しているのである。

オイディプスやアンティゴネーが目的を成就させる直前で突発的に深い後悔の念に捉えられ運命を嘆くのに対し、運命の苦悩をより積極的に甘受するシーニュは、冷淡とすら思えるような仕方で恐れと憐れみを越えていく。したがって、古代悲劇とこの現代悲劇との相違点は、苦悩を受け入れることに存するといえるだろう。こうしたシーニュの形象は、一見するとキリストとの相似性を促すように思えるがそうではない。というのも、ラカンはむしろ彼女がキリスト信仰の彼岸にいるとし、エロティックなテーマ性さえ有しているとするからだ（*VIII*, 331／一二五（下））。シーニュはキリストのイマージュからは切り離され、敬虔なカトリックであった彼女の嘲弄は宗教的次元からも乖離している。なぜなら、シーニュのその嘲弄は、一者としてのキリスト教的な「神」そのものまで視野に入れるからである。たとえば作家のジョルジュ・ベルナノスなどは、この戯曲を冒瀆的なものと見なして遠ざけたようであるが、ラカンはまさしくそういった側面に対し、「人間の悲劇に与えられた新しい意味の指標」（*VIII*, 331／一二五（下））であると称賛を向けている。すなわち、この戯曲はローマ・カトリックが保持していた権威性、その〈父〉としての地位に引導を渡すようなものでさえあるのだ。したがって、マリ＝ジャン・ソレが指摘するように、シーニュの絶対的嘲弄が意味するのは、「神を大他者として再び置くことの不可能性」を提示することで「大他者の非一貫性を暴き立てた」ことにある。[14] じじつラカンはこの劇における教皇の存在を次のように断罪している。「復古したことになっている正統性は、おとり、フィクション、カリカチュアでしかなく、現実には転覆された秩序の引き伸ばしにすぎない」（*VIII*, 330／一二三（下））。シーニュは人生を賭して何よりも信じてきた〈父の名〉を未来へと送りながらも、全面的な「否」によってその輝かしい栄光に砂をかけ、愚弄したのである。

ただし一方で、シーニュが肉体を保持し、事実的な世界を生きる「現実的父」としての卑しいチュルリュールを生きながらえさせてしまったことは見逃せない。そうであるならば、このような積み残しはどのような手段によって解決されるのか。たとえばラカンのクローデル注釈の先行研究としてよく知られた『リアルの倫理』[15]において、アレンカ・ジュパンチッチはラカンによる『アンティゴネー』と『人質』の注釈の比較のみに頼ってその理論への波及を論じているが、それだけでは説得的な議論を築きえないのではないか。というのも、あくまでラカンはこの戯曲を三部作の総体として見ているからである。よって我々は二作目『堅いパン』へのラカンの注釈を見ていくことにしよう。

第三節　〈女〉による去勢

ラカンは「辱められた父とは誰か?」という問いを立てているが、その人はこの戯曲に二度登場する教皇ではないと述べている（*VIII*, 337／一三二–一三三（下））。それでは、一体誰が辱められているのか。ラカンは辱められた父としての役回りを担っているのは、誰よりもチュルリュールであると断定する（*VIII*, 337／一三三（下））。そして二作目『堅いパン』の中心には、猥雑な〈父〉、老いたチュルリュールが鎮座している。しかしそこで「女性の享楽」が、尽きることのない欲深さをもつこの父に実在的な死をもたらす。だがその一方で、ラカンがこの劇に新味を感じている箇所は〈母〉がいない点である（*VIII*, 340／一三七（下））。この戯曲において彼を破滅に追い込んでいくのは、愛人シシェルと息子ルイの恋人ルムイールという二人の母でない女なのだ。ラカンによれば愛人シシェルは母でも父の女でさえもなく、ただ父における暴君的な「破壊欲望」（*VIII*, 340–341／一三六（下））の奴隷であるにすぎないが、同時に棘をもった存在でもあり、したたかでシビアな側面を持ち合わせている。しかも彼女はチュルリュールの会計を握っている。彼の吝嗇と猥雑さ、そして不誠実は彼女たちが計略を弄することによってしか乗り越えることができない。シシェルに対し彼女と共謀するが、チュルリュールからは天使とまで呼ばれ愛されるルムイールは、シシェルほどの老練さは持ち合わせてはいない。[16] しかし彼女はどれほど拒否されても愚直に返済を迫り、彼に食い下がる。〈父〉の悪しき側面としての吝嗇を象徴し、老いたチュルリュールの欲望の対象となっている「財」を、ルムイールは取り返すことをけっして諦めようとはしない。すなわち「この若い女性は、与えられるまで、彼女が老いたチュルリュールの欲望だと知るものを譲るまで、行けるだけ遠くへと行くことに決めた」（*VIII*, 340／一三六（下））のだ。

この女性二人の共謀が、シーニュの完遂することができなかった下賤で狡猾な父への復讐をかたちにする。もっとも〈父〉はこの劇が始まる以前においてシーニュの絶対的な嘲弄によって象徴的な平面では力を失っており、退路を塞がれていた。それはもはや虫の息であり、ただとどめを刺されるのを待つばかりである。そしてその下手人として彼女たちに選択されるのが、王の名を与えられた彼の息子ルイである。シシェルからの手紙によって、彼は父のもとに帰還することになる。父と息子は、遺産をめぐって対立していた。チュルリュールは息子ルイにかつての自分の姿を認めると共に、金銭と女を巡って敵対関係にある。ルイはシシェルの父である高利貸しを仲介として、安値で土地を買い戻そうとしているが、父チュルリュールがそれを奪いとろうとしているだけでなく、彼の婚約者であるルムイールすらをも奪いとろうとしていることを知る。そしてシシェルが、ルイに武器を渡す。このときから〈父〉は〈女〉によって「弄ばれた父」（*VIII*, 342／一三九（下））となり、もはや「一つの受動的な要素」（*VIII*, 342／一三八（下））でしかなくなる。

他方でルイの人生が、母の「否」からはじまっていたことも重要な要素である。ルイの洗礼の日、死に瀕する母シーニュは「息子に会え」と迫る父チュルリュールの呼びかけを拒んだ[17]。その誕生からルイは見捨てられたがゆえの孤独に押し込まれている。だからこそルイは母が息絶えたパリではなく、アルジェリアという新たな土地、自分の手で開墾していった植民地に固執したのだろう。彼はその場所において生き直すことによって、息子の成長を望まない父と、生まれながらの母による拒絶というトラウマをなんとか克服しようともがいている。シシェルとルムイールが仕掛けた陰謀、そして父と母を振り切ろうとするがゆえの土地への情熱という二重の力が、ルイを尊属殺人へと駆り立てる。

父と息子の対峙の場面、ルイは二万フランをポケットに突っ込んでいるチュルリュールに金を譲るよう懇願するが、当然、無碍にされる。そして争論の極みにおいて、ルイは拳銃を取り出す。彼はルムイールから二丁の銃を渡されていて、小さい方は空胞であると教えられていた。不具合によってもう片方の銃からも弾丸は発射されなかったが、心臓に病を抱え、さらに死を極度に恐れるチュルリュールを殺すためにはその銃声だけで十分だった。そこにルムイールがやってきて、金を抜き取ろうとするが、ルイはそこで彼女を静止し、拳銃を調べる。実際には、小さい方にも弾丸は装填されていたのだ。それを見たルムイールは彼を見て、ただ微笑むだけだった。ここでルムイールの本性、その欲望が炙り出される。彼女はルイに今後の身の振り方を尋ねる。彼はアルジェリアにルムイールを連れて帰るつもりでいた。しかしルムイールは一緒に行くことを拒み、彼女自身の欲望を叶えるために、その代わりとして共に彼女の祖国ポーランドへと行くことを提案する。[18] しかし彼女の祖国ポーランドへの帰国の目的は、命の危険も厭わずに民族運動へと身を投じることである。ゆえにルムイールはルイに共に死ぬことを呼びかけているといえるだろう。彼女は不可能を要求している。これはラカンが「死に結びつけられた愛 amour lié à la mort」、あるいは「犠牲にされた恋人」と名指すものに等しく、ルムイールの思考において二人の愛が結実するための方法は――『嵐が丘』におけるヒースクリフとキャサリンのように――、愛する者の犠牲以外には考えられない（*VIII*, 346／一四三（下））。ルムイールは過激な愛国者とされることも多いが、むしろ民族運動は「死に結びつけられた愛」という理想にただ利用されているにすぎず、彼女の欲望は「極限の瞬間において燃え尽きることだけに照準を定めるこの愛」（*Ibid*／一四四（下））にこそ吸い寄せられている。それはラカンの引用する以下のようなルムイールの訴えに露見している。


剣を抜くように、身体から魂を抜き出す忠実で名誉に満ちた手段があるのです。壁を砕く手段があるのです。

ただひとりしかいない相手にすべてを捧げ、誓いを立てる手段があるのです。

忌まわしい夜と雨をものともせず、私たちの周りに虚無を為すものをものともせず、勇者のように！

自分自身を与えること、相手をまるごと信じること！

自分自身を与えること、ただ一つの輝きを信じること！

……私たちはそれぞれに相手を、それだけを！（*VIII*, 355／一五六‐七（下））

ラカンは「［…］彼女にとって、この欲望がうまくいくということは恋人への彼女の情熱、彼女にとっての真なる恋人ルイ・ド・クーフォンテーヌへの情熱が、ルイに対してたとえば死刑台という悲劇的な結末を望むに至ることと、相容れなくはない」と言い、このような彼女の要求をスタンダールの『赤と黒』において、斬首されたジュリアン・ソレルの首を愛でるマチルド・ラ・モールに比している（*VIII*, 346／一四三（下））。そして、ラカンは以下のよう続ける。「ルムイールの欲望の極端な本性はここでこそ採りあげられるべきです。欲望の道におけるこの愛は、絶対的瞬間のなかで燃え尽きることだけを狙います。この地平に向かってルムイールは、ルイ・ド・クーフォンテーヌを呼ぶのです」（*VIII*, 346／一四四（下））。だが、ルイはルムイールの呼ぶ声に応えることができない。

欲望のことはさておき、保身に専心するルイはあろうことか、あたかも父に同一化するかのように――ただし、このこともルムイールは織り込んでいた――、その愛人であったシシェルと結婚する。重要であるのは、シシェルの策略が「汝、殺すなかれ」、「汝、盗むなかれ」というモーセの律法を破戒しているとしても、さらにずっと以前からシシェルはルイを愛していたことが判明するとしても、彼女は万人による享楽の分有というラカンがユダヤ人の向かうところとする理想、つまり世界をこの手に摑もうとする道へと突き進んでいるということだ（*VIII*, 347／一四五（下））。ラカンは「この奇妙な喜劇」が『人質』と同じ様に「根源的な嘲弄の全面的闇」によって貫かれ、支配されていると主張する（*Ibid*／同前）。自身が愛人であった男を計略によって実の息子に殺させ、そしてその殺人者と結ばれるこの女が抱えている症状もまた、ルムイールほどではないにしろ現実界に片足を突っ込んでいる。結果として、この女性的な嘲弄は、父の「おぞましさ abjection」を際立たせることによって、その機能を無化するところまではいかないとしても、壊滅的に衰弱させることができる。一連の行為は〈女〉による〈父〉の「去勢」と言い換えることもできるだろう——しかしこれは「母性的去勢」とは言えないことに注意する必要がある。このような経緯からの必然的な帰結として、ルイは自身の父と大きく変わることのない下賤な父へと成り果ててしまう。父を憎みながらも、殺害の罪責感に苛まれるというフロイト的な両義性から、ルイは抜け出すことができずに呑み込まれて、最後には現実界を享楽する〈女〉によって去勢されてしまう。

結局のところ、ルイがナルシス的な自己保身に留まってしまった一方で「ルムイールは欲望の運命、クローデル的な登場人物の真の欲望である自分自身の運命に向かっていく」のだが、このときラカンはクローデルの戯曲が一貫して「欲望の悲劇 tragédie du désir」を描いてきたことを強調し、さらにそれが「死の欲望」であると語る（*VIII*, 383／一九五（下））。したがって、やはりアンティゴネーと同様、自己自身の欲望を生き切る者の運命は、幸福なものではないということになろう。

しかしながら、悲劇と死の否定的な側面だけを見るべきではない。なぜなら死の欲望は、ナルシス的な主体という殻から外に出るよう促し、世界それ自体と向き合うよう急き立てる力でもあるからだ（*VIII*, 410／二二一（下））。それは余力を残さず、生を使い尽くすことに等しい。欲望が死と切っても切れない縁をもつことを前提とするかぎり、自己自身の欲望への固執はナルシス的主体への退却による保身とはまるで正反対の実りをもたらす。欲望は主体を想像界ではなく、現実界へと対峙するように仕向けることによって世界の深淵をより味わえるように導くからだ。このルムイールの頑なさから想起されるのは、まさしくこの戯曲のタイトルではないだろうか。山本功が指摘しているように、パンはキリストの身体の象徴であり、もともとは他者との愛に満ち溢れた交わりを暗示している。にもかかわらず、この劇には極端なエゴイストばかりが出てくる。[19] まさしく「堅いパン」に象徴されるような頑固さにこそ、ラカンは倫理の本性を見いだしていたのだから——〈父〉に対して〈女〉が優越することを前提としてではあるが——、登場人物たちすべてのその頑迷さは、けっして否定的なものではないのである。

さてラカンはこのようなかたちで欲望の布置が構成されていく過程を押さえておくためには三世代でこと足りるとし、その内の二世代をここで次のように総ざらいする（VIII, 351／一五〇（下））。第一の時、シーニュは貴族たる誇りと気高さを完全に破壊されてしまうような全面的な悲劇として例示される。第二の時には、母シーニュに見捨てられた息子ルイがいる。愛する者を裏切ったシーニュによる〈父〉への「絶対的な嘲弄」は、時間を越え、次の世代を強烈に縛りつける。苛烈な〈母〉によって完全に拒絶された息子は、もはや欲望されない存在として棄却されてしまう。クライマックスとなる三作目の『辱められた父』において、父の劣化した複製でしかなくなってしまうこのルイには、いかなる役回りも与えられていない。だが最も重要であるのは、この第三の時である。なぜなら、それは他の二つの世代をたんなる前歴に過ぎないものにする、唯一の真実として存在するからである。

第四節　欲望の再誕

ルムイールの死への呼びかけに踵を返し、シシェルに走ったルイの婚姻によって誕生したのが、三作目の『辱められた父』において中心的役割を演じることになる彼らの娘、パンセ・ド・クーフォンテーヌである。パンセの父ルイは、祖父チュルリュールの愛人シシェルを妻としたことから、フロイト的オイディプス・コンプレックスのより生々しいかたちでの体現者なのだが、もはや彼は「質のよい父」とは呼べないただのごろつきに成り下がっている（VIII, 361／一六五（下））。他方、まずパンセは「シーニュという人物への応答」（VIII, 355／一五七（下））として現れる。パンセはシーニュから背負わされた「負債」（VIII, 358／一六〇（下））を清算しなければならない。すなわちパンセは卑しく、惨めな「現実的父」（生物学上の父）と弱められた「想像的父」（父の理想像）、そして形骸化した「象徴的父」（〈父の名〉）を組み直す必要に迫られるのだ。シーニュの有無を言わせぬ拒絶からいかにして欲望を蘇らすのか、それを彼女は試されている（*VIII*, 360／一六三（下））。

ラカンはオフィーリアと同じように「議論の余地のない魅力的な人物」として手放しでパンセを誉め称えているが、彼女が魅力的な女性であるということは、欲望の再生という機制にとって「欲望の対象」であるということが必須の条件とされるために、見過ごしてはならない要素の一つとなる（*Ibid*／同前）。「父のもっとも堕落し、退廃した姿」（*Ibid*／同前）であるルイの娘パンセは、存在そのものの抹消にまで近づいた〈父〉を正しい方法で復帰させなければならない。ラカンはそれがクローデルの言葉ではないと前置きしながらも、「自由思想家 libre penseuse」たるパンセは「情熱＝受苦 passion」によってしか動かされない「美そのもののあらゆる要求の彼岸に達する正義」をもつとする（*VIII*, 361／一六四（下））。ラカンの考えにおいて、パンセの正義は〈革命〉と呼応するような「絶対的な正義」であり、それは財（善）を越えた「世界を揺さぶる」現実界の正義なのであって、「それは信仰の人クローデルに我々が期待しうる説教からもっとも遠いものなのである」（*Ibid*／一六四（下））。自由思想家パンセにおける欲望の情念は、〈父〉の象徴的専制――それはカトリックの体制に対するものでもある――に終止符を打たんとする革命的なものであり、信仰者たちを当惑させる瀆神の雰囲気が濃厚に漂っている。またパンセはその出自から現実界に関わっている。父ルイ・ド・クーフォンテーヌは、父を殺し、その愛人を妻に迎えた結果として生まれた子だからである。母が実母ではないために不完全な形式であるとしても、彼はオイディプス・コンプレックスを半ば具現化している。現代のオイディプス神話とは、古代の形式の根本的変更というよりも現代的なものへの改訂であり、その様相の複雑化であると言えるかもしれない。ただいずれにせよ、ルイがチュルリュールと同様にこの戯曲においてどうしようもない「卑劣漢」（*VIII*, 361／一六五（下））であることには変りがない。

パンセは〈父〉の威光を物ともせずに、欲望に向かって直進する。しかもそれが恐ろしいのは、体制への政治的な反逆にさえなりうるからである。ラカンがこのような女性を大きく取り上げているということは、その理論において〈父〉が権勢を誇るような揺るがない地位に居座っているわけではないということを暗示している。〈父〉がそこから排除されるわけではないとしても、ラカンの体系におけるこのような欲望する〈女〉の前景化は、それが〈父〉中心の理論として設計されているものではない、ということを明白にしている。というのも、ここではパンセが大他者の位置に据えられているからだ（*VIII*, 368／一七四（下））。そして彼女が「残酷な光」（*VIII*, 362／一六六（下））とその名にかけながら呼ばれた『堅いパン』におけるルムイールの欲望を受肉する。祖母シーニュからの負債にくわえて、パンセは「［…］ルムイールという人物像によって表象されていたその絶対性における欲望そのもの」を「再興」へと導く（*Ibid*／同前）役割をも背負わされている。じじつ教皇とオルソ、オリアンとの対話のなかでルムイールを連想させる「残酷な光」という表現がオリアンの口から発せられる、しかしここで彼は教皇から光に残酷さなどないと嗜められるのだが、ラカンは正しいのはオリアンであると言う（*Ibid*／同前）。そしてこの残酷な光を新たに照らし出す存在がまさしくオリアンであり、その欲望の受肉された対象が盲目として闇のなかに棲むパンセなのだ。

他方、パンセの盲目は、可視的な表象の世界に信をおけないことを象徴する。ラカンは欲望を煽る「部分対象」としての盲目というこの仕掛けが彼女の「もっとも感動的な振舞い」を構成すると主張する（*Ibid*／同前）。盲目のパンセはその欲望がもつ真理としての残酷な光を隠れた場所から明るみに出す。ここで表面化する事態は「欲望の思考そのもの」（*VIII*, 356／一五八（下））にほかならない。パンセが自身の欲望を照準しているのはオリアンであるが、彼には双子の弟オルソがいる。彼は勇敢な青年であり、オリアンと同じ様にパンセのことを愛している。しかし、ラカンの解釈においてもクローデルの戯曲を読んだとしても、なぜパンセはオルソではなくオリアンを愛するのかについての明確な証拠が見当たらない。たとえば、盲目のパンセにとって両者を区別する方法は、「声」であるように思え、彼女自身もそう主張する。[20] しかし、結末部においてパンセはオリアンと偽ったオルソの声を聞き分けることができていない。彼女はその欲望の唯一の手掛かりと思えるものすら、正確には把握していないのだ。ゆえに、パンセとオリアンの対話は謎に満ちた「神秘的」（*VIII*, 364／一六九（下））なものになる。

すでに指摘したとおり、ラカンはこの講義の冒頭で「転移」の関係には主体間においてあまねく「齟齬 *disparité*」

が存在すると主張しているが、オリアンは欲望再誕のための触媒の役割を負わされており、二人の関係には非対称的なずれが生じている。オリアンは聖者であるにもかかわらず、パンセの魅力に抗うことができず恋愛関係に陥る。感覚に優れ、盲目であることをひとに悟らせないパンセによる「私は盲目です Je suis aveugle」[21]というオリアンへの告白は「私は貴方を愛しています」と伝えるのと同等の意味をもつ（*VIII*, 364／一六九（下））。なぜなら、それはパンセがオリアンに自らの奥底にある夜の闇を伝えること、すなわち「魂」のすべてを彼に与えるための告白であるからだ（*VIII*, 365／一七〇（下））。表象がすべて闇のなかに吸い込まれた世界では、ただパロールと魂の存在だけが際立つようになる。オリアンはパンセの魅力に関して、教皇との対話において次のように吐露する。

　彼女が取り返しのつかない闇のなかでぐらつき、盲目で、孤立し、そしてわたしを呼び、手を差し伸べるのを見て、誰が何も感じずにいられるでしょうか？
　わたしの生においても最も弱い者として、けれど、最も強い者としてわたしを呼び、そして訴えかける最初の人。[22]

　パンセの盲目は象徴界としての聴覚イメージの優位を前面におくためのものではない。ラカンはクローデルが盲目という設定で強調しようとしていたのは端的に「魂 âme」であったと指摘している（*Ibid*／同前）。『眼は聴く』においてクローデル自身も言及しているように、[23]ラカンはパンセの盲目を目隠しされ、キリスト教への敗北を象徴する折れた槍と旧約聖書を持たされたシナゴーグ像に重ねているが、それはまさしく彼女における「霊魂の盲目」（*VIII*, 365／一七〇（下））を証している。このときラカンは次のように言う。「盲目のパンセによってクローデルが言わんとしていること、それは世界に欠如しているものでありうるために、そして世界において最も性的欲望をそそる対象となりうるために、問題となっているのは魂ですから、魂は――これは三つ目の戯曲における対話すべてを通して示されています――世界に対して眼を閉じるだけで十分なのです」（*Ibid*／同頁）。何も欠けたところのない完全さでは、欲望を喚起することなどできない。異常は欲望にとって妨げになるどころか不可欠なものであり、盲目による魂の暗夜が、オリアンの欲望を掻き立てるのに役立つ。そしてキリストという「光」を知らないユダヤ人の血を引くパンセの闇に秘められた魂は、オリアンへの告白によってこそ現出する。我々は同じ父親の子供である、と父なる神をもちだして諭すオリアンに対し、パンセは父などいない、私はひとりきりなのだと反駁し[24]、「魂は私自身のもの。聖水ではなく、血である[25]」と主張する。そして「人間にとって神がいるのならば、ある日、私の魂だけが抜け出すことができた[26]」と続ける。聖者オリアンに対し、彼女は父なる神から切り離された自らの単独性を強弁する。すなわち、自由思想家パンセは、超越的な審級としての〈父〉なる神の支配から脱却したと主張するのだ。

こうした物言いが核心に迫るのは、パンセがもはやファルスの極限に位置する最も偉大な父性の権威を信じてはいないからである。〈ロゴス〉を司る神は現実界にいる〈女〉によって嘲弄される。パンセの力は神を源泉とする宗教的なものに由来するのではなく、そこから逃れうる彼女の内奥、その盲目の闇から湧出する。そして彼女の愛が要求しているものは、けっしてオリアンが所有するような数ある資源ではなく、ルムイールがルイに求めたような種類の犠牲である。〈女〉には〈父〉の権威をこえる力があるが、ラカンによればオリアンという人物によってクローデルが浮かび上がらせたのは神聖さの及ばなさであり、この聖者はパンセを前に敗北を喫し、彼女を抱かざるをえなくなる。なぜなら「欲望がここでは聖性そのものよりも強い」（*VIII*, 365／一七〇（下））からである。オリアンは聖性を捨ててでも、欲望を選びとる。

オリアン、貴方は盲目の女であるということがどういうことかお分かりですか？　手を挙げても、それを見ることができません。誰かが手をつかみ、感覚を与えなければ、わたしにとってそれは存在しないのです。私はひとりでいる限り、身体も姿勢も顔もない人のようなものです。

ただ、もし誰かが来てくれたら、
私をつかまえて、その腕で抱きしめて、
そのときにだけ、私は身体のなかに在るのです。その人を通じてのみ、私は身体を知るのです。[27]

オリアンがパンセと交わることによって、彼らは魂の融合であるような残酷な光へと到達する。その結晶としてパンセはオリアンの子を身籠るが、その一方で彼は死地へと赴くことになる。ラカンはこうした事態を次のようにまとめる。「ドラマの全編を通じて、彼女は、最短とは言いませんが最もまっすぐな道、最も確実な道でこの方向に振る舞うことによって、ほんの半秒たりとも、四分の一行たりとも、敗れることはありませんでした。パンセ・ド・クーフォンテーヌはまさに破廉恥な行為によって、名誉に対して振り出された手形によって、さらに不釣り合いな結婚によって、背進によって、そして誰かが第二の「最悪の時代」と呼んだルイ・フィリップ制によって始まる宿命すべての再誕なのです。そこから罪以前のもの、無垢のもの、しかし同じような本性ではないものとして、再生するのです。だからこそ、このドラマがどの場面で最高潮に達するかを見ることが重要です」（*VIII*, 365–366／一七〇（下））。

そして、最後に残された問題がパンセとオリアンの弟オルソの「白い結婚（偽装結婚）」である。この結末部におけるパンセをラカンが「崇高な対象」（*VIII*, 366／一七〇（下））であると定義しているのは、彼女が「〈もの〉の代理」として顕現しているからであり、ラカンはここでも「〈もの〉の本性は、女性の本性とそれほど遠くはない」（*Ibid*／一七二（下））と繰り返す。先述したように、〈もの〉はやはり女性的な性質を帯びているのだ。ところで一見したところ、パンセはアンティゴネーと同じく「十字架にかけられた女性」（*VIII*, 367／一七三（下））のイマージュに重なるようにも見える。ところがパンセ自身はオリアンに対し、十字架は苦しみであり、我々はそれを望まないと返答している。[28]したがって、パンセはキリスト教的な普遍性の拒否を体現していると言っても構わないだろう。

このとき、ラカンはパンセとアンティゴネーには決定的な違いがあるということを示唆する。それは何より子供の存在である。この理由の説明と共にラカンのこの時期における「女性的なもの」に関する議論の傍証を豊かにするため、この講義におけるクローデル注釈とは別の箇所でのラカンによるプラトン注釈から、我々の判断で議論を援用しておこう。そこでラカンは『饗宴』を分析しながら「愛」の問題を論じている。『饗宴』には重要な場面の一つとしてソクラテスの演説がある。それは彼自身の言葉ではなくディオティマと名指された女性に仮託して行われ、彼女はエロス誕生の秘話について語る。エロスは酒に酔ったポロス（豊穣の神）の子を身籠ったペニア（貧窮の女神）による策略の果実であった。

ラカンはこのエピソードに言及しながら通説とは逆に、欲情の対象となるのが男性であって、積極的に仕掛けるのはむしろ女性であるとし、愛が成就する瞬間は必ずそういうものなのだと言う（*VIII*, 250／一八六（上））。ペニアとポロスのような欲情した女性の誘惑による性関係の帰結としての子供の誕生は、異性愛の根源的な様相を例証している。世代による継承は死すべき存在者のもつ固有性を永続化する。さらに言えば、彼は生殖＝再生産がもつ外形的な複製の維持機能に対しても肯定的であったように思える（*VIII*, 156（一九五（上））。したがってラカンが直接的にそう明言しているわけではないものの、パンセとアンティゴネーを分け隔てるのは上記のように現実的な「子」を為すこと、そして愛する男からの〈父の名〉を継承することにあると主張しうるだろう。この事態はどれほど自明なことに思えるとしても強調しておかなければならない。というのも、性的経験をもたず、純潔さの象徴のようなアンティゴネーとはちがい、卑しい父を嘲弄した祖母シーニュ、彼を計略によって陥れた母シシェルの系譜を継ぎ、オリアンとの性行為によってその子を宿し、さらに見せかけだけの結婚によって〈父の名〉を得るパンセは必ずしも無垢な存在ではないからである。

ラカンがクローデルにおける女性がつねに子どもを携えていることへと触れていることからもわかるように（*VIII*, 367／一七三（下））、アンティゴネーが世代をつなげることができなかったのとは対照的に、パンセがオリアンの子を宿すことには大きな意味が付与されている。そしてこうした事実にくわえて、オルソと偽装結婚することによってその〈父の名〉をいびつなかたちにおいて、すなわち正統ではない方法によってパンセが受け継ぐという点も同時に注視しておくことが不可欠であろう。なぜなら、我々はこれらの単純な事実、すなわち中身のない不完全な〈父の名〉の継承と「出産」に、アレンカ・ジュパンチッチに代表される先行研究が十分に掬いきれていなかったパンセの果たした役割の一つを読み取れると考えるからだ。他方でまた留意しなければならないのは、パンセが横暴な想像的、ないし象徴的父の力能を弱めさせながらも止めを刺すことをしなかった母シーニュとも、十分な愛情関係を形成せずにルイと結婚することで卑しい現実的父を生き長らえさせた愛人シシェルとも、そして父から何も継承できなかった恋人ルムイールとも異なるということだ。要するに、パンセは自らが欲望するものをすべて手に入れることのできた〈女 La femme〉なのである。

さて戯曲の中身に戻ろう。結末部において、パンセはオリアンの死とオルソとの結婚を望む彼の意志を告げられる。このときパンセはオルソと唇を重ねる。ただし、ラカンからすれば、その行為はパンセがオルソの妻となる意志を固めたことを意味するのではなく、オルソが「魂の融合」の「定められた運搬人」でしかないということをむしろ暗示するにすぎない（*VIII*, 368／一七四（下））。ここにおいて、オリアンとパンセの単純な男女の恋愛という枠を越えた――シーニュとルムイールがあれほど熱望したのに叶わなかった――、魂の融合が時空を超えて完成する。なぜならオリアンの死はパンセの欲望そのものであったからである。ラカンは欲望を「死の喜び」（*Ibid*／同前）に紐づけ、このときにこそ、パンセという恐ろしい主体の欲望が目に見えるようになるとする。たしかにオリアンは自らがパンセのために死ぬことでしか、彼女自身に達することはできないと語っていた。

オリアン　もし私が死なないとしたら、私はあなたに辿り着くことができない。
パンセ　［…］私はあなたを愛しています、それで私は十分です。
［…］

パンセ　私のための死、あなたはそれを生よりも好むのですか？

オリアン　そうだ、パンセ。[29]

しかし、この台詞は想像的関係におけるパンセの欲望が彼女とは別の位置にいるオリアンへと、まさしく転移しているといえるのではないだろうか。己の欲望が他者へと転移するその事例の極限をパンセは示している。オリアン——そしてオルソも——が欲望する死は、パンセという大他者における欲望の思考以外の何ものでもない。パンセはルムイールがルイに対して要請したのと同種のものとしての死に結びつけられた愛の実現を、その無意識において思考していたのである。幸福な結婚生活というような形式において叶う愛の完成は、彼女の理想には適わない。しかし子を産むという女性の特権的役割を果たさなければならないパンセ自身が身を滅ぼすわけにはいかない。何にせよ、オリアンの意志がどのようなものであれ、無意識のうちでオリアンに転移させられたパンセの欲望の方が優先される。その結果としてルムイールの欲望、すなわち「死に結びつけられた愛」を拒絶したパンセの欲望されない父ルイとは対照をなすように、オリアンはこのような事態すべてを受け入れた上で死地に赴く。彼はパンセの身体と共存することではなく、彼女の魂のなかで永遠に生きることを望んだ。我々はここに大他者としての父からは峻別される「男らしさ virilité」（*VIII*, 368／一七四（下））の至高な部分を認める。死とひき換えに、パンセという女の欲望に殉ずるオリアンは、卑小なファルス的〈父〉とは著しく相違するその男らしさによって彼女の欲望を救い、〈女〉としての大他者の欲望に対して対価を支払う。チュルリュールやルイといった卑しく嘲笑された〈父〉たちに対して、オリアンはその種の〈父〉と真の〈男〉とのちがいをまざまざと見せつけ、〈息子〉ではなく〈女〉の欲望によって殺された〈父〉として再起する。

最後にオルソからパンセに送られた花かごが欠かせない役割を果たしていることを分析しておこう。それをオリアンからのものとパンセは勘違いしていたが、実のところそこには摘出された彼自身の心臓が隠されていた。この心臓はパンセの部分欲動を表現していると解釈しうる。なぜなら、性的な欲動が目指すものは、つねに全体性を欠いた不完全な身体の一部と見なされ、しかもそれは心臓に由来するものだからである。したがって、欲望から欲動への移行というラカンの理論的変遷が、オリアンの心臓を受苦するパンセにおいて隠喩化されているということになろう。たとえばエルネスト・ボーモンが話題にしたように、『辱められた父』という劇はキリスト教的なものではなく、[30]パンセとオリアンの過剰なほどの愛によって結ばれたこの関係は例外的な場を占める。[31]彼女がキリスト教的な〈神〉のごとき、ほつれのない全体対象の存在を信仰することはない。二人の愛は神に捧げられるものではないのだ。パンセはオリアンの心臓という父性的な大他者の全体性に包みこまれてしまうことのない部分対象を受苦する。だからこそ、この受け取りは言表可能な象徴的なものに差し戻されることのない身体に関わる欲動を表現していると言いうる。[32]

ここでもう一つだけ、忘れてはならないことがある。クライマックスにおいてオルソは「国旗を救うように、侮辱から名を救い出さなければならない」と語りかけながら、パンセに結婚を持ちかけている。[33]それは死に瀕したオリアンの臨終の言葉であった。はじめそれを強く拒絶したパンセだが、ついに折れ、オリアン最後の望みであるオルソとの偽装結婚によって、彼の〈父の名〉を継承することに同意する。母シーニュと父の元恋人ルムイールにおいて叶わなかった欲望は、パンセにおいて成就する。他方、肉体をもつ現実的な父は「女性の享楽」と言うほかないような恐ろしいパンセの欲望によって無にされてしまう。それこそがまさに彼女の正義であった。けれども、徹底して嘲笑われた〈父〉は、オリアンの「男らしさ」を利用して「白い結婚」という不完全なかたちでありながらも復権する。したがって、この場面は唯一の愛する者であるオリアンの死を代償にパンセの正義が――超越性と普遍性を失い、瓦礫のように断片化したかたちで――、別の〈父の名〉への道筋を開いたのだと解釈しうる。たしかに大他者の欲望としてのパンセ、「この女性に受肉化した大他者の形象」（VIII, 368／一七四（下））は、小文字の他者にすぎないオリアンとオルソを去勢し、呑み込んでしまう。

しかしながら、この極端さこそが精神分析が目指すところなのではないか。パンセ、オリアン、オルソのように自身の欲望、すなわち「症状」に準ずる者たちは、善や通常のモデルには目もくれず、過剰を通じて欲望の道を突き進み、自己の独特な症状の底にまで沈む。その一方で、分析家はそのような主体とまったく同じように存在するのではないが、それを度外視し、知らずにいようとすれば、分析家自身がどのような立ち位置にあるのかさえも把握することができなくなってしまう。分析家は神経症者たちの欲望の異様さ、その奇妙な症状に対して目を背けることなく、いかにそれが公序良俗に反しているとしても、まずは寄り添うように耳を傾けるべきであろう。つまり分析主体の症状がその異常さを極める最中にあっても、分析家は怖気づくことなく、たんに慰めるだけでなく、かといってその言い分のすべてを丸ごと受け入れてしまうわけでもなく、協働しつつ対峙するその困難さを引き受けなければならないのだ。

本章の冒頭で触れたように、ラカンは一九六三年に行われた講演『父の諸名 *Des Noms-du-Père*』を端緒として、〈父の名 Le Nom-du-Père〉を〈父の諸名 Des Noms-du-Père〉と複数形で表現しはじめた。この変遷はアンティゴネーが守った「神々の法」、シーニュの嘲弄からシシェルとルムイールによる計略、そしてパンセの部分対象の受苦へと至る欲望の思考といったドラマの展開を反映している。後期の『アンコール』（一九七二 - 七三）において、ラカンは「女性の享楽」を〈父の名〉に代表されるようなファルス的享楽に追加的に上乗せされる要素として取り入れた。これにより、従来〈父の名〉が占めていた特権的な位置は相対化された。

しかしながら、こうした転換は七〇年代に突如として表れたのではなく、それ以前から潜在的に予感されていた。というのも、パンセの欲望の思考、症状が予兆として機能していたからだ。女性の享楽が〈父の名〉を破壊し、その破片を継承するプロセスは、後期ラカンの理論、特に「サントーム」を理解する上で不可欠な手がかりとなる。悲劇において描かれた女性の主体化がもつ理論的な意義とは「女性の享楽」が〈父の名〉を消滅させるところまではいかないとしても、それにひびを入れ、割れ物にするだけの力を持っている点にある。〈父〉なる審級は「女性の享楽」に敗北することによって無謬の他者性を毀損される――もっともオリアンの男らしさによって、〈父〉は別のかたちで賦活されてはいる。以上のようにラカンの一連の悲劇注釈は「女性の享楽」のもつ力という視点から読みとくことではじめて、その深遠な意義が解き明かされるのである。

後記

ラカンの悲劇注釈を深く読み解く作業を通じて浮かび上がってきたのは、彼の問いが欲望と緊密に隣りあう症状の問題に根ざしていたということだ。ラカンの精神分析における症状とは、あらゆる心理学的な正常化の罠から免れるもののことを指すのであって、消えてなくなることや取り除くことが無条件に望まれるものではなかった。何らかの理想的な精神状態があるとする前提、正常化と呼ばれるこの思想に対して、ラカンは次のように冷笑的な態度を示している。「何はともあれ、正常化というつまらない観念を分析のなかに持ち込もうとするのは本当に誤魔化しでしかありません。それはたとえば、あたかも本能の成熟が、問題となるものすべてであったかのように語られはじめるのと同様、理論的な偏見なのです。そのとき、とてもよく出来ているのですが、後退感と不信感を抱かせることによって、我々は道徳主義者の説教と紙一重のたいそうな御結託にふけるのです。[…] いつものことながら、見るべきものはいわゆる明証性、ひとがまったく愚かに常識と呼ぶもの、すなわち運命の交差点、この場合は正常というものが口火を切る地点よりも、ずっと我々の方に近いのです。反対に、フロイトの発見が我々に教えた何かがあるとすれば、それは症状のなかに、運命の綾と関連する一つの綾を目撃することです」(*VIII*, 379／一八九 - 一九〇 (下))。

恩着せがましい道徳主義者の説教ほど、ひとをげんなりさせるものはない。ともすれば分析家も〈父〉となることに憧れ、権勢を振るいたい欲求に駆られ、簡単にその罠に陥ってしまう。しかし分析家は、分析主体を何らかの悲観的な感情へと追い込み、その隙を縫ってわけ知り顔でくどくど教え諭すような真似をすべきではない。表層的な正常さという取るに足らない理念ではなく、無意識の奥深くにある症状の複雑さにこそ分析の焦点を絞る。なぜなら、症状の多面性や捉えどころのなさは、単純な「正常化」という規範によって整えられるものではないからである。症状は単線的ではなく錯綜したものであり、ときには受け入れがたい事実を含んでいる。しかしそれでも分析家は、社会的な道徳や良心に屈して、分析を受ける者の運命を見逃してしまうことなく、その深い理解を目指さなければならない。

精神分析は他者の利益に反していたとしても、個々人の特異的な症状を安易に解消せず、その欲望への固執を擁護する。この過程では、現実生活の諸問題を言葉に圧縮し、自己の真の欲望が何であるかを絶えず探求することを通じて、症状の解釈が深まる。ラカンが欲望について語るときに何度も強調していたのは、それが欲求や要求とは根本的に異なるということだった。欲望は快楽でも依託でもなく苦痛、トラウマ、そして症状といったものにしっかりと結びついている。このとき、「飛翔によって成し遂げられぬものは、跛行しながら成し遂げられなければならない」と語る——フロイトが「快原理の彼岸」において引用していた——アラブの詩人、言語学者アル・ハリーリー（一〇四五―一一二二年）の言葉が思い起こされる。フロイト＝ラカンの精神分析は、正常に生きられなくなってしまったとしても、そこであきらめて沈んでしまうのではなく、欲望に徹底してしがみつくことによって、壊れたままでも前進しようとする姿勢を称える。欲望という症状を抱えたまま頑固に生き抜くその跛行にこそ、倫理の規範は見出されるのである。

注

序論

［1］ジークムント・フロイト「文化の中の居心地の悪さ」嶺秀樹、高田珠樹訳、『フロイト全集20』、岩波書店、二〇一一年、四八五頁。

［2］Jacques Lacan, *Écrits*, Paris, Seuil, 1966, p. 873. 以下、『エクリ』からの引用は、*É*を略号とする。

［3］*É*, p. 865.

［4］アウグスティヌス「三位一体」泉治典訳、『アウグスティヌス著作集28』、教文館、二〇〇四年、一〇頁。

［5］Jacques Lacan, *Des noms-du-père*, Paris, Seuil, 2005, p. 76.

［6］病跡学からの研究であるが、この点に関連するものとして以下のような論稿がある。加藤敏「アウグスティヌスにおける抑うつと信仰、創造――メランコリー性語りとパラノイア性語り」、『日本病跡学雑誌』、第七六号、四―二七頁、二〇〇八年。

［7］Jean-Daniel Causse, *Lacan et le christianisme*, Paris, Campagne première, 2018, p. 225.

［8］二人の交流について、たとえばエリザベート・ルディネスコは以下のように記述している。「ラカンは一九一七年と一九一八年のあいだに、非凡な人物に教わる機会に恵まれた。そしてこのあと、この人物と友好的なつながりを結ぶことになった。一八八一年生まれのジャン・バリュジは、コレージュ・スタニスラスで哲学を教えた時期に、十字架のヨハネの生涯と著作に関する学位論文を書いているところだった。［…］ラカンが歩んだ道程で、スピノザの早熟な発見と結びついたバリュジの哲学教育は、敬虔なカトリック教――家庭環境内のカトリック教――から学識豊かで洗練されたカトリック教へと一種の移り変わりを引きおこし、哲学教育は宗教領域の理解に際して、文化的基盤か批判的道具として役立った」（Élisabeth Roudinesco, Jacques Lacan. *Esquisse d'une vie, histoire d'un système de pensée*, Paris, Fayard, 1993, pp. 30–31.［エリザベト・ルディネスコ『ジャック・ラカン伝』藤野邦夫訳、河出書房新社、二〇〇一年、二六―二七頁］）。

[9] Jean Baruzi, « Saint Jean de la Croix et le problème de la valeur noétique de l'expérience mystique » in *Bulletin de la société française de philosophie*, t. XXV, mai-juin, Armand Colin, 1925, p. 488. ここでの記述に関しては、全面的に以下の論稿を参照している。平賀裕貴「20世紀前半期フランスにおける神秘主義研究の諸相」、『立教大学フランス文学』、第四七号、立教大学フランス文学研究室編、九三－一〇七頁、二〇一八年、九九－一〇二頁。

[10] Jean Baruzi, *L'intelligence mystique*, textes choisis et présentés par Vieillard-Baron Jean-Louis, Paris, Berg International, 1985, p. 64.

[11] 訳文は、鶴岡賀雄による『十字架のヨハネ研究』（創文社、二〇〇〇年、二九頁、註四）の該当箇所を参照した。

[12] フロイト、前掲書、二二〇頁。

[13] そもそもにおいてフロイトは、諸種の抵抗に直面する精神分析をユダヤ人の運命と重ねていた。「精神分析への賛同を表明するには相当の覚悟が必要であり、すすんで反主流のなかで孤立する運命を引き受けるだけの気概がなくてはならない。それは、他の誰にもましてユダヤ人にとって馴染みの運命なのである」（ジークムント・フロイト「精神分析への抵抗」太寿堂真訳、『フロイト全集18』、岩波書店、二〇〇七年、三三七頁）。

[14] ただしこのとき注意すべきは、ラカンが六〇年代以降、議論の核心部分に据えるようになる〈一〉という概念を、新プラトン主義やキリスト教的なものではなく、仏教的なものとして解釈していることである。六〇年代以降のラカンの理論的変遷は『精神分析の四基本概念』、『精神分析の裏面』（四つのディスクールが詳述される）、『アンコール』（性別化の式が詳述される）、『サントーム』などといった特定のセミネールが集中的に論じられ、その他のものが蔑ろにされてしまう傾向にあるのだが、それはラカンが日本語や中国語を真剣に学ぼうとし、仏教や老荘思想などの東洋文化に深く入り込んでいったことの理由を深く考えようとせずに、放置していることがその一因となっているのではないだろうか。

[15] ジークムント・フロイト「快原理の彼岸」須藤訓任訳、『フロイト全集17』、二〇〇六年、七〇－七一頁。

[16] 『フロイト著作集8』生松敬三訳、一九七四年、人文書院、三六二頁。

[17] ジークムント・フロイト「精神分析への抵抗」、三三一頁。

[18] ジークムント・フロイト「精神分析入門講義」新宮一成ほか訳、『フロイト全集15』、岩波書店、二〇一二年、五二二頁。

[19] ウィリアム・シェイクスピア『ヘンリー四世』中野好夫訳、岩波書店、一九六九年、七五頁。

［20］ジークムント・フロイト「戦争と死についての時評」田村公江訳、『フロイト全集14』、岩波書店、二〇一〇年、一六六頁。

［21］後年、ラカンは「穴 trou」と「トラウマ traumatism」を合成した「troumatisme（穴‐トラウマ）」なる造語を提示することによって、心の傷が穴と密接に関連していることを強調した（*XXI*, 19 Février 1974）。

［22］Pierre Bruno, Fabienne Guillen, *Phallus et fonction phallique*, Toulouse, Érès, 2012.

［23］Erik Porge, *Les noms du père chez Jacques Lacan: ponctuations et problématiques*, Toulouse, Érès, 2013.

［24］怒りと憎しみの峻別に関しては、以下のようなハイデガーによる卓越した分析がある。「憎悪はいちど爆発すれば霧消するというものではなく、むしろいよいよ募って凝り固まり、深く食い込んできて我々の本質存在を食いつくす。けれども、憎悪によって人間の現存在の中に入ってくるこの持続的な集約力は、現存在を密閉して盲目にするのではなく、かえって現存在を目敏くし、計画的にする。憤激した人は思慮を失うが、憎しみを抱く人は思慮と計画をめぐらし、ついには練りに練った怨念にいたる。憎悪は盲目ではなく慧眼であり、怒りだけが盲目であり、情動であって情熱ではない。情熱には遠くまで及ぶ力、自分を打ち開く力が宿っている。憎悪においても、それが憎んでいる相手をいつもどこまでも追跡するという点で、この遠望が起こっている。ところで、むしろ我々の本質存在をそれの本来の根拠へ集中し、実はこの集中においてはじめてこの根拠を打開するのである。したがって情熱こそは、それによってかつそれにおいて、我々が自分自身の内に地歩をつかみ、自分の内外の存在者を慧眼をもって掌握するようになる契機なのである」（マルティン・ハイデッガー『ニーチェⅠ』細谷貞雄監訳、杉田泰一、輪田稔訳、平凡社、一九九七年、六七頁）。

［25］たとえば、力動精神医学に関する大著によって知られる精神科医のアンリ・エレンベルガー（エランベルジェ）はフロイトの人となりに関して、猜疑心の強い性格であり、反抗する者たちに対しては、執拗に憎しみを向けていたと記述している（アンリ・エレンベルガー『無意識の発見（下）――力動精神医学発達史』木村敏、中井久夫訳、一九八〇年、五三頁）。

［26］ジークムント・フロイト「みずからを語る」家高洋、三谷研爾訳、『フロイト全集18』、岩波書店、二〇〇七年、一二〇頁。

［27］「対立とは、非常に奇妙な、一般的知識にとって見慣れない関係であり、「感情両価性」と名付けられてきた。もっとたやすく観察されること、そして理解によって把握されることは、強い愛と強い憎しみが非常にしばしば同一

の人格において互いに一つになって生じるという事実である。精神分析は次のことを付け加える。二つの対立する感情の蠢きが同一の人格を対象とすることもまれではないと」（ジークムント・フロイト「戦争と死についての時評」、一四一－一四二頁）。

[28] 同書、一六五頁。

[29] 同書、四六一－四六二頁。

[30] 同書、四六八頁。

[31] ジークムント・フロイト「自我とエス」道籏泰三訳、『フロイト全集18』、二〇〇七年、三二頁。

[32] ジークムント・フロイト「続・精神分析入門講義」、二四〇頁。

[33] 精神分析を体系化しようとする動きに対して、フロイトがかなりの嫌悪感を抱いていたことは、ルー・アンドレアス・サロメ宛書簡の以下のような文面からも伺える。「[…]あなたもまた私から離れて体系構築者たち、つまりユングか、むしろアードラーの方に転じてしまったのかもしれないと私は思います」（『フロイト著作集8』、三三五頁）。

その生涯と人物

[1] ここで論じるラカンの生涯と人となりについては、先述したエリザベート・ルディネスコによる伝記に依拠している。

[2] Jacques Lacan, Les complexes familiaux dans la formation de l'individu in *Autres écrits*, Paris, Seuil, 2001, p. 60.

[3] Jacques Lacan, La psychiatrie anglaise et la guerre in *Autres écrits*, p. 105.

[4] François Cheng, « François Cheng et Jacques Lacan », *L'Âne*, n° 48, 1991.

[5] Jacques Lacan, *Le Séminaire livre XXIV: L'insu que sait de l'une bevue s'aile a mourre 1976-1977*, inédit, texte établi par l'Association lacanienne internationale, Leçon du 19 avril 1977.

[6] 「文字とは本質的に沿岸的なのではないでしょうか。精神分析がそこに接近するとき、まさしく精神分析が指

し示す知における穴の縁、精神分析が描くのは、〔この穴の縁である〕文字なのではないでしょうか」（*XVIII*, 117）。

第一章

［1］ジークムント・フロイト「神経症の遺伝と病因」立木康介訳、『フロイト全集3』、岩波書店、二〇一〇年、一七八頁。

［2］同書、一八一頁。

［3］同書、一八三頁。

［4］ジークムント・フロイト「制止、症状、不安」加藤敏、大宮勘一郎訳、『フロイト全集19』、岩波書店、二〇一〇年、一五頁。

［5］このとき、前提として押さえておいてよいのは「抑圧されたもの」はけっして無意識のすべてと等しいわけではないということである。それはあくまでも無意識の一部を構成するものであり、けっして全体ではない。

［6］ジークムント・フロイト「抑圧」新宮一成訳、『フロイト全集14』、岩波書店、二〇一〇年、二〇〇頁。

［7］「しかも抑圧の成功は永続的なものではなく、抑圧をしておくためには持続的にエネルギーを消費しなければならない。抑圧に失敗してしまえば、それは意識に再浮上してくる」（同書、二〇一頁）。

［8］現にラカンは『同一化』と題された講義において、ハイデガーへの尊敬を述べつつも、自身の教育がハイデガー的であることを否定している。「わたしがハイデガーの教えに対してもっている並外れた尊敬にもかかわらず、私自身のものであるこの教育は、実際のところけっして新ハイデガー主義でも、ハイデガー主義でもありません」（*IX*, 6 juin 1962）。

［9］マルティン・ハイデッガー『「ヒューマニズム」について――パリのジャン・ボーフレに宛てた書簡』渡邊二郎訳、筑摩書房、一九九七年、一八頁。

［10］同書、四〇 - 四一頁。

［11］François Balmès, *Ce que Lacan dit de l'être* (*1953-1960*), PUF, 1999, p. 30.

［12］ジークムント・フロイト「戦争と死についての時評」、一四八－一四九頁。

［13］マルティン・ハイデッガー、前掲書、一三九頁。

［14］アウグスティヌス「教師」茂泉昭男訳、『アウグスティヌス著作集2』、教文館、一九七九年、二〇三頁。

［15］同書、二〇六頁。茂泉昭男によれば「神の像にしたがってつくられた人間（ad imaginem et similitudinem Dei）」という考えにおいて、アウグスティヌスが「三位一体の類比（analogia Trinitatis）」として人間を捉える際に、この「sigunm－res」の関係は、「愛の秩序 ordo amoris」を媒介とした「享受 frui－使用 uti」の関係に置き換えることができる（茂泉昭男『アウグスティヌス研究――徳・人間・教育』、教文館、一九八七年、三七四頁）。強引な解釈であることを承知で言うのであれば、三位一体を「現実界・象徴界・想像界」に「sigunm－res」を「シニフィアンと〈もの〉――後者はたんなる個物だけではなく究極存在をも指し示しうる――」に「愛の秩序 ordo amoris」を対象 *a* に「享受 frui－使用 uti」を享楽に見立てると、このアウグスティヌスの構図は、ラカンの図式にスライドして読むこともできる。

［16］茂泉昭男もまた「アウグスティヌスは先ず教育の中心を教師の業（教師中心）から学ぶ者の主体性（学徒中心）に移している」と述べている（茂泉、前掲書、三七四頁）。

［17］プラトン『メノン』藤沢令夫訳、岩波書店、一九九四年、83D、五七頁。

［18］同書、84C、六一頁。

［19］したがって、分析家の第一の使命は聴従することであると言って差し支えないであろう。このことに関連して、一九五六年にラカンが仏訳したハイデガーの「ロゴス」において、耳と聴くことの問題が焦点化されているのは、見逃してはならないところといえる。「我々が全身これ耳であるのは、われわれの集中が傾聴的であることのうちに完全に起き移され、耳と音のたんなる雑踏とをまったく忘れ去ったときである」（Martin Heidegger « Logos », Traduit par Jacques Lacan, dans *La psychanalyse*, n°. 1,1956, pp. 59-79.［マルティン・ハイデッガー『ロゴス・モイラ・アレーテイア』（ハイデッガー選集33）宇都宮芳明訳、理想社、一九八三年、一八頁］）。なおラカンによる仏訳に関しては以下の Web サイトを参照し、訳文は邦訳に依拠した。http://parolesdesjours.free.fr›heideggerlacan 二〇二一年九月二九日閲覧）。ハイデガーにおいてロゴスとは取り集めて、置いておくことであり、それへの集中が聴従である。それを精神分析的に解釈するのであれば、たんに被分析者の表面的な言葉を聴くのではなく、その無意識に聴き従うということになろう。あまり指摘されていないようにも思えるが、こういった

ことから「無意識はランガージュのように構成されている」というラカンの箴言に、ハイデガー的なロゴスの残響を聴き取るのは難しくない。

[20] 同書、86C、六九頁。

[21] アウグスティヌス「教師」、二六九頁。

[22] 同書、二七五頁。

[23] ジークムント・フロイト「終わりある分析と終わりなき分析」道籏泰三、渡邉俊之訳、『フロイト全集21』、岩波書店、二〇一一年、二八八頁)。

[24] 同書、二八九頁。

[25] ジークムント・フロイト「日常生活の精神病理学」高田珠樹訳、『フロイト全集7』、岩波書店、二〇〇七年、二六一－二六二頁。

[26] 同書、二八八頁。

[27] アウグスティヌス「三位一体」、三五三頁。

[28] アウグスチヌス『教えの手ほどき』熊谷賢二訳、創文社、一九六四年、三七頁。

[29] アウグスティヌス「教師」、二七二頁。

[30] 同前。

第二章

[1] Judith Butler, *Gender trouble: feminism and the subversion of identity*, New York, Routledge, 1990, p.56.［ジュディス・バトラー『ジェンダー・トラブル――フェミニズムとアイデンティティの攪乱』竹村和子訳、青土社、一九九九年、一一一頁］。

[2] Luce Irigaray, *Ce sexe qui n'en est pas un*, Paris, Minuit, 1977.［リュース・イリガライ『ひとつではない女の性』棚沢直子ほか訳、勁草書房、一九八七年］。

[3] Jacques Derrida, *Le facteur de la vérité*, in *La carte postale*, Paris, Flammarion, 1980.

[4] Hélène Cixous, et Jacques Derrida, *Voiles*, Paris, Galilée, 1998.［エレーヌ・シクスー、ジャック・デリダ『ヴェール』郷原佳以訳、みすず書房、二〇一四年］。
[5] Hélène Cixous, *Le rire de la Méduse et autres ironies*, Paris, Galilée, 2010.
[6] 彼女たちの議論の優れた部分と問題点に対する詳細な考察は、別稿に譲る。
[7] Jacques-Alain Miller, « D'un autre Lacan », *Ornicar?*, no. 28, pp. 49-58, 1984.
[8] 向井雅明『ラカン入門』、筑摩書房、二〇一六年。
[9] Paul-Laurent Assoun, *Lacan*, Paris, PUF, 2003.［ポール＝ローラン・アスン『ラカン』西尾彰泰訳、白水社、二〇一三年］。
[10] Lorenzo Chiesa, *Subjectivity and Otherness: a philosophical reading of Lacan*, Cambridge, Mass, MIT Press, 2007, p. 107.
[11] ジークムント・フロイト「女性の性について」高田珠樹訳、『フロイト全集20』、岩波書店、二〇一一年、二一六－二一七頁。
[12] カレン・ホーナイ『カレン・ホーナイ全集1』安田一郎訳、誠信書房、一九八二年、一〇－一一頁。
[13] このようなラカンの主張は、基本的にフロイトの立場を踏襲している。「情動的拘束が、母という対象から父という対象へ転記されることが、実際、女であることに至る発達の主たる内容であったのだ」（フロイト、前掲書、二二二頁）。
[14] 後期のラカンは、女性をファルス関数から逃れる「すべてではない」存在として定立していく。実際にたとえば、『ウ・ピール』において彼は「我々のすべてではない、それは不調和である Notre *pas-tout*, c'est la discordance」（*XIX*, 22）と指摘している。たとえ前期と後期のあいだで論点に違いがあるのだとしても、異性愛の根源的な不調和をラカンが強く意識していたことには変りがない。
[15] 男女関係における「過剰 surplus」、「不整合 disjoint」、「非対称 dissymétrique」といったものの重要性は、六〇年代のラカンにも継続している問題である（*XVI*, 223）。
[16] 女児にファルスを外に求めるという方法とまったく別の存在様態の道が用意されていることが判明するのは、後期ラカンの性別化の議論においてである。
[17] そもそもフロイトは、夢を症状のように捉えていた。「私が夢解釈の道に踏み込むことになったのは、この精神

分析的な探求の途上においてであった。私は患者たちに、ある一定のテーマをめぐって心に押し迫ってくる様々な着想や想念をすべて私に伝えるという義務を課したが、すると彼らは、彼らの夢を語るようになったのである。こうして私は、病理的な観念に発する想起を遡行的に辿って得られる心的連鎖のうちに、夢というものが組み込まれているらしいということを、彼らから教えられたのであった。そこで今度は、夢そのものを症状のように取り扱い、症状のために編み出された解釈方法を、夢にも応用してみようという段になったのである」（ジークムント・フロイト「夢解釈Ⅰ」新宮一成訳、『フロイト全集４』、岩波書店、二〇〇七年、一三六頁）。

[18] ジークムント・フロイト「自我とエス」、一九－二〇頁。

[19] Pierre Bruno, Fabienne Guillen, *Phallus et Fonction Phallique*, Toulouse, Érès, 2012, p. 45.

第三章

[1] Roland Chemama, Bernard Vandermersch, *Dictionnaire de la psychanalyse*, Paris, Larousse, 1998, 2009.

[2] 立木康介「精神分析における原因と対象」、『精神分析と実存——実存思想論集〈31〉』、三五－六〇頁、理想社、二〇一六年。

[3] ジークムント・フロイト「夢解釈Ⅰ」、三四一頁。

[4] ジークムント・フロイト『フロイト1887-1904——フリースへの手紙』、河田晃訳、誠信書房、二〇〇一年、二八四頁。

[5] ジークムント・フロイト「夢解釈Ⅰ」、三四一頁。

[6] John P. Muller. “Psychosis and Mourning in Lacan's Hamlet”, *New Literary History*, Vol. 12, No. 1, pp. 147-165. 1980.

[7] Danielle Eleb, *Figures du destin: Aristote, Freud et Lacan ou la rencontre du réel* ; préface d'Alain Badiou, Toulouse, Erès, 2004.

[8] Ernest Jones, “The Early Development of Female Sexuality”, *International Journal of Psychoanalysis*, Vol. 8, pp. 459-472, 1927.

［9］ Bruce Fink, Reading Hamlet with Lacan, *Lacan, Politics, Aesthetics*, ed. by Willy Apollon and Riched Feldstein, New York, State University of New York Press, 1996.

［10］ ハムレット ［…］お許しください、言わずにはおられなかった正しいことばを。このような堕落しきったいまの世の中のなかでは、正義が不正に許しを乞い、不正をただすにも頭をさげて許可を求めねばならぬようだ。
王妃 ハムレット、おまえはこの胸を真っ二つに裂いてしまった。
ハムレット それならその悪いほうをすて、いいほうだけ残して、清らかな日々をおすごしなさい。ではおやすみなさい。だがけっして、叔父の寝床に行ってはなりません。［…］そうだ、母上、もひとこと。
王妃 私はなにを？
ハムレット いま申しあげたことをなさる必要はない。豚の王様に誘われて寝床に行かれるがいい。（William Shakespeare, *Hamlet*, ed. by Willy G. R. Hibbard, Oxford, Clarendon Press, 1987, pp. 285-286.［ウィリアム・シェイクスピア「ハムレット」小田島雄志訳、『シェイクスピア全集23』、白水社、一九八三年、一五七－一五八頁］）。

［11］ アーネスト・ジョーンズも、『ハムレットとオイディプス』において、ハムレットの母への態度と共に、オフィーリアの存在に着目していた。彼は、幼児の母親像を聖母マリアによって連想されるような近づき難さをもつ「聖愛」と誰もが接近できる肉欲に満ちた「性愛」とに分ける。前者を表象するのがオフィーリアであり、後者がガートルードであるのだが、このような女性像は成人後の性的体験にも存在しているとジョーンズは述べる。とりわけ、ハムレットのように「抑圧」が進行している場合には、どちらの女性像も「敵」として認識されてしまう。なぜなら、「純潔な女性には拒絶されて腹を立てるし、淫乱な女性には罪に堕ちようと誘惑されるからである」（Ernest Jones, *Hamlet and Oedipus*, New York, Norton, 1987, p. 98.［アーネスト・ジョーンズ『ハムレットとオイディプス』栗原裕訳、大修館書店、一九八八年、一一四－一一五頁］。そしてジョーンズは、ハムレットが「処女」と「娼婦」という男性の性的理想を表象する二人の女性への性的欲望を二重に「抑圧」していると解釈した。

［12］ フロイトが言うように、ハムレットのオフィーリアへの愛にはたぶんにナルシシズム的な要素がある、ということは前提とされなければならない。「依托型」による完全な対象愛というのは、本来は男性に特徴的なものである。そのような恋愛は著しい性的過大評価を示すが、これはおそらく子供の根源的なナルシシズムに由来しており、したがってこのナルシシズムが性対象へと転移された場合にほかならない。この性的過大評価によって、神経症的強迫を思わせる独特な状態、すなわち恋着状態が生成しうるわけだが、この状態はかくして、対象を利するために自

我がリビードの面で貧困化するということに帰されたのである」(ジークムント・フロイト「ナルシシズムの導入にむけて」立木康介訳、『フロイト全集13』、岩波書店、二〇一〇年、一三五頁)。

[13] Shakespeare, *op. cit.*, p. 244. [一一四-一一五頁]。

[14] 〈女〉に〈母〉を見いだすことになぜハムレットのような男が慄いてしまうのかを考える際に、一助になるものとして、ラカンがプラトンの『パルメニデス』における〈存在〉と〈一者〉の区別を、メラニー・クラインにおける「イメージ」と「象徴」の区別に対応させながら「たしかに母の身体は、ある種の〈一者 Un〉である」(*VI*, 259)と述べていることが挙げられるだろう。はじめ子にとって、すべての事物は断片的なイメージ、無数の〈存在〉としてしか把握されない。しかし〈母〉は子が総体性、すなわちその一者性をはじめて認識する対象である。ラカンによれば、クラインは断片を総合化することが、子の発達過程において不可欠であるとしていた。しかし、子はまず一者的な象徴を〈母〉を通して理解するがために、〈母〉的なるものに遭遇したとき、そこにファルスの保持する〈一者〉の強大さを連想してしまう。ハムレットがオフィーリアに〈母〉を感じたときに幼児的な退行へと陥ってしまったのは、およそこのような機制が働いていたからであろう。

[15] ここでのハムレットはフロイト的な意味でのメランコリーの症状によく当てはまるように思える。「この過程を再構成するのは少しも難しくない。まず、ある対象選択、すなわち特定の人物へのリビードの拘束が存在した。次いで愛された人物の側から現実の侮辱や失望を蒙り、その影響によってこの対象関係は揺るがされた。それに続いて生じたのは、リビードはこの対象から撤収して新たな対象に遷移させるという正常な結果ではなく、別の、その実現のためにより多くの条件が要求されるように見える結果だった。すなわち、対象備給はほとんど抵抗力がないことが明らかにされ、撤去された。だが自由になったリビードは他の対象へと遷移させられず、自我の内に撤退させられた。しかしリビードはそこで任意の使用に供されたのではなく、断念された対象への自我の同一化を打ち立てられるために使われた。そのため対象の影が自我の上に落ちて、自我をいまや、あたかも一つの対象のように、見捨てられた対象のように、ある特別な審級から判定することができるものになった。以上のような仕方で、対象喪失は自我喪失へと転換され、自我と愛された人物との間の葛藤は、自我批判と同一化によって変容された自我との間の内的葛藤へと転換されたのだ」(フロイト、前掲書、二八一頁)。

[16] Shakespeare, *op. cit.*, p. 333 [二二〇頁]。

[17] 「精神病においては、外的現実との間にこそ、穴・断裂・列開・裂け目があるのです。神経症の場合、主体におい

て現実からの部分的な逃避、つまり密かに保持されている一部の現実と直面できないことが起こるのは二次的なことです。つまり、現実が象徴的な仕方で十分に外的世界の中で再‐分節化されないからこそ、そういうことが起こるのです。それに対して、精神病の場合では、まさにこの現実そのものに穴があいてしまっているのであって、この穴を幻想的な世界がやがて埋めることになります」(*III*, 56/七三(上))。

[18] 「無意識がなぜ精神病の患者にとって除外され、引き受けられないままになっているかはたいした問題ではなくて、この無意識がなぜ現実界に出現するのかということこそ大切なのです」(*III*, 20/一七(上))。

[19] ジークムント・フロイト「性理論のための三篇」渡邊俊之訳、『フロイト全集6』、岩波書店、二〇〇九年、二八四頁。

[20] 「真理という次元が人間としての生、人間としての経済へと生きた仕方で入って来るのはどのような方途を介してであるのか。[…] フロイトは、それが父という観念の持つ究極的な意味作用を介してであると答えています」(*III*, 244/九八(下))。

第四章

[1] アリストテレス「ニコマコス倫理学」神崎繁訳、『アリストテレス全集15』、岩波書店、二〇一四年、三〇六頁。

[2] 同書、三〇七頁。

[3] 「この語表象とは、想い出‐残滓のことである。それは、かつて知覚されたことがあるものなのであって、それゆえ、すべての想い出‐残滓がそうであるように、再び意識化されることが可能である」(ジークムント・フロイト「自我とエス」、一四頁)。フロイトはまた語表象を聴覚的なものとしており、その意味で彼における語表象はラカンにおけるシニフィアンと響き合っている。

[4] Jean-Gérard Bursztein, *Cohérence philosophique de la psychanalyse: Aristote, Lacan*, Paris, Hermann, 2017, p. 9.

[5] プラトン「第七書簡」水野有庸、長坂公一訳、『プラトン全集14』、岩波書店、一九七五年、341c、一四七頁。

[6] 山田晶『トマス・アクィナスの《レス》研究』、創文社、一九八六年、一二七六頁。

［7］同書、二二三頁。
［8］同書、三五八頁。
［9］Martin Heidegger, *Essais et conférences*, traduit de l'allemand par André Préau, Paris, Gallimard, 1958.［マルティン・ハイデッガー『ブレーメン講演とフライブルク講演』（ハイデッガー全集第七九巻）森一郎、ハルトムート・ブフナー訳、創文社、二〇〇三年］。以下、*EC* と略記する。
［10］*EC*, 194.［七］。
［11］*EC*, 197.［八］。
［12］*EC*, 196.［九］。
［13］*EC*, 200.［一一］。
［14］*EC*, 205.［一六］。
［15］EC, 206.［一七］。
［16］*EC*, 208.［一九］。
［17］*EC*, 209-210.［二〇］。
［18］*EC*, 210.［二一］。
［19］Jacques Le Brun, *Le pur amour de Platon à Lacan*, Paris, Seuil, 2002, p. 313.
［20］François Balmès, *op. cit*, PUF, 1999, p. 6.
［21］ここでのラカンの質料への批判は、『芸術作品の根源』においてハイデガーが「物を形づくられた質料として表象する、物についてのこの概念をも、我々は信用していない」という言葉を想起させる（マルティン・ハイデッガー『芸術作品の根源』関口浩訳、平凡社、二〇〇八年、二九頁）。
［22］性的な「欲動」というものが本来もつ凶暴さについてフロイトは次のように述べている。「人間の文化は二つの支柱の上に乗っかっている。ひとつは自然の諸力の支配である。今ひとつは、我々の欲動の制限である。縛られた奴隷たちは女王の玉座を支えている。そのように馴致されて仕えている欲動成分のうちでも、狭い意味での性欲動の諸成分は、強さと粗暴さという点で抜きんでている。それらが解放されるなど、考えるだにおぞましい。玉座はひっくり返され、女王は足蹴にされることだろう。社会はこのことを心得ており、それが話題となることを望まないのだ」（ジークムント・フロイト「精神分析への抵抗」、三三二－三三三頁）。

[23] ジークムント・フロイト「性理論のための三篇」、二〇二頁。
[24] 「リビードが特定の方向や対象に付着する強靱さ、いわばリビードの粘着性は私たちには、自立的で、個人によってさまざまな要因であるように思われます」(ジークムント・フロイト「精神分析入門講義」、四一五頁)。
[25] ジークムント・フロイト「文化の中の居心地の悪さ」嶺秀樹訳、『フロイト全集20』、岩波書店、二〇一一年、一三七頁。
[26] 同書、一二二頁。
[27] ただしこのとき注意しなければならないのは以下のことであろう。『トーテムとタブー』においてフロイトは、周知のように〈父〉の殺害と〈法〉の設立を同一視していた。すべての享楽を独占する〈父〉を殺害しても、それは不在の〈法〉として置かれ、禁止の影響力は衰えない。それどころか、殺害の罪責感によって享楽の禁止はますますその力を強化する。〈父〉の殺害は享楽への道を開くどころか、道徳法則への従順さを高める結果しかもたらさなかった。つまり道徳法則は「ブレーキを踏まずに享楽への道へと進む者」(*VII*, 208/一八(下))を拒否するのである。しかしラカンはこの禁止こそが享楽への欲望を喚起するとも言う。というのも、「享楽という意味での審判は反対原理、つまり法の諸形式を根拠にすることによってのみ実現するからだ」(*Ibid*/同前)。享楽と禁止は互いに依存し合う。享楽という悪は、法による禁止がなければ明確な標的を定めることができない。〈法〉としての父なる神はすでに死んでおり、主体の症状に過ぎないとしても、それでも享楽へと到るためには無視するわけにいかない。享楽という悪は、あくまで〈父〉という法の力を借りてこそ発揮される。したがって、享楽は〈父〉の廃絶を目標とするものではないし、その悪はいかなる意味においてもアナーキズムと同義ではないのだ。
[28] 金子晴勇『アウグスティヌスの人間学』、創文社、一九八二年、四一八頁。
[29] René Nelli, *La philosophie du catharisme: le dualisme radical au XIIIe siècle*, Paris, Payot, 1975, p. 47. [ルネ・ネッリ『異端カタリ派の哲学』柴田和雄訳、法政大学出版局、一九九六年、三九頁]
[30] 同書、四一頁。
[31] ドニ・ド・ルージュモン『愛について——エロスとアガペ』鈴木健郎、川村克己訳、岩波書店、一九五九年、一一二頁。
[32] 同書、一八七頁。
[33] ルージュモンもまた、ルネ・ネリを宮廷愛に関する優れた解釈者として認め、彼の言葉を引用している(同書、

一六七頁)。
[34]『フロイト著作集8』、一〇頁。
[35]ラカンが『倫理』において、上記のようにカタリ派に言及したのも、それが「宮廷愛」と関わりがあるからであろうし、不貞などの艶話を書いたマルグリット・ド・ナヴァルの『エプタメロン』について言及しているのも同じ理由からであろう。
[36]ジークムント・フロイト「日常生活の精神病理学」、二六一頁。
[37]ルージュモン、前掲書、一五頁。
[38]同書、六三頁。
[39]同書、一三頁。
[40]ジークムント・フロイト「「文化的」性道徳と現代の神経症」道籏泰三訳、『フロイト全集9』、岩波書店、二〇〇七年、二六八頁。
[41]同書、五五頁。
[42]同書、六六頁。
[43]ただし押さえておかなければならないのは、それが有限な個体の身体的死に直接結びつくこともあれば、覇権の移り変わりにおいてかいま見れるような、象徴的な意味での死の場合もあるということだ。
[44]同書、三〇八頁。
[45]面白いことにルージュモンもまた、トルバドゥール的な宮廷愛の現代的な表現としてフロイトの精神分析の影響を強調しながら、シュルレアリスムを例に出している(ルージュモン、前掲書、一一九頁)。
[46]同書、一四五-一四七頁。
[47]ブルトンの「客観的偶然」に関しては以下の論稿を参照のこと。藤本恭比古「アンドレ ブルトンの《客観的偶然》について」、『フランス文学論集』、第一四巻、九州フランス文学会、一-九頁、一九七九年。
[48] André Breton, *Œuvres complètes I*, paris, Gallimard, 1988, pp. 24-25. この点についての詳細は以下の論稿を参照のこと。加藤彰彦「アンドレ・ブルトンにおけるシュルレアリスムとグノーシス主義」、『四天王寺大学紀要』、第六四号、四天王寺大学、一〇一-一三二頁、二〇一七年。
[49]ハンス・ヨナス『グノーシスの宗教――異邦の神の福音とキリスト教の端緒』秋山さと子、入江良平訳、人文書

院、一九八六年、八四頁。ちなみにヨナスは、闇ないし質料的な世界を始原と対立させることなく、二元性の現出を単一の神性から導き出すシモン・マグスによるグノーシス主義を「シリア・アレクサンドリア型グノーシス」と命名し、二元論からはじめるイラン型のグノーシスと区別している（同書、一五一頁）。シモンは各地を遍歴する際に、ヘレネーという娼婦を同伴していた。そうした行為は彼の教義にも影響を及ぼしており、彼女をモデルとし、超越化された女性像は堕落し、転落した最高神として表象され、この神を救済することが世界を救済することと同一視されている。このようなかたちで女性原理を理論のなかに組み入れるという意味において、シモンのグノーシス主義もまた精神分析の先達ということになるだろう。さらに興味深いことにヨナスは、シモンがラテン語圏においては「ファウストゥス」という異名を用いていたことに触れ、彼がヘレネーという女性と共に旅していたことを考え合わせつつ、ファウスト伝説のありうるひとつの起源としている。フロイトがゲーテに感化されていたことを考慮すると、面白い符号ではあるだろう。

[50] 同書、五八頁。

[51] ヨナスはグノーシス的な「闇」を無意識的なものと連関させている（同書、九九頁）。

[52] 同書、一三三頁。

[53] J・M・ロビンソン、H・ケスター『初期キリスト教の思想的軌跡』加山久夫訳、新教出版社、一九七五年、一三四－一四四頁。

[54] ただし、この箇所においてラカンはカタリ派をグノーシスとしては捉えておらず、あくまでもキリスト教の一派であることを強調している。だがヨーロッパ中世史を専門とする甚野尚志によれば、たしかにカタリ派が異端とされたのは、体制側だったカトリック教会の認定にすぎず、当人たちにその意識はなかったものの、その教義の本質はあくまで「神＝善＝霊魂と悪魔＝悪＝肉体」というマニ教由来の二元論であったと述べており（甚野尚志『中世の異端者たち』、山川出版社、一九九六年、二頁、二四頁）、ラカンの認識には疑問が残る。

[55] ジークムント・フロイト「精神分析への抵抗」、二〇七－二〇八頁。

[56] ジークムント・フロイト「快原理への彼岸」、一一〇頁。

[57] ルージュモン、前掲書、三六一頁。

[58] Georges Bataille, *La littérature et le mal*, in *Œuvre complètes IX*, Paris, Gallimard, 1979, p. 175.［ジョルジュ・バタイユ『文学と悪』山本功訳、筑摩書房、一九九八年、二二二頁］。

〔59〕 *La littérature et le mal*, 177. 〔二五〕。

〔60〕 *Ibid.* 〔二六〕。

〔61〕 *La littérature et le mal*, 178. 〔二七〕。

〔62〕 *Ibid.* 〔二八〕。

〔63〕 Georges Bataille, *L'Érotisme*, in *Œuvre complètes* X, paris, Gallimard, 1987, p. 91. 〔ジョルジュ・バタイユ『エロティシズム』酒井健訳、筑摩書房、二〇〇四年、一四九‐一五〇頁〕

〔64〕 Emily Bronte, *Les orages du coeur*, Traduction de Mireille Best, Paris, Seghers, 1950, pp. 43-45.

〔65〕 *La littérature et le mal*, p. 202. 〔四二〕。

〔66〕 *Ibid.* 〔同前〕。

第五章

〔1〕 ここにはハイデガーにおける本来的な良心の呼び声に近しい立場が開陳されているように思える。「良心をもとうと意志することは、むしろ、現事実的に責めあるものとなる可能性にとっての最も根源的な実存的前提なのである。呼び声を了解しつつ現存在は、最も固有な自己を、おのれが選択した存在しうることにもとづいて、おのれの内で行為させる。このようにしてのみ現存在は、責任あるものとして存在することができるのである」（マルティン・ハイデガー『存在と時間Ⅱ』原佑、渡邊次郎訳、中央公論新社、二〇〇三年、三八一頁）。またハイデガーにおける「自己固有性〔本来性〕eigentlichkeit」とは「存在へと身を開きそこへと没入するありさま」（マルティン・ハイデッガー『「ヒューマニズム」について』、六二頁）であり、ラカンにおいてそれは現実界への立ち入りに等しいものであろう。Eigentlichkeit や Jemeinigkeit という語の詳細については以下を参照のこと。中橋誠「Eigentlichkeit という用語の意味について」、『倫理学年報』、第六七巻、一六三頁‐一七四頁、二〇一八年。なお、各個別のハイデガー用語に関しては以下を参照している。ハイデガー・フォーラム編『ハイデガー事典』、昭和堂、二〇二一年。

〔2〕 マルティン・ハイデッガー『言葉の本質への問いとしての論理学』小林信之、ゲオルク・シュテンガー訳、創文社、二〇〇三年、五六‐五七頁。

[3] アリストテレース「詩学」松本仁助訳、『アリストテレース詩学　ホラーティウス詩論』、岩波書店、一九九七年、二四頁。
[4] 同書、三四頁。
[5] ただ、もちろんフロイトは、カタルシス法がすべてにおいて万能であると考えていたわけではなく、神経症圏の患者には無効であるとし、次のように述べている。「即ち私は、カタルシス法が――原理的には――どんなヒステリー症状でも除去できるのはまず確かであろうと、あえて主張したいのである。他方、カタルシス法は――容易に見てとれることだが――神経衰弱の諸現象に対しては完全に無力であり、不安神経症の心的帰結に影響を与えるのも非常に稀であり、また間接的なものに過ぎない」（ジークムント・フロイト「ヒステリー研究」芝伸太郎訳、『フロイト全集2』、岩波書店、二〇〇八年、三三一頁）。
[6] 「負い目を担うことになるはずのない人間が負い目を負って没落するという点にみられるような正義の道徳的評価は、悲劇に的中しない。すなわち負い目と償いとは道徳の中へ没し去る狭い間柄である。人間の負い目のない性格の強固な必然性となり、没落は、再興となり、そこでは没落のその出来事は止揚される。[…]特にヘーゲルは、このような解釈を悲劇の決定的な内容だと考え、このために悲劇の意義を単純化し、その結果、彼は悲劇から本来的な悲劇性を奪う途上にいる。ヘーゲルがみたこの線（「人間の掟」と「神の掟」）は、事実であるが、しかしそれは、宥和しようもない自己主張との両極的な対になっている場合にはじめて妥当するのである。このような関係がなければ、この線は、調和を担った陳腐な言い回しであり、早まった満足である」（カール・ヤスパース『真理について5』小倉志祥、松田幸子訳、理想社、一九八五年、一六五 - 一六六頁）。
[7] 翌年に行われた『転移』において、再びヘーゲルのアンティゴネー論に言及しながらラカンは、ヘーゲルではなくキルケゴールに対して、改めて賛意を示している（*VIII*, 334／一二九（下））。
[8] ラカンは質疑応答のなかで、自身の欲望の理論がフロイトのヘーゲル的な再解釈として理解されることを、強く拒絶している（*VII*, 159-160／二〇二（下））。
[9] アリストテレース「詩学」、五二頁。
[10] アンティゴネーは、妹イスメーネーに次のように言い、決断を求める。「無惨な死を遂げたポリュネイケスの亡骸は、何人も墓で覆ってはならぬ、哀哭もならぬ、嘆かれず葬られもせぬまま、血眼の鳥どものご馳走にして心ゆくまで啖わせよと、町の人たちに触れが出されたといいます。こんなことを、あのご立派なクレオンはお前と私に、あろ

うことかこの私にも、警告しているそうな。それに、まだこのことを知らない人たちにはっきりと布告するため、ここへやって来る。問題を徒や疎かに考えていない証拠には、もし犯す者があれば、市中で、民衆に石打で殺されることになっている、というのです。分かった？　こういうこと。だからお前は、高貴な生まれなのか、家柄倒れの臆病者なのか、今ここで示すのです」（ソポクレース『アンティゴネー』中務哲郎訳、岩波書店、二〇一四年、二一頁）。

［11］　同書、五二－五三頁。

［12］　同書、八二－八三頁。

［13］　同書、五六頁。

［14］　ジークムント・フロイト「欲動と欲動運命」新宮一成訳、『フロイト全集14』、岩波書店、二〇一〇年、一九一頁。

［15］　たとえば『あれか、これか』における「現代の悲劇的なものにおける古代の悲劇的なものの反映」のなかでキルケゴールもこの作品に言及している。「ギリシャ悲劇そのものに悲しみから苦痛への移行が見られる、例えば『ピロクテテス』がそうである。これは厳密な意味（Forstand）で受難の悲劇である。ここでも高度の客観性が支配している。ギリシャの英雄は自らの宿命に身をゆだねており、その宿命は変ることがなく、これについても議論の余地はない。この根元的なものこそ苦痛の中の本当の悲しみの要素である。本当の苦痛の始まる最初の疑いは、何故私はこんなめにあうのか、あわずにすまなかったのか、である。なる程ピロクテテスには、いつも心に掛っているのだが、そしてそれが本質的にかの不朽の三部作と性格を分かつ高度の反省、つまり彼の苦痛によって見事に描出された自己矛盾が存在する、そこにはまことに深い人間の真理があり、しかもそれなのに全体を支える或る客観性が存在する。ピロクテテスの反省はひたすら自分自身にむかうのではなく、彼が誰も自分の苦痛を分かっていないと嘆く時、これは全くもってギリシャ的である。そこには並々ならぬ真実があるにしても、そしてひとりその苦痛と相対したいと念じ、この苦痛という孤独に新たな苦痛を求める本来の反省された苦痛との差異も同時に明らかになるのである」（セーレン・キルケゴール『あれか、これか』浅井真男ほか訳、白水社、一九六五年、一九七－一九八頁）。

［16］　マルティン・ハイデッガー『芸術作品の根源』、一〇二頁。

［17］　Patrick Guyomard, *La jouissance du tragique: Antigone, Lacan, et le désir de l'analyste*, Paris, Aubier, 1992, p. 108.

［18］　マルティン・ハイデッガー『ニーチェ1』、細谷貞雄ほか訳、平凡社、一九九七年、二七〇頁。たとえば、ハイデ

ガーは『芸術作品の根源』においても、ゴッホを論じつつ以下のように述べている。「〔…〕自己伏蔵する存在は明るくされる〔空け開かれる〕のである。そのような性質の光が、その輝き〔Scheinen〕を作品のうちに組み入れる。作品のうちに組み入れられた輝きが美しさである。美は真理が不伏蔵性としてのその本質を発揮する一つの仕方である」(マルティン・ハイデッガー『芸術作品の根源』、八八頁)。

〔19〕　ハイデッガー、『ニーチェ1』、二七一頁。

〔20〕　たとえば、ジョージ・スタイナーはソフォクレス悲劇に特徴的な「孤立性」について次のように述べている。「ソフォクレスは孤立性を扱わせては巨匠である。シェイクスピアのダイモンは、彼の創造した人物のうち最も古典的な、非妥協的な悲劇性を与えられているが、それ以前にはソフォクレスのアイアス、エレクトラ、ピロクテテス、コロノスのオイディプスらに匹敵するような人間的孤立の追求は見られない。文学においても倫理思想においても、『アンティゴネー』の「人間の合唱歌」ほど痛切に孤独というもの、共同性(communitas)からの絶縁の実存的恐怖が表現されている箇所はないのである。こうして、『バッコスの信女たち』を閉じるきれぎれの場面を別として古代悲劇のどの場面にもまさって、アンティゴネーの非歌は悲劇というものの現実の起源と、その詩的な完成の両方を、総括しかつ展開するという一つの動きのなかに、包含している」(ジョージ・スタイナー『アンティゴネーの変貌』海老根宏、山本史郎訳、みすず書房、一九八九年、三八六―三八七頁)。

〔21〕　たとえば、直接には言及されないものの、おそらくラカンも読んでいただろう先にも引用した『真理について』において、ヤスパースは次のように述べている。「アンティゴネーは掟に反して(オイディプスとオイディプスの母親との間の娘として)生まれた――アンティゴネーのうちには素性の呪いが作用している――しかしアンティゴネーが妥当な血統の規範からこのような形で除外されていることが、同時に独特の深みと人間性の根拠となる。すなわちアンティゴネーは神の掟についての最も確実にして決してゆらぐことのない知をもっている。アンティゴネーが死ぬのは、彼女の例外的存在が真実であるゆえに、彼女は他の人々より以上のものだからである。そしてまた彼女は従容として死ぬのである。すなわち彼女にとっては死ぬことのうちに救済がある。彼女の行為の全過程で、彼女は自分の心に忠実である」(ヤスパース、前掲書、一一三五頁)。

〔22〕　*É*, 754.

〔23〕　ラカンは、『エクリ』所収の「治療の方向性とその能力の諸原則」においてフロイトに言及しながら、「欲望は死によって支えられている」(*É*, 642)と指摘することで、欲望と死の依存的関係を強調している。

［24］ソポクレース、前掲書、五二－五三頁。

［25］Judith Butler, *Antigone's claim: kinship between life and death*, New York, Columbia University Press, 2000, p. 3.［ジュディス・バトラー『アンティゴネーの主張——問い直される親族関係』竹村和子訳、青土社、二〇〇二年、一八頁］

［26］Slavoj Žižek, *Enjoy your symptom!: Jacques Lacan in Hollywood and out*, New York: Routledge, 1992, p. 92.［スラヴォイ・ジジェク『汝の症候を楽しめ——ハリウッドｖｓ ラカン』鈴木晶訳、筑摩書房、二〇〇一年、一四六－一四七頁］

［27］Russell Grigg, "Absolute freedom and major structural change", *Paragraph*, 24, (2), 2001, p. 122.

［28］Yannis Stavrakakis, *The Lacanian left: psychoanalysis, theory, politics*, Albany, State University of New York Press, 2007, p. 118.［ヤニス・スタヴラカキス『ラカニアン・レフト——ラカン派精神分析と政治理論』山本圭、松本卓也訳、岩波書店、一四二頁］。

［29］『サントーム』において、ラカンは自身がアナーキストであることを強く否定している（*XXIII*, 138）。

［30］*É*, 783.

［31］ラカンは後年にこの講義におけるアンティゴネーの形象を振り返り、彼女を享楽の原理と結びつけている（*XXI*, 12 mars 1974）。

［32］*É*, 803.

［33］たとえば、アラン・バディウも、裏切りが悲劇の英雄に与える影響の価値を強調している。Alain Badiou, *Conditions*, paris, Seuil, 1992, p. 280.

［34］マルティン・ハイデッガー『形而上学入門』岩田靖夫訳、創文社、二〇〇〇年、一九五頁。

［35］同書、一九八頁。

［36］同前。

［37］同書、一九九頁。

［38］同前。

［39］この点に関しては、マルク・ド・ケゼルによる同様の指摘がある。Marc De Kesel, *Eros* and *ethics: reading Jacques Lacan's Seminar VII*; translated by Sigi Jöttkandt, Albany, State University of New York Press, 2009:

First published in Dutch by Acco Pub, Louvain, Belgium, 2001.

[40] アウグスティヌス「キリスト教の教え」加藤武訳、『アウグスティヌス著作集6』、教文館、一九八八年、一六四頁。

第六章

[1] 山本巍訳・解説『プラトン饗宴　訳と詳解』、東京大学出版局、二〇一六年。丸橋裕「アイロニーとパラドクス」、内山勝利編『プラトンを学ぶ人のために』、四〇‐六〇頁、世界思想社、二〇一四年。

[2] Juan Pablo Lucchelli, *Métaphores de l'amour: étude lacanienne sur Le Banquet de Platon*, Rennes, Presses universitaires de Rennes, 2012.

[3] Bruce Fink, *Lacan on Love: An Exploration of Lacan's Seminar VIII, Transference*, Cambridge, Polity Press, 2016.

[4] *É*, 826.

[5] 主題的なものとして詳細に論じられているわけではないものの、この「侮辱 humiliation」の重要性についてはすでにルケッリが指摘している (Lucchelli, *op. cit*, p. 151.)。

[6] *É*, 826.

[7] Juan Pablo Lucchelli, *Lacan: de Wallon à Kojève*, Paris, Éditions Michèle, 2017, pp. 153-187.

[8] プルタルコス『英雄伝2（西洋古典叢書）』柳沼重剛訳、京都大学学術出版会、二〇〇七年、一二二頁。

[9] プルタルコスは両者の関係性について、次のように記述している。「ソクラテスのアルキビアデスに対する愛には、多くの強力な競争相手がいたが、なぜかアルキビアデスを捕らえ、彼の方でもすぐれた素質に恵まれていたので、この師の言葉は彼の琴線に触れ、心を捕らえて引きつけ、ときには涙をあふれさせた。しかし大勢のへつらい屋が彼を取り巻いていて、そういう者たちは快楽で彼の気を引いた。そして彼は、ときにはそういう連中に身を任せて、ソクラテスのもとを抜け出すことがあった。するとソクラテスは、まるで逃亡した奴隷でも駆り出すように、彼を捜しまわった。しかし、アルキビアデスがほかの人々を見下していたなかで、ソクラテスは、彼が畏敬し恐れつづ

けたただ一人の人物であった」（同書、一二一―一二二頁）。

〔10〕 アウグスチヌス『教えの手ほどき』、八〇頁。

〔11〕 プラトン『饗宴／パイドン（西洋古典叢書）』朴一功訳、京都大学出版会、二〇〇七年、一三九―一四〇頁。

〔12〕 フィンクはこの神話という部分に着目し、ディオティマによって語らせたソクラテスの言葉を真剣に受け取るならと仮定した上で「我々はソクラテスが愛の本性を詭弁によってではなく、ただ神話によってのみ接近できると信じていたと結論せざるをえない」（Fink, *op. cit.* p. 179）と述べている。

〔13〕 *Ibid.*, p. 5.

〔14〕 山本が「アルキビアデスという名前が、「アルケー（強さ）＋ビアゾー（強制する）」と響いて、力の行使に執着する力の信奉者という人柄の反映に見える」（山本、前掲書、三三九頁）と敷衍していることが示唆的であるように、彼は生まれもった魅力と力に依存する傾向にあった。だからこそ、ソクラテスを誘惑しようと試みる場面において、あまりにも拙い口説き方になってしまっているのだと推測できる。

〔15〕 プラトン、前掲書、一三六頁。

〔16〕「共感・友愛・信頼など、われわれの生活において利用される感情的かかわりは、発生的には性と結びついているのであって、たとえわれわれの意識的な自己知覚にはどんなに純粋で非官能的なものとして表れるにしても、純粋に性的な渇望のうちから性目標の弱体化によって成長してきたのである。われわれは元来、性的対象しか知らなかった。現実ではもっぱら評価され尊敬されている人物も、われわれの内なる無意識にとっては依然として性的対象でありうることを、精神分析は示している」（ジークムント・フロイト「転移の力動論に向けて」須藤訓任訳、『フロイト全集12』、岩波書店、二〇〇九年、二一七頁）。

〔17〕 プラトン、前掲書、一四八―一四九頁。

〔18〕 饗宴が行われたこの十数年後に、ソクラテスはアルキビアデスとの親密な関係を一因として毒杯を仰ぐことになり、アルキビアデスもまた非業の死を遂げる。

第七章

［1］ Paul Claudel, *L'Otage* suivi de *Le Pain Dur* et de *Le Père Humilié*, Paris, Gallimard, 1972.
［2］ Colette Soler, *Ce que Lacan disait des femmes: étude de psychanalyse*, paris, Champ lacanien, 2003, p. 21.
［3］ Alain Badiou, *Lacan: l'antiphilosophie 3, 1994-1995*, Paris, Fayard, 2013, p. 26.
［4］ Jacques Lacan, « Introduction aux Noms-du-père », in *Des Noms-du-Père*, Paris, Seuil, 2005, p. 69.
［5］ Alain Lefèvre, *Du père carent au père humilié, ou la tragédie du père avec Sophocle, Claudel et Lacan*, Tours, Soleil carré, 1995, p. 119.
［6］ 工藤庸子『近代ヨーロッパ宗教文化論――姦通小説・ナポレオン法典・政教分離』東京大学出版会、二〇一三年、二四〇頁。
［7］ Paul Claudel, *op. cit.*, 1972, p. 128.［『現代世界演劇〈4〉宗教的演劇』渡辺守章ほか訳、白水社、一九七一年、二〇八頁］。
［8］『現代世界演劇〈4〉宗教的演劇』、四〇八頁。
［9］ ポーランドの歴史に関しては、次のものを参照した。渡辺克義『物語　ポーランドの歴史――東欧の「大国」の苦難と再生』、中央公論新社、二〇一七年。
［10］ ギヨーム・ド・ベルティエ・ド・ソヴィニー『フランス史』鹿島茂、楠瀬正浩訳、講談社、二〇一九年、四二七頁。
［11］ フランスにおけるユダヤの歴史については以下を参照のこと。菅野賢治『フランス・ユダヤの歴史』（上・下）、慶應義塾大学出版会、二〇一六年。
［12］ Sabien Bauer, « La Trilogie de Claudel au Séminaire », in *Lacan et la littérature*, p. 101.
［13］ たとえばマリ＝ジャン・ソレはシーニュの行為が自殺であることを強調している。Marie-Jean Sauret, *Malaise dans le Capitalisme*, Toulouse, Universitaires du Mirail, 2009, p. 146.
［14］ *Ibid.*, p. 147.
［15］ Alenka Zupančič, *Ethics of the Real: Kant, Lacan*, New York, Vesro, 2000.［アレンカ・ジュパンチッチ『リア

ルの倫理――カントとラカン』富樫剛訳、川出書房新社、二〇〇三年]。

[16] Claudel, *op. cit.*, p. 179.

[17] Claudel, *op. cit.*, p. 212.

[18] Claudel, *op. cit.*, p. 264.

[19] 山本功「Paul CLAUDEL の3部作の作品構造に関する一考察」、『フランス語フランス文学研究』、日本フランス語フランス文学会、一九六七年、八〇頁。

[20] 「シシェル　どのように彼らの声を区別するのか？　彼らの声はとても似ている。音楽家である私の耳でも区別できない。パンセ　いいえ、彼らの声は同じものではありません」(Claudel, *op. cit.*, p. 309.)。

[21] Claudel, *op. cit.*, p. 352.

[22] Claudel, *op. cit.*, p. 372.

[23] Paul Claudel, *L'Œil Écoute*, Paris, Gallimard, 1960, p. 142. [ポール・クローデル『眼は聴く』山崎庸一郎訳、みすず書房、一九九五年、二五八頁]。

[24] Claudel, *op. cit.*, p. 338.

[25] Claudel, *op. cit.*, p. 342.

[26] *Ibid.*

[27] Claudel, *op. cit.*, p. 391.

[28] Claudel, *op. cit.*, p. 345.

[29] Claudel, *op. cit.*, pp. 401-403.

[30] Ernest Beaumont, *Le sens de l'amour dans le théâtre de Claudel: Le thème de Béatrice*, Paris, Lettres Modernes, 1958, p. 63.

[31] *Ibid.*

[32] この点についての詳細は、以下の論文を参照のこと。Mohammad Kowsar, "Claudel's "Pensée de Coûfontaine" Between Desire and the Drive", *A Lacanian Case Study*, Lit, vol. 11, 2000, pp. 83-104.

[33] Claudel, *op. cit.*, p. 436.

事項索引

わ行

ま行

や行

ら行

た行

な行

は行

人名索引

著者紹介

桑原旅人（くわはら たびと）
2023年、東京大学大学院総合文化研究科博士課程修了、博士（学術）。千葉大学、法政大学、洗足学園音楽大学、帝京科学大学で非常勤講師。

主要業績
「「大他者における欠如のシニフィアン」と「対象a」―ジャック・ラカンによる『ハムレット』註釈の理論的意義」（『フランス哲学・思想研究』第22号、2017年）、「欺かれない者たちの生―ジャック・ラカンとモーリス・ブランショの思索的共鳴」（『フランス哲学・思想研究』、第25号、2020年）、「萩原朔太郎『猫町』における「形而上の実在世界」―ジル・ドゥルーズの「超越論的経験論」との比較から」（『表象』、第16号、2022年）。

汝の「欲望」に従って行為せよ
ジャック・ラカンの倫理学

2025年1月31日　　初版第1刷発行
2025年7月10日　　初版第2刷発行

著　者　桑原旅人
発行者　中西　良
発行所　株式会社ナカニシヤ出版
〒606-8161　京都市左京区一乗寺木ノ本町15番地
Telephone　075-723-0111
Facsimile　075-723-0095
Website http://www.nakanishiya.co.jp/
Email　iihon-ippai@nakanishiya.co.jp
郵便振替　01030-0-13128

印刷・製本＝大日本印刷／装丁＝白沢　正

ISBN978-4-7795-1822-5